현장론現場論

–'비범한 현장'을 만들기 위한 이론과 실천–

현장론 現場論

–'비범한 현장'을 만들기 위한 이론과 실천–

엔도 이사오(遠藤 功) 저 · 정문주 역

다산출판사

'직원들은 제 생명을 갉아먹어 가며 열심히 일한다.
그들의 시간을 허투루 써서는 안 된다.'*

도요타(TOYOTA)자동차 제5대 사장 도요타 에이지(豊田英二)

* 출처: 2013년 12월 21일자 니혼게이자이신문(日本經濟新聞) 추상록.

[들어가며] 내가 '현장'에 천착하는 이유

《현장력 갈고닦기》는 서막에 불과했다

필자는 아무래도 '현장'에 단단히 홀린 것 같다. 지난 15년간 자나 깨나 '현장이란 무엇인가?', '탄탄한 현장을 만들려면 어떻게 해야 하는가?'만을 생각해 왔다. 그럼에도 여태 해답을 찾지 못했다. 일본의 경영자, 기업가들은 '현장'이라는 단어를 즐겨 쓴다. 이 단어를 쓰면 왠지 신뢰감과 안도감이 생기고, 땅에 발을 붙이고 있다는 인상을 주기 때문일 것이다. 하지만 애당초 '현장'이라는 단어가 무엇을 가리키는지, 그 '정체'가 무엇인지, 어떻게 하면 일본인이 '그토록 좋아하는' 현장을 힘이 넘치게 만들고, 경쟁력의 주축으로 만들 수 있는지를 알려주는 경영, 비즈니스 서적은 아직 없었다. 필자는 2004년에 《현장력 갈고닦기》(한국에는 소개되지 않은 책-역자)라는 책을 출간했다. 개인적으로는 세 번째 저서였다. 당시만 해도 현장을 정면으로 다룬 서적이 드물었던 덕에 판매 부수 15만 부를 넘기는 베스트셀러가 되었다. 고맙게도 1쇄를 찍어낸 지 10년이 지난 지금까지도 증쇄를 거듭해 현재 33쇄가 판매되고 있다. 그 이후로도 필자는 《미에루카 경영전략》, 《끈질긴 경영》(국내 2008년 출간-역자) 등을 출간했고, 이 세 권은 이른바 '현장력 3부작'으로 불리며 독자들의 사랑을 받았다. 그런데 솔직히 말해 당시에 필자가 현장을 얼마나 잘 이해하고 있었는지는 조금 의문이다. 사실 현장의 '정체'를 모르면서 탄탄한 현장을 만드는 방법을 알 수는 없다. 현장력 3부작을 통해 필자는 내가 '아무것도 모른다'는 사실을 깨달았다. 그리고 그러한 사실을 깨달은 순간부터 진짜 여행은 시작되었다. 현장력 3부작은 필자에게는 '서막'에 불과했다. 필자는 현장력 3부작을 출간한 이후에야 300군데를 넘는 현장을 찾아다녔다. 공장, 영업소, 연구개발센터, 물류센터, 사무센터, 콜센터, 소매점포, 철도, 병원, 발전소……. 기업 활동의 최전선인 현장이야말로 개혁과 변혁을 일으킬 가능성을 안고 있다고 믿고 현장을 찾아가 그곳 사람들과 뜨거운 논의를 벌였다. 그러나 그 대부분은 경영 컨설팅 활동의 일환으로 방문한 것이었다. 즉 필자의 방문은 어디까지나 고객의 의뢰에 대한 '해답'을 찾아내기 위해서였고, 현장의 '정체'를 파악하기 위해서가 아니었다는 말이다. 그래서 필자는 완전히 새로운 마음으로 다시 한 번 현장을 찾아가는 '순례'를 시작하기로 했다. 그때부터는 기회만 있으면 흥미로운 현장을 찾아갔고 거기서 일어나는 일들, 이루어지는 일들을 빠짐없이 관찰했다. 이번에는 컨설턴트로서가 아니라 객관적인 일개 관찰자로서 현장을 보겠다고 늘 다짐하면서 말이다. 2010년부터는 '현장 천 번 두드리기'라는 사이트를 개설해 직접 방문한 현장에 관해 기록을 남기고 있다. '천 번'이란 것은 어디까지나 의지의 표현이다. 살아있는 동안 천 군데나 답파할 수 있으리라고는 생각지 않는다. 하지만 지난 4년 동안만 해도 백 군데 가까운 현장을 돌아다니면서 경영자와 중간 관리직, 그리고 현장 사람들의 이야기를 듣고, 현장의 움직임을 관찰했다. 그러면 필자는 그 같은 활동을 통해 현장의 '정체'를 파악했는가? 아쉽게도 여전히 오리무중이라 할 수 있다. 현장의 '정체'는 손에 잡힐 듯 가까이 다가오다가도 다시 멀어지곤 한다.

한 그루의 나무를 공들여 살피기

'나무를 보고 숲을 보지 못한다'는 말이 있다. 사물의 지엽적인 부분에 시선을 뺏긴 나머지 전체를 보지 못한다는 의미다. 이처럼 어느 한 부분에서 일어나는 일이 반드시 전체를 대변하지는 않는다는 경고는 일반적으로 옳다. 그런데 필자는 경영에 관해서만큼은 '나무를 보고 숲을 보지 못함'을 경계하라는 말이 대단히 위험하다고 생각한다. 숲을 보느라 나무 한 그루, 한 그루를 공들여 살피기를 게을리한다면 경영의 방향을 잘못 잡을 수도 있기 때문이다. 필자는 한 그루의 나무가 사실은 숲 그 자체이며, 그 한 그루의 나무를 열심히 관찰하면 숲이 보일 거라고 믿는다. 가지가 뻗은 모양과 잎의 상태가 어떤지, 뿌리는 어떻게 뻗었는지, 토양에 문제는 없는지, 그런 것들을 꼼꼼하게 보다 보면 틀림없이 숲의 전체 모습을 파악할 수 있다고 생각하는 것이다. 그런 의미에서 나무 한 그루도 공을 들여 살펴야 한다. 사람들은 나무 한 그루가 일상적이고 너무 당연한 존재라 열심히 들여다볼 생각을 하지 않는다. 눈앞에 서 있는 나무를 열심히 관찰하면 숲이라는 전체를 파악할 수 있을 텐데, 보이지도 않는 숲을 보려고 안간힘을 쓰는 것이다. '나무를 보고 숲을 보지 못한다'는 말과 비슷한 표현으로 '새의 눈(bird's eye), 벌레의 눈(worm's eye)'이라는 표현도 있다. '새의 눈'이란 세상의 움직임이나 거시적 환경 변화 등 커다란 흐름을 읽는 시각을 가리킨다. 이런 '새의 눈'으로 전체를 내려다보려는 노력은 중요하다. 다양한 정보를 수집하고, 정교하고 치밀한 분석을 반복하며, 굵직굵직한 관계성을 파악하며 전체를 내려다보는 노력의 가치를 부정하지는 않는다. 그러나 '새의 눈'에 포착된 것이 전부는 아니다. 우리는 애초에 '새'가 아닐 뿐더러 멀리서 보았기 때문에 본 것 같은 느낌, 알 것 같은 기분이 들었을 뿐 실제로는 그렇지 않을 가능성도 잊어서는 안 된다. '벌레의 눈'으로 땅바닥에 납작하게 엎드려 보아야만 시야에 들어오는 것들도 엄청나게 많지 않은가? '벌레의 눈'으로 본 것들이야말로 진실이라고 말할 수도 있다. 지금 언급한 '한 그루의 나무'란 현장을 말하고 '벌레의 눈'은 현장의 관점에서 사물을 보는 시각을 가리킨다. 현장은 경영을 비추는 '거울'이며 경쟁의 축소판이다. 현장에 발을 딛고 현장을 기점으로 삼아 사고하기, 그것이 바로 필자가 중요하게 여기는 점이다.

체격이 아니라 체질로 겨루기

필자가 현장에 천착하는 것은 필자의 오래된 주의, 주장이라서가 아니라 나름의 합리적인 이유가 있기 때문이다. 세계적 경쟁이 날로 치열해지는 가운데, 일본 기업도 뒤늦게나마 기업 인수와 경영 통합을 추진하며 세계적으로 승부를 겨룰 만한 규모를 추구하려는 움직임을 보이고 있다. 일정한 '체격'을 갖추지 못하면 세계 수준의 주요 기업과 대등하게 겨룰 수 없다는 생각은 이 시대의 당연한 흐름이라고도 할 수 있다. 기업 인수 및 경영 통합의 가치를 부정할 생각은 없다. 합리적으로 보장만 된다면 기업이 합종연횡을 적극적으로 추진하는 것은 바람직할 것이다. 하지만 일본 기업이 체격만으로 겨루기는 어렵다고 본다. 세계로 눈을 돌려 보면, 규모면에서 일본 기업을 훨씬 능가하는 서구의 일류 기업이 여럿 존재한다. 중국과 인도 등의 거대 모국 시장을 보유한 국가에서도 체격으로 겨루려는 기업이 잇따라 등장하고 있다. 그런 와중에 일본 기업이 체격만으로 세계와 맞서기는 당연히 힘겹다. 그래서 필자는 일본 기업이 철저하게 '체질'로 맞서야 한다고 본다. 어중간하게 체격을 내세울 것이 아니라 기업의 체질을 갈고 닦아 탁월한 조직의 힘으로 세계와 경쟁해야 한다는 것이다. 그러지 않고서는 일본 기업의 미래를 그릴 수 없다. 기업의 체질이 가장 뚜렷하게 드러나는 데가 바로 현장이다. 전략을 실행하고 가치를 창출하는 당사자인 현장의 질이야말로 기업의 체질이라 해도 과언이 아닐 것이다.

현장은 마지막 보루다

자세한 내용은 본문에서 논하겠지만, 현장은 일본 특유의 개념이다. 외국어로도 번역할 수 없는 이 단어야말로 일본 기업의 경쟁력을 높이는 관건이다. 실제로 과거에도 수많은 일본 기업이 현장을 중심축으로 한 뛰어난 체질을 앞세워 세계와 경쟁했다. 세계적으로도 유례를 찾기 힘들 만큼 뛰어난 현장의 저력을 바탕으로 일본 기업은 승승장구했고, 일본이라는 나라도 번영했다. 하지만 어느덧 많은 일본 기업이 현장을 경시하고 현장의 능력과 사기를 갉아먹는 시책을 대거 펼치게 되었다. 그 결과 현장은 피폐해졌고 고통받았으며 급기야 아무 생각도 하지 않는 기계 같은 모습으로 전락했다. '잃어버린 20년'은 그 같은 현장의 질 저하로 인해 일본 기업이 무너져 내린 기간이었다고도 할 수 있다. 최근 'OKY'라는 말을 자주 들을 수 있다. '네가 와서 해 봐(お前が来てやってみろ, Omaega Kite Yattemiro)'라는 일본어 문장의 발음을 따서 만든 약자다. 중국 등 신흥국의 제일선에서 고군분투하는 일본계 기업의 현지 주재원들이 현지 사정도 이해 못하면서 생트집을 잡는 본사에 대한 짜증과 답답함을 나타낼 때 쓰는 은어다. 그런데 이런 은어가 결코 해외 현장에서만 쓰이는 것은 아니다. 극한의 인원 감축, 정규직의 비정규직 전환, 설비 투자와 갱신 억제, 법령 준수, 내부 통제 등의 관리 강화 추세로 인해 일본 내 현장도 'OKY'를 비명처럼 질러대고 있다. 그런데 현장은 마지막 보루라 도망갈 곳이 없다. 그래서 그곳에서 일하는 사람들은 무슨 일이 있어도 마지막까지 자신들의 직책을 수행하려 한다. 그러한 강한 사명감이 일본 기업을 있게 했다. 현장의 긍지는 일본의

자랑이며 이 점은 앞으로도 변하지 않을 것이다. 하지만 경영이 현장의 책임감에만 의존해서는 치열한 세계적 경쟁을 이겨내기 어렵다. 일본 기업이 다시 한 번 체질로 승부를 겨루려 한다면 현장을 복권시키고 현장을 되살려야만 한다. 그러기 위해서는 경영자와 본사가 먼저 변화해야 한다. 대부분의 기업에서 나타나는 '정보가 없는 본사, 권한이 없는 현장'이라는 구도를 방치하고서는 현장을 경쟁력의 주축으로 삼을 수 없다. 요컨대 현장을 기점으로 경쟁력을 확립하려면 경영 전체의 틀 속에 현장을 놓고, 현장의 관점에서 경영을 재구축해야 한다.

'평범한 현장'과 '비범한 현장'의 차이는 어디서 오는가?

하지만 현실적으로 모든 현장이 뛰어난 능력을 갖추고 있지는 않다. 능력은 눈에 보이는 것이 아니라서 모르는 사람이 보면 어떤 점이 뛰어난지를 좀처럼 알기 어렵다. 하지만 전문가의 입장에서 보면 각 현장의 능력 격차는 지극히 크다. 이에 관해서는 본문에서 자세히 논하기로 한다. 사실 능력을 탁월한 현장력으로 끌어올려 경쟁력의 주축으로 자리 잡는 '비범한 현장'은 결코 흔치 않다. 대부분의 현장은 특별히 좋을 것도, 나쁠 것도 없는 '평범한 현장'이다. 개중에는 기업을 파탄으로 몰고 갈 수도 있는 '평범 이하의 현장'도 있다. 지난 4년 동안 필자가 방문한 약 백 군데의 현장을 보면 자신들의 능력을 탁월한 경쟁력으로 승화시킨 '비범한 현장'은 10% 정도에 불과했다. 심각한 품질 문제와 사고, 불상사 등을 일으킬 수 있는 '평범 이하의 현장'도 10% 정도 있었다. 그 나머지인 80%는 '평범한 현장'이었다. 물론 '평범한 현장'도 현실에 안주하고 있지만은 않았다. '비범한 현장'으로 탈바꿈하기 위해 온갖 노력을 쏟고 있었다. 하지만 무언가가 부족해 비범해지지 못하는 상태였다. 필자의 문제의식은 바로 거기에 있다. 어째서 현장의 능력 격차는 그토록 큰가? 어떻게 하면 '평범한 현장'을 '비범한 현장'으로 바꿀 수 있을까? 이것이 바로 이 책의 주제다. '비범한 현장'에는 자율신경이 구석구석 뿌리를 내리고 있다. 또 현장의 지각 센서가 100% 제 기능을 발휘하며, 새로운 가치가 지속적으로 창출된다. 결론에 가까운 이야기를 미리 하면 이렇다. '비범한 현장'을 만들려면 이성적이고 논리적인 판단으로 접근해야 한다. 현장이라는 생물의 '정체'를 이해하고, 어떻게 하면 현장에 내포된 잠재 능력을 펼쳐낼 수 있는지를 합리적으로 모색할 필요가 있다. 도요타 생산 방식[1]을 개발한 도요타 자동차의 전 부사장 오노 다이이치(大野耐一)는 현장에 관해 이렇게 말했다.[2]

> "나는 애초에 약간의 노력으로 금세 현장을 변화시킬 수 있을 거라고는 생각지 않았다. 바로 움직여준다면야 얼마나 좋겠는가마는 현장이란 곳은 그리 쉽게 움직여주지 않는다. 그러니 현장을 납득시키고 설득하는 작업이 필요하지 않겠는가?"

정신이나 근성만을 강조하는 논리로는 결코 '비범한 현장'을 만들 수 없다. 현실이라는 짐을 지고 눈앞의 일을 처리하는 와중에서도 현장의 능력을 높이고 싶다면 현장을 납득시킬 수 있는 논리적 접근이 필수적이다.

비범한 현장을 만들기 위한 두 가지 합리성

비범한 능력을 만들고 싶다면 어찌됐건 현장에서 '활동(activity)'을 시작해야 한다. 아무런 노력도 하지 않고 자연스럽게 능력이 향상될 리는 없다.

---

1 도요타 자동차가 개발한 공장 운용 방식으로 고유명사처럼 쓰이며 전 세계의 수많은 기업에 도입되어 있다. 필요할 때 필요한 만큼만 만들어 낭비 없애기와 이상이 있을 때 기계설비가 사람에게 그 이상을 알려주는 자동화가 기본 2대 개념이다.

2 출처: 오노 다이이치 著, 《현장경영》(2001) (국내 출간된 제목임 – 역자, 국내출간은 2005년).

그런데 대단히 많은 현장에서 활동은 그야말로 활동으로 끝날 뿐 '조직 능력(organizational capability)'으로 전환되지 못한다. 바로 여기에 평범과 비범의 결정적 차이가 존재한다. 현장의 활동이 단순한 활동으로 끝나는 경우와 활동을 조직 능력으로 변환시키는 경우의 간극을 메우기 위해 필요한 것이 '두 가지 합리성(twin rationality)'이다. 비범한 현장을 만들려면 바로 그 부분이 담보되어야 한다. 두 가지 합리성은 본문에도 등장하지만 간단하게 말하자면 다음과 같다.

① 합리적 필연성

무엇을 위해, 무엇을 중시하며 활동을 해야 하는지를 각자가 이해, 납득, 수용해야 한다.

② 합리적 시스템

활동을 능력으로 전환하는 과정에서 능력 형성에 필요한 요소를 갖추고 순환적인 시스템을 형성해야 한다.

이 두 가지 합리성이 구체적으로 무엇인지, 어떻게 하면 합리성을 담보할 수 있는지를 실증적으로 밝혀내는 것이 이 책의 목적이다. 필자는 젊은 시절 기업인으로서 직접 현장을 경험했다. 또 경영 컨설턴트로서도 오랫동

도표 0.1 ▶ '합리적 필연성'과 '합리적 시스템'

안 수많은 현장을 접해 왔다. 컨설팅 회사 사장으로서 현장을 지휘하기도 했고, 몇몇 기업에서는 사외이사의 입장에서 현장과 관계를 맺기도 했다. 뿐만 아니라 지금은 경영대학원의 교원으로서 현장을 다니며 연구를 한다. 각각의 입장은 달라도, 현장이야말로 일본 기업의 경쟁력의 원천이자 자랑거리라는 믿음에는 변함이 없다.

도표 0.2 ▸ 이 책의 항로

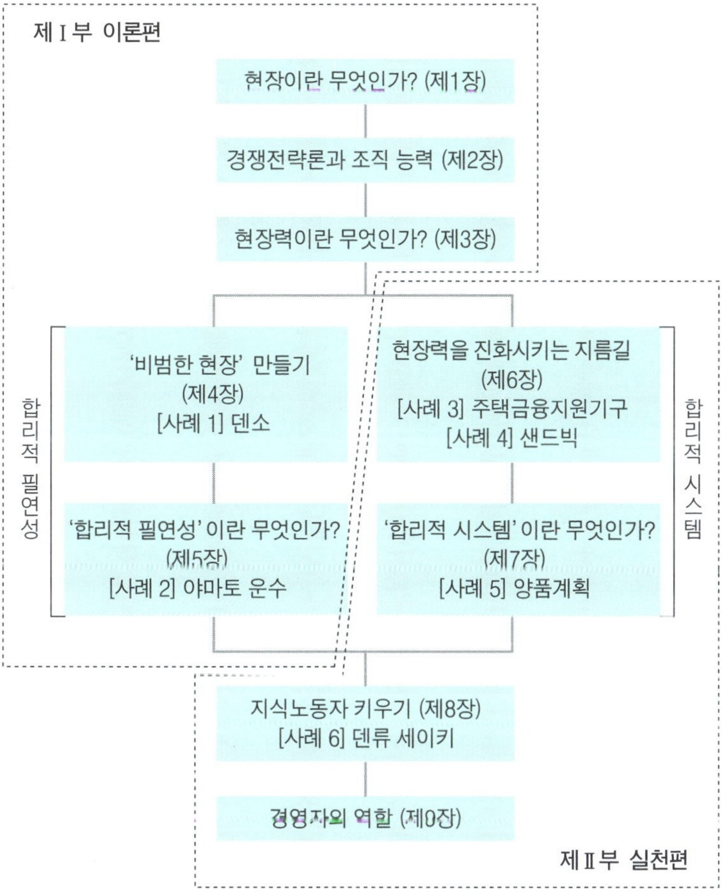

《현장력 갈고닦기》를 출간한 지 10년째 되던 해에 현장에 관해 현시점에서 느끼는 점, 비범한 현장을 만들기 위한 힌트를 한데 모아 책으로 엮어야겠다고 생각했다. 그것이 이 책을 펴낸 동기다. 이 책은 총 2부, 9장으로 구성되어 있다. 전편에 걸쳐 가능한 한 구체적, 실천적인 내용을 전달하기 위해 6가지 주요 '사례'와 15가지 '미니 사례'를 들었다(미니 사례는 수 페이지 정도의 사례 소개고, 주요 사례는 경과 설명까지 포함한 다소 긴 사례 연구를 말한다). 읽는 도중에 전체 흐름을 잃어 독자 여러분이 '미아'가 되지 않도록 이 책의 '항로'를 미리 그려둔다. [도표 0.2] 1장부터 3장까지는 평소 아주 당연하게 사용하는 현장 및 현장력이라는 단어와 개념을 경쟁전략론적 관점에서 재고하고, 그 정체와 본질을 파악하는 데 초점을 맞추었다. 4장과 5장에서는 방금 전에 언급한 두 가지 합리성 중 전자인 합리적 필연성을 해명하는 데 할애했다. 특히 4장에서는 애초에 비범한 현장에서는 어떤 일들이 이루어지는지를 자동차 부품회사 덴소(DENSO)의 예를 들어 살펴본다. 이어지는 5장에서는 합리적 필연성이란 무엇인지를 밝히고 'H형 모델'이라는 독자적 이론을 소개한다.

이때 야마토 운수를 사례로 들어 모델 검증에 도전한다. 이상의 내용을 담아 1~5장을 Ⅰ부로 엮었다. Ⅰ부는 비범한 현장을 만들기 위한 이론적 고찰이 중심이라 '이론편'이라 불러도 좋을 것이다. 6장과 7장에서는 두 가지 합리성 중 후자인 '합리적 시스템'에 관해 언급했다. 비범한 현장을 만들려면 이치에 맞는 시스템이 필수적이라는 내용이 다루어진다. 6장에서는 비범한 현장이 되기 위한 진화의 과정을 밝혔고, 주택금융지원기구(JHF: Japan Housing Finance Agency)와 샌드빅(Sandvik)의 사례를 소개했다. 7장에서는 비범한 현장으로 진화하려는 양품계획(良品計劃)을 사례로 들어 비범한 현장으로 진화하는 데 없어서는 안 될 시스템에 관해 고찰했다. 8장에서는 비범한 현장의 주역인 '지식노동자(knowledge worker)'의 육성이라는 관점에서 '8가지 핵심 관건'을 미니 사례와 함께 소개했다. 또 중간관리층의 역할에 관해 덴류 세이키(天龍精機)의 사례를 언급했다. 그리고 9장에서는 비범한 현장을 만들기 위해 경영자는 어떠해야 하는지, 무엇을 해야 하는지를 고찰했다. 현장은 경영자를 비추는 거울이다. 비범한 현장은 경영자의 헌신(commitment) 없이는 만들어지지 않는다. 그런 의미에서 경영자가 수행해야 할 역할이란 무엇인지에 관해서 살펴보았다. 이러한 내용은 6~9장 즉 Ⅱ부에서 기술했다. 비범한 현장을 만들기 위한 실천적 고찰이 중심 내용이므로 Ⅱ부를 이 책의 '실천편'이라 보면 되겠다. 이 책에서 예로 든 모든 사례는 필자가 직접 발로 뛰어다니며 두 눈과 두 귀로 확인한 것들이다. 현장의 공기를 전하기가 쉽지는 않았지만 조금이라도 독자 여러분에게 전해진다면 더 바랄 것이 없겠다. 그럼 지금부터 현장 탐구의 여정을 떠나 보자.

[차 례]

[들어가며] 내가 '현장'에 천착하는 이유

제1부 현장과 현장력의 '정체' 알아내기 [이론편]

제1장 현장이란 무엇인가?

제3장 현장력이란 무엇인가?

제4장 '비범한 현장' 만들기

제5장 '합리적 필연성' 이란 무엇인가?

제 I 부

이론편

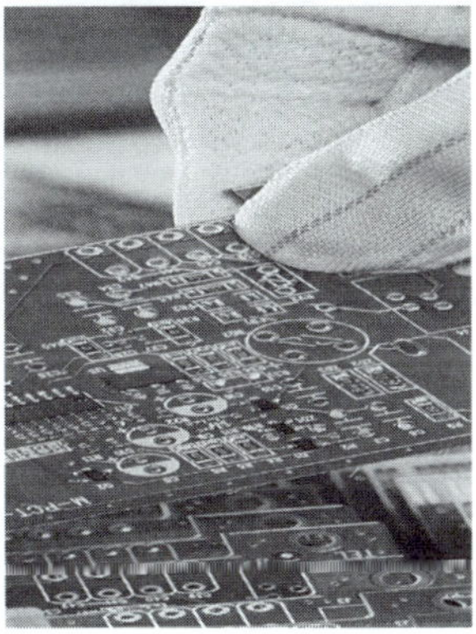

현장과 현장력의 '정체' 알아내기

제1장

현장이란 무엇인가?

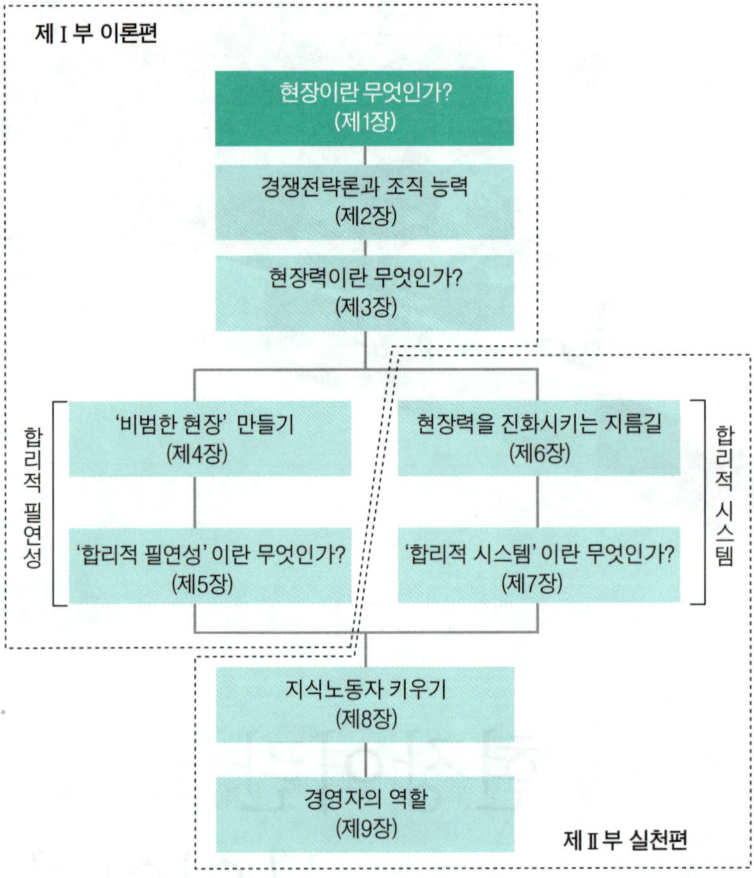
제 I 부 이론편
현장이란 무엇인가?
(제1장)
경쟁전략론과 조직 능력
(제2장)
현장력이란 무엇인가?
(제3장)
합리적 필연성
'비범한 현장' 만들기
(제4장)
'합리적 필연성' 이란 무엇인가?
(제5장)
현장력을 진화시키는 지름길
(제6장)
'합리적 시스템' 이란 무엇인가?
(제7장)
합리적 시스템
지식노동자 키우기
(제8장)
경영자의 역할
(제9장)
제 II 부 실천편

행형이다.

② **예측불가능성** : 현장에는 언제나 우발적 상황이 발생할 가능성이 있다. 그래서 앞으로 무슨 일이 어떻게 벌어질지 알 수 없다.

③ **즉흥성** : 예측하지 못한 상황, 우발적인 상황에 부딪혔을 때 사람은 그 자리에서 즉흥적 행동을 통해 반응한다. 이 같은 즉흥적 행동은 또 다시 예측하지 못한 결과를 낳고, 그로 인해 현장은 끊임없이 변화한다.

④ **구체성** : 현장은 항상 구체적이다. 특정 시점, 특정 장소, 특정 인물들이 관련된다. 그런 만큼 모든 현장은 일회적이며 결코 동일하지 않다.

⑤ **복잡성** : 현장은 다양한 사람, 사물, 맥락이 어우러져 형성된다. 그래서 원인과 결과를 명확히 분리하기 어려우며, 그중 일부만을 떼 내어 이해하는 행위는 적절치 못하다.

이 같은 지적은 시사하는 바가 많으며, 그 대부분은 비즈니스 현장에도 들어맞는다. 특히 '① 현재진행형'이라는 성질은 현장의 본질을 꿰뚫어보기 위해서도 중요한 지적이다. 오다 교수는 위와 같은 현장의 성질을 바탕으로 현장을 다음과 같이 정의한다.[7]

> "현장이란 과거와 미래 사이에서 진행 중인 현재의 개념이다. 다시 말해 현재진행형인 사회적 상황인 것이다. 현장은 정해져 있으면서도 정해져 있지 않다. 이미 만들어져 있으면서도 동시에 새롭게 만들어진다. 움직일 수 없는 현실에 구속되면서도 늘 변화를 향해 열려 있다."

현장은 '지금 여기'에 존재하는 현실적 존재다. 현장은 몽상과 관념의

7 오다 히로시(2010).

세계가 아니라 순간순간의 현실 속에 있다. 그와 동시에 '지금 여기'는 결코 단편적 존재가 아니다. 현장은 미래로 이어지는 연속성 속에 존재하는 순간이며, 각 순간은 과거와 현재와 미래를 잇는 '결절점'이라고 이해해야 한다.

'Real'이 아닌 'Actual'

추상적이고 모호할 뿐 아니라 복잡하기까지 한 개념인 현장을 영어 등 외국어로 번역하기란 참으로 어렵다. 본사는 'Headquarter'로 바꾸면 되지만, 현장에 딱 맞는 단어는 좀처럼 떠오르지 않는다. 'Workplace(직장)'나 'Frontline(최전선)', 'Field(실지(實地), 전쟁터)'라는 직설적인 단어로는 뉘앙스가 전달되지 않는다. 일본어의 현장이라는 단어에는 단순히 장소를 나타내는 것이 아닌, 무언가 다른 요소가 들어 있지 않을까? 번역이 불가능하다는 것은 현장이라는 개념 자체가 일본 고유의 것이라는 의미도 될 것이다. 쉽게 설명할 수 없고 번역할 수 없기 때문에 더더욱 독창적 개념이라고도 할 수 있다. 실제로 미국 기업이면서도 현장을 중시하며 일본 기업의 장점을 적극적으로 받아들이려 하는 아마존(Amazon)에서는 현장의 일본어 발음을 그대로 차용해 'Gemba'라고 표기하며 그 개념을 사용 중이다.[8] 직역했다가는 중요한 뉘앙스가 결락된다고 생각하기 때문이다. 현장은 어디까지나 'Gemba'라는 것이다. 일본 기업은 어떨까? 대부분의 일본

---

8 필자가 2012년 10월에 지바현(千葉縣) 이치카와시(市川市)에 있는 아마존 재팬 로지스틱스의 물류센터(市川FC)를 방문해서 들은 이야기다. 작업 현장의 작업자들은 스스로 문제점을 해결해 가는 이른바 'KAIZEN('개선'의 일본어 발음을 차용한 표기)' 활동에도 적극적으로 힘써 사무동 복도 벽에는 'KAIZEN Display'라는 코너도 설치되어 있었다. 참고로 아마존 재팬 로지스틱스는 아마존 재팬의 물류 담당 회사다.

기업은 '현장, 현물, 현실' 중심의 삼현주의를 표방하고 중시한다. '현실의 장소', '현실의 물건', 그리고 '현실 그 자체'를 중요하게 여기며 있는 그대로의 현실을 정면으로 마주하겠다는 것을 경영의 지침으로 삼는다는 말이다. 그런 의미에서 혼다에서는 현장이라는 단어의 참뜻을 전달하기 위해 'The Actual Place'라고 번역한다. 'The Real Place'라고 번역할 법도 한데 'Real'이 아니라 'Actual'이라고 옮긴 점은 주목할 만하다.[9] 지식 창조 이론의 대가 노나카 이쿠지로(野中郁次郎)[10] 교수는 '현실'이라는 단어에는 '리얼리티'와 '액추앨리티' 두 가지 의미가 있다고 지적하고 그 차이를 다음과 같이 설명했다.[11]

> "리얼리티(reality)란 주객 분리를 통해 대상화하여 보는 현실(명사)이다. 이는 완료형으로 고정화할 수 있는 사물적 현상이므로 과학적 분석이 가능하다. 한편 액추앨리티(actuality)란 '지금 여기'서 진행되는 사건 속에서 우리가 직접 경험하는 현실(동사)이며, 한순간도 고정할 수 없는 비사물적 현상이다."

이 말은 현장의 본질을 고민하는 데 있어서 매우 중요한 지적이다. 현장은 계속되는 변화 속에서 무언가가 유동적으로 발생하는 'The Actual Place'이지, 완료형으로 고정된 'The Real Place'가 아닌 것이다. 기업의 현장은 끊임없이 움직이는 '생물'이다. 오다 교수가 지적한 바대로 현장은 '일회적'이다. 늘 변화에 직면해 있고, 스스로 변화하기 때문에 각각의 현장은 모두 다른 모습이다. 그런데 그 일회적 현상은 미래로 이어지는 길 위

9 출처: 노나카 이쿠지로(野中郁次郎) · 곤노 노보루(紺野登) 공저, 《지식창조경영의 원리(知識創造經營のプリンシプル)》(2012).

10 1936년 출생. 현재 히토쓰바시대학(一橋大學) 명예교수, 와세다대학(早稻田大學) 특명교수. 지식경영 창시의 아버지라 불린다.

11 노나카 이쿠지로 · 곤노 노보루(2012).

에서 일어난다. 바로 이 부분에 주목해 무엇을 생각하고, 무엇을 읽어낼지가 중요하다. 노나카 교수는 현실, 현장을 중시하는 비즈니스 리더에 관해 이렇게 말한 바 있다.[12]

> "리더가 실천적 지혜(Practical Wisdom)를 발휘하려면 시시각각 변화하는 개별적, 구체적 현실의 배후에 존재하는 본질을 직관하는 상황 통찰 능력을 갖추어야 한다. '일회적' 현상에서 '보편성'을 통찰하는 능력 말이다."

일본 기업이 현장을 중시하는 것은 현재라는 순간 또는 단면에 집착하기 때문이 아니다. '지금 여기'를 살며 끊임없이 변화하는 현장을 주시해야 비로소 미래를 볼 수 있다고 생각하기 때문이다.

2 현장은 가치를 낳는다

전략 실행의 장

현장의 '정체'를 파악하기 위해 현장을 낱낱이 분해하다 보면 그 다양한 얼굴을 발견할 수 있다. 첫 번째 얼굴은 '가치 창출의 주체'로서의 현장이다. 기업의 현장은 '현장'이라는 한 단어를 쓴다고 해도 다 같은 모습이 아니다. 예를 들어 제조업만 봐도 개발 현장, 조달 현장, 제조 현장, 영업 현

12 노나카 이쿠지로 · 곤노 노보루(2012).

장, 애프터서비스 현장 등 다양한 현장이 존재한다. 또 종업원이 수만 명에 이르는 거대 공장이 있는가 하면, 몇 명밖에 안 되는 작은 점포도 있다. 규모만 다양한 것이 아니다. 건설 현장처럼 공사가 끝나면 철수하는 기간 한정 현장도 있고, 제조 현장처럼 수십 년이나 존속하는 현장도 있다. 어디 그뿐인가? 상업 점포나 금융 점포처럼 입지가 분산된 현장이 있는가 하면, 제철소나 발전소처럼 한 곳에 사람과 설비가 집약된 현장도 있다. 현장의 특성과 업무는 각각의 현장이 담당하는 기능에 따라 달라진다. 하지만 역할과 기능은 달라도 기업에 현장이 존재하는 '목적'은 하나다. 다름 아닌 고객에 대한 '가치 창출'이다. 기업은 원래 가치 창출을 위해 탄생해 존재한다. 고객과 시장이 지지하는 가치를 창출함으로써 비로소 기업은 수익을 올리고 성장할 수 있다. 따라서 기업 현장에서 이루어지는 일들은 곧 '가치를 창출하기 위한 행위'다. 가치 창출을 실현하려면 크게 두 가지 과정이 필요하다. 바로 어떠한 가치를 창출할지를 정하는 '전략 책정'과, 실제 가치를 창출하는 '전략 실행'이다. 단순하게 정리하면 '전략 책정'은 본사 또는 본부가 담당하고, '전략 실행'은 현장이 담당한다. 아무리 뛰어난 경영자나 본사 참모진도 그들이 '전략 실행' 즉 실제 가치를 창출하는 활동에 직접적으로 관여할 수는 없다. 예를 들어 자동차 회사의 사장과 경영기획부는 '이런 차를 만들자'라는 계획을 세울 수는 있어도 실제로 자동차를 만들 수는 없다. '가치 창출의 주체'는 어디까지나 현장이다. 자동차를 설계하고 설비와 소재, 부품 등을 조달 및 제조하며, 자동차를 조립하고 시장으로 운반해 고객에게 판매하는 일련의 가치 창출은 현장이 담당한다. 이때 자동차라는 가치를 만들어내고, 고객에게 전달하며, 보증 수리를 실행하기까지의 긴 과정에 관여하는 모든 사람, 업무, 장소, 설비 등을 총칭해 '현장'이라 부를 수 있다. 따라서 현장은 물리적 위치만으로 정해지는 것이 아니다. 설사 본사 소재지에서 업무를 본다 해도 가치 창출에 직접적으로 관여하고 있는 부문과 부서는 모두 현장이라 할 수 있는 것이다.

꿈을 실현하는 곳

'가치 창출'이라는 표현은 다소 딱딱한 탓에 이해가 쉽지 않을 수 있다. 그래서 조금 더 부드럽게 설명하면 현장이란 '꿈을 실현하는 곳'이다. 기업의 원점은 창업자 또는 경영자가 품은 꿈과 포부, 뜻이다. 즉 모든 경영의 출발점은 개개의 주관인 것이다. 하지만 아무리 고매한 이상이 있다 한들 그것을 실현하지 못하면 무의미하다. 도요타 자동차의 제2대 사장으로 실질적 창업자였던 도요타 기이치로는 "자동차는 혼자서는 못 만든다. 많은 사람의 힘이 필요하다."라고 역설했고, 자신의 꿈을 실현할 현장을 매우 중시했다.[13] 그는 국가 부흥을 위해서는 자동차 산업 육성이 필수적이라 생각해 자동차 회사 설립에 혼신의 힘을 쏟았다. 그의 생각에 공감해 모여든 사람들은 공장을 건설했고, 설비를 들여왔으며, 꿈을 실현하기 위해 달렸다. 공장이라는 이름의 현장은 단순히 자동차를 조립하는 장소가 아니라 모두의 꿈을 실현하는 장이었다. 시간이 지나자 만든 자동차를 판매하고, 판 자동차를 수리하는 부서도 생겼다. 현장은 이상과 꿈을 현실로 바꾸어 가는 과정 속에서 태어나 몸집을 불린 것이었다. 현장이라 하면 흙냄새, 땀 냄새라는 이미지가 따라붙기 마련이다. 그러나 단순히 고된 일을 하고, 땀을 흘리는 것만으로는 진정한 의미의 현장이라 부를 수 없다. 그래서는 단순한 '작업장'에 지나지 않는다. 가치 있는 무언가를 만들어내고, 꿈을 실현하기 위해 현장은 탄생하고 존재한다.

13 2014년 3월 일본 TBS 계열 방송사에서 방영된 TV 드라마 〈리더스(LEADERS)〉 중에서 도요타 기이치로를 모델로 한 극중 인물인 아이치 사이치로(愛知佐一郎)가 읊었던 대사.

3 업무 수행의 주체로서의 현장

반복성과 비동질성

그러나 '현장은 꿈을 실현하는 곳이다' 라는 이상론(理想論)만으로는 현장의 정체를 십사리 파악할 수 없다. 그래서 현장을 더욱 세밀하게 분해해 보면 '업무 수행의 주체', '인재 육성의 주체' 라는 두 가지 얼굴을 발견할 수 있다. 그리고 이 두 가지 얼굴에는 현장의 빛과 그림자가 숨어 있다.(도표 1.1)

도표 1.1 ▸ 현장의 세 가지 얼굴

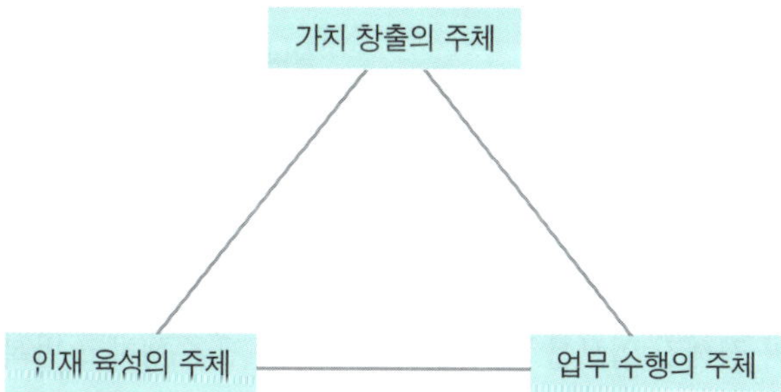

우선 '업무 수행의 주체' 로서의 현장에 관해 생각해 보자. 가치 창출에 직접적으로 관여해 꿈을 실현하는 현장에서는 매일 방대한 업무가 이루어진다. 다시 말해 현장은 '업무 덩어리(업무의 집적)' 다. 가치는 그 업무 하나하나를 매일 꾸준히 수행한 결과를 쌓을 때 탄생한다. 참고로 현장과 비슷한 표현으로 '오퍼레이션(operation)' 이라는 단어가 있다. 현장이라는 말을 영어로 번역하기 어려운 것처럼 오퍼레이션이라는 말을 일본어로 바꾸기도 쉽지는 않다. 적당한 번역어가 없어 오퍼레이션이라고 그대로 쓰는 경우도 많은데, 일본에서는 일반적으로 일상적 업무 또는 그와 관련한 부문, 조직을 총칭해 오퍼레이션이라 부른다. 현장에서 업무를 수행하는 주체로서의 얼굴이 오퍼레이션이라고 정의할 수도 있다. 다시 현장 이야기로 돌아가자. 현장이 수행하는 업무에는 두 가지 큰 특징이 있다.(도표 1.2)

도표 1.2 ▸ **업무 수행의 주체로서의 현장**

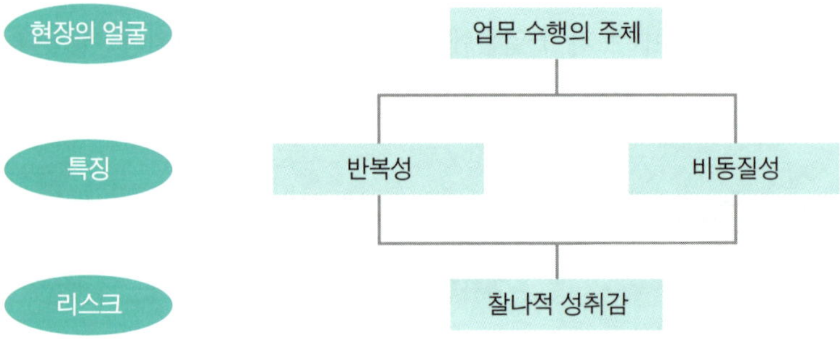

① 반복성(iterativeness)

현장이 수행하는 업무의 대부분은 형식이 일정한 '정형(定型) 업무'다. 그래서 미리 정해진 업무를 절차에 따라 확실하게 수행하고 반복할 필요가 있다. 매뉴얼(표준화된 업무 절차)과 규칙(미리 정해진 규범)에 따라 일상 업무를 확실하게 반복하는 작업이 하찮게 보일지는 몰라도 그것을 못 해내면 가치 창출은 불가능하다. 자동차 제조 라인에서는 정해진 절차에 따라 작업자가 표준작업을 반복한다. 슈퍼마켓 현장에서는 매일 아침 담당자가 가격표를 붙이고 상품을 진열한다. 또 택배 현장에서는 작업자가 정해진 노선을 돌며 배송, 집하를 반복한다. 가치 창출은 이 같은 꾸준한 반복 작업에 의해 이루어진다.

② 비동질성(non-homogeneity)

일상 업무의 반복은 단조롭고 기계적이지만, 실제 현장은 그리 단순하지 않다. 정형 업무를 매일 반복한다 하더라도 현장을 둘러싼 환경은 시시각각 변화한다. 그리고 그런 변화는 때로는 '이상 사태(irregular incident)'를 초래한다. 일례로 제조 현장을 보더라도 설비 고장으로 인해 계획대로 생산이 안 되거나, 부품 입고가 늦어 납기가 지연되거나, 품질 문제가 발생해 출하가 멈추는 등의 '이상'은 항상 일어난다. 이런 '이상'은 있어서는 안 되지만 현실적으로는 피할 수 없다. 현장은 크건 작건 다양한 '이상'에 끝없이 노출된다. 또 같은 업무를 반복하지만 하루하루는 결코 똑같지 않다. 따라서 반복적이지만 비동질적인 것이 현장이라 할 수 있다.

'찰나적 성취감'이라는 리스크

반복적이지만 비동질적 업무를 수행하는 현장은 그곳에서 일하는 사람들의 심리에 큰 영향을 미친다. '꿈의 실현'이라는 고매한 역할을 수행하더라도 일상 업무에는 아무래도 타성과 관성이 뒤따르기 마련이다. 긴장감 없이 눈앞의 일을 수행하는 데에만 급급하거나, 가능한 범위 내의 일만 수행할 리스크가 항상 수반된다는 이야기다. 일본 최고의 택배회사인 야마토(YAMATO) 운수를 부진의 늪에서 우뚝 일으켜 세운 오구라 마사오(小倉昌男, 1924~2005)[14]는 1959년 영업부장에 취임한 직후 현장이 얼마나 대충

14 야마토 운수는 1919년에 창업한 야마토 그룹의 계열사로 개인 및 기업을 대상으로 한 소량 화물 택배를 취급하는 기업이다. 현재 일본에 약 15만6천여 명, 아시아 전역에 2천여 명의 직원을 거느리고 일본 내 업계 1위를 달리고 있다. 오구라 마사오는 야마토 운수의 제2대 사장에 오른 뒤, 업계의 기존 상식을 뒤엎고 소형 하물 취급에 치중해 야마토 운수를 중흥의 길로 이끌었다.

대충 일하는지에 대해 이렇게 말한 바 있다.[15]

> "영업부장이 되고 보니 부실한 현장 관리가 제일 걱정이다. 퇴근길에 자주 영업소에 들르는데, 하물을 싣는 모습을 보면 남은 하물을 다 싣지도 않고 출발하는 경우가 종종 있다. 그러면 남은 하물은 결국 하루 늦게 배달된다. 내가 눈에 불을 켜고 노려봐야 기사들이 묶은 줄을 풀고 남은 하물을 옮겨 싣는다."

탁월한 현장력을 자랑하는 지금의 야마토 운수에서는 상상할 수도 없는 일이지만, 예전에는 그런 일이 종종 벌어졌다. 일하는 사람의 심리라는 측면에서 보면 반복되는 업무 속에서 발생하는 '이상'은 오히려 윤활유 같은 역할을 한다. 이상 사태가 발생하면 현장 사람들은 그에 대처해야 한다. 정도의 차이, 심각성의 차이는 있지만 현장에서 이러한 이상은 다반사로 발생하고, 그때마다 사람들은 그 이상을 처리한다. 설비가 고장 나면 복구를 서두르고, 품질에 문제가 생기면 수리와 교환을 하며, 납기가 지연되면 고객에게 피해가 가지 않도록 선처하는 것이다. 그렇게 이상이 한번 발생하면 담당자는 현장을 뛰어다니며 여러 사람의 협력을 얻어 사태를 수습한다. 반복적인 업무는 단조롭고 지루하지만, 원래 있어서는 안 되는 이상을 처리하는 업무는 현장에서 일하는 사람에게 그 나름의 성취감을 준다. 필자도 젊은 시절 그런 체험을 한 적이 있다. 대학을 졸업하고 전기 관련 대기업에 취직했던 나는 나고야(名古屋)에 있는 공장에 배속되었다. 신입사원인 내가 담당한 업무는 납기 관리였다. 제품의 생산 상황을 봐가며 출하 예정일을 정하고 트럭, 배, 항공편을 수배해 고객에게 제품을 보내는 것이 내 업무였다. 생산이 계획대로 되면 아무 문제가 없었지만 생산 현장의 설비

---

15 출처: 오구라 마사오 著, 《경영은 로망이다!(経營はロマンだ!)》(2003).

고장, 부품 납입 지연, 기존 일정을 비집고 들어온 급한 주문 등 온갖 요인들로 인해 납기 지연이라는 작은 이상은 매일같이 발생했다. 나는 그때마다 생산 현장을 찾아가 반장에게 머리를 조아리며 생산 계획을 조정해 줄 것을 부탁했고, 물류 창고로 달려가 직접 포장과 트럭 적재를 돕는 등 이상 처리에 눈코 뜰 새가 없었다. 밤늦게 마지막 트럭을 내보내고 나서야 '오늘도 끝났다' 는 안도감을 느낄 수 있었다. 귀갓길에 선배와 선술집에 들러 불평을 쏟아내며 들이키는 맥주 한모금은 더없이 시원했다. 그렇게 이상 처리 업무는 나름대로 성취감을 주기도 한다. 하지만 그것은 절대 건전한 성취감이 아니다. 애초에 있어서는 안 되는 이상을 처리하면서 느낀 '찰나적(momentary) 성취감' 이기 때문이다. 이는 생산 현장에만 국한된 이야기가 아니다. 판매 현장, 서비스 현장, 물류 현장, 의료 현장 등 정도의 차이가 있을지언정 거의 모든 현장에 공통되는 이야기다. 그런 성취감 덕에 현장 사람들이 단조로운 반복 업무를 참고 견딜 수 있다고 볼 수도 있지만, 다른 한편으로 찰나적 성취감은 현장을 사고(思考) 정지 상태로 몰고 갈 위험성을 내포하고 있다고도 할 수 있다. 발생한 이상을 처리할 것이 아니라 아예 안 생기게 할 생각을 해야 함에도 일상에 쫓기고 '찰나적 성취감' 에 빠져 어느 샌가 현재 상황을 유지하는 것이 현장의 주된 업무가 되어버리는 것이다. 아무런 긴장감 없이 눈앞에 주어진 일을 처리하고 이상 사태에 대처하는 데 급급하다 보면, 서서히 온도가 오르는 물속에서 죽어가는 개구리[16] 신세가 될 수도 있다. 일상에 매몰되고, 현재 상황에 만족하며, 아무것도 생각하지 않게 되는 것이다. 이것이 바로 현장이 안고 있는 크나큰 리스크 중 하나다.

---

16 영국의 생태학자 그레고리 베이트슨(Gregory Bateson, 1904~1980)의 연구를 말한다. 뜨거운 물에 개구리를 집어넣으면 놀라서 펄떡 뛰쳐나오지만, 미지근한 물에 넣어 점차 가열하면 물이 끓을 때까지 견디다 끝내 죽는다는 것이다. 환경에 대한 감각 둔화, 상황에 대한 대처의 중요성을 강조할 때 흔히 인용된다.

4 인재 육성의 주체로서의 현장

동질성과 격절성

'가치 창출의 주체', '업무 수행의 주체' 라는 측면과 더불어 현장에는 사람을 키우고 단련시키는 '인재 육성의 주체' 라는 얼굴도 있다. 현장은 '업무 덩어리' 이기도 하지만 동시에 '사람 덩어리(사람의 집적)' 이기도 하다. 노동집약적인 업계는 물론이고 화학이나 철강 같은 자본집약적인 업계의 현장도 사람의 힘에 의해 굴러간다. 생산수단으로 대규모 설비를 필요로 하는 장치산업의 경우 현장에서 일하는 사람 수는 적지만, 역시 장치나 설비의 안정적 운영, 보수, 점검 등 중요 업무를 사람이 맡는다. 일본 기업은 대부분 '사람은 현장에서 큰다' 고 믿는다. 그래서 현장에 풀어놓고 OJT(On the Job Training: 일상 업무의 수행 과정에서 이루어지는 교육훈련)를 통해 사람을 키운다. 파나소닉(Panasonic)의 창업자인 마쓰시타 고노스케는 "마스시타 전기(현 파나소닉)는 사람을 만드는 회사고, 동시에 가전제품을 만드는 회사다."라는 유명한 말을 남겼다. 가전제품을 만드는 업무를 통해 사람을 만든다는 것이다. 그만큼 업무 수행과 인재 육성은 표리일체의 관계이기도 하다. 필자도 현장에서 자랐다. 그런데 사실 대학을 졸업하고 나서 나고야 공장에 배속된 필자는 현장에서 근무한 기간이 불과 3년여밖에 안 된다. 그 후 본사의 해외부문에서도 오래 일했지만, 직장인으로서의 토대를 현장 경험을 통해 다졌다는 사실은 부인할 수 없다. 한편 요즘 대기업들은 멋들어진 연수시설을 지어놓고 잘 짜인 내용의 OFF-JT(Off the Job Training: 일상 업무를 벗어난 조건에서 실시하는 교육훈련)에 힘을 쏟는

데, 그런 활동들은 OJT를 보완하기 위한 것이며 어디까지나 인재 육성의 기본은 현장에서 이루어지는 OJT이다. 이렇게 인재 육성의 주체라는 측면에서 살펴보면 현장의 전혀 다른 두 가지 특성을 파악할 수 있는데 바로 '동질성'과 '격절성(隔絕性)'이다. (도표 1.3)

도표 1.3 ▸ 인재 육성의 주체로서의 현장

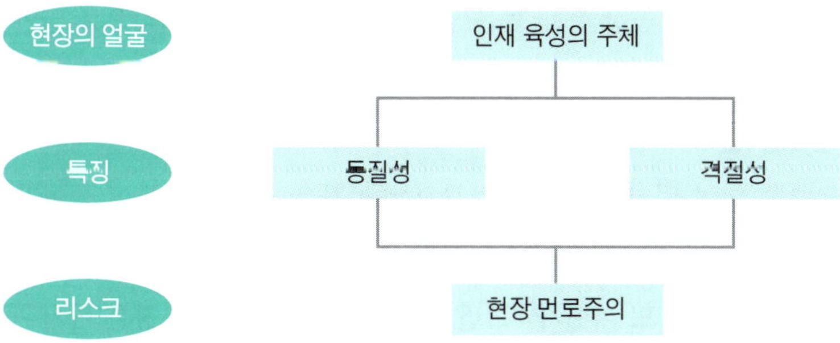

① 동질성(homogeneity)

현장의 업무는 매일 변화에 직면해 있고 비동질적이라 했지만, 사람이라는 관점에서 보면 현장은 매우 동질적이다. 대학을 갓 졸업한, 때 묻지 않은 신입 사원을 보라. 같은 교육 시스템, 같은 환경하에서 일률적으로 육성되니 동질성이 높아지는 것은 어찌 보면 당연하다. 제조업의 경우 제조 현장의 기능직 근로자들은 그 지역, 또는 근교의 고등학교, 고등전문학교를 졸업하고 취직해 그 직장에서 정년퇴직할 때까지 일하는 사례가 일반적이다. 비가 오나 눈이 오나, 경기가 좋으나 나쁘나 매일 같은 현장으로 출근해 동료들과 함께 고생하며 업무를 소화한다. 그런 사람들이 일본 경제를 지탱해 왔다. 팀을 이루어 서로 협력해야 하는 현장에서 동질성은 아주 중요한 요소다. '한 솥 밥을 먹는다'는 말이 있다시피 신뢰할 수 있는 동료들과의 연대감과 일체감은 현장의 강점으로 작용한다. 이런 일체감은 사람에게만 해당되는 것이 아니다. 제조 현장에서는 기계에 애칭까지 붙여 애지중지 손질해 가며 쓴다. 설비나 도구 같은 '사물' 에게까지 애착을 느끼고 소중하게 다루는 행동은 일본의 현장에서 볼 수 있는 특유의 현상이다.

② 격절성(isolativeness)

현장은 '사람을 키우는' 역할을 하는데, 그 역할은 닫힌 세계 안에서 이루어진다. 대규모 공장 등은 높은 담에 둘러싸여 우선 물리적으로 일반 사회와 차단되어 있다. 공장 안으로 들어가려면 미리 약속을 잡고 수위실에서 절차를 밟아야 한다. 소매업이나 서비스업도 마찬가지다. 고객과 접하는 부분은 열려 있지만 재고를 보관하는 공간은 일반 사람들이 들어갈 수 없게 되어 있다. 대기업이 지역 경제의 주축을 담당하며 그 지역에 큰 영향을 미치는 도시는 또 어떤가? 그런 경우, 대기업의 거대 공장은 마치 봉건 영주의 성과도 같은 존재다. 그렇게 현장이라 불리는 곳의 대부분은 일반 사회와 물리적으로 차단된 닫힌 존재다. 현장은 외부 세계와 격절된 독자적 '소우주(microcosm)' 를 형성한다. 그곳에서 일하는 사람들은 '닫힌 세계' 에서 일하고, 키워지고, 좁은 공간 안에서 관계성을 쌓는 것이다.

'현장 먼로주의' 에 빠질 리스크

현장에서 일하는 사람들에게는 동질적이면서도 격절된 집단이라는 특성이 있다. 그들이 보여주는 운명 공동체로서의 일체감은 유사시 또는 경영위기 시 등에 유감없이 큰 힘을 발휘한다. 그러나 현장은 이런 특성들 때문에 유아독존적인 발상과 행동으로 이어질 수 있는 리스크도 내포하고 있다. 그 결과 가끔 '닫힌 집단' 으로서의 약점을 드러낸다. 필자가 일하던 대형 전기업체의 각 공장은 공장 소재지의 지명에 '전기 전(電)' 자를 붙인 애칭으로 불렀다. 예를 들면 고베(神戸) 제작소는 신덴(神電), 가마쿠라(鎌倉) 제작소는 가마덴(鎌電), 나고야 제작소는 메이덴(名電) 같은 식이다. 그중 필자가 근무한 나고야 제작소는 사내에서 종종 '메이덴 먼로주의(Monroe Doctrine)' 라는 비웃음을 샀다. 먼로주의란 '타자와 협조하지 않는 고립주의' 라는 의미다. 그러니 '메이덴 먼로주의' 라는 말은 메이덴은 역사와 실적, 그리고 그 뒤에 자리 잡은 탁월한 기술력이 높은 평가를 받는 공장이지만 때로는 '자기들 생각만 한다', '남들은 안중에 없다' 고 비칠 수 있는 태도와 판단을 보인다는 지적이었던 것이다.[17] 크건 작건, 현장에는 그런 경향이 나타나게 마련이다. '큰 관계성' 을 읽어내기보다 자기 세계와 관련된 '작은 관계성' 에만 집착하기 때문이다. 그러다 보면 전체의 최적보다 부분의 최적을 우선시하기 쉽다. 외부와 격절된 동질적 소우주로서의 현장은 때때로 현장 먼로주의에 빠질 리스크를 항상 안고 있는 것이다.

5 빛과 그림자

현장, 그 어렴풋한 정체

현장의 정체를 밝히기 위해 현장이란 무엇인가를 얕게나마 살펴보았다.

17 미쓰비시전기(三菱電機) 나고야 제작소는 산업용 전기 제품을 생산한다. 이전에는 산업용 모터, 변압기 등이 주력 제품이었으나, 1970년대의 석유 파동 이후 구조 개혁을 추진해 지금은 시퀀서, 인버터, 서보모터 등 공장자동화(FA) 관련 제품에서 높은 시장점유율을 기록하고 있다.

이쯤에서 어렴풋하게나마 드러난 현장의 정체를 정리하면 다음 네 가지 정도가 되겠다.

① **[현장의 개념]** 현장이란 과거와 미래 사이에 존재하는 '지금 여기'다

현장은 고정적, 단면적인 것이 아니고 유동적, 연속적인 '생물'이다. 과거로부터 미래를 향해 진행되는 '지금 여기'가 현장이다. '지금 여기'를 산다는 것은 찰나적으로 산다는 의미가 아니다. 미래를 향해 현재를 열심히 산다는 의미다. 분명 현장은 현재에 입각해 미래를 내다보고, 미래를 창조하는 장소다.

② **[현장의 목적]** 현장은 가치 창출을 실행하기 위해 존재한다

기업의 현장에는 목적성이 있다. 그 목적이란 전략을 실행해 가치를 창출하는 것이다(가치 창출의 주체로서의 현장). 그리고 꿈을 실현하는 당사자들이 곧 현장이다.

③ **[현장의 역할]** 현장은 가치 창출에 필요한 업무를 매일 수행하고 인재를 키운다

'가치 창출의 주체'로서의 현장에는 '업무 수행의 주체', '인재 육성의 주체'라는 두 가지 또 다른 얼굴이 있다. 전략을 실행하기 위한 업무를 매일 수행하고, 나아가 기업에 필요한 인재를 키우며, 단련시키는 역할을 하는 것이 현장이다.

④ **[현장의 특성]** 현장에는 가능성과 리스크라는 양면이 존재한다

꿈의 실현이라는 역할을 수행하는 현장은 크나큰 가능성을 내포하고 있

는 반면 업무 덩어리라는 특성에서 파생되는 '찰나적 성취감' 및 사람 덩어리라는 특성에서 파생되는 '현장 먼로주의' 라는 기업 경영상의 리스크도 안고 있다.

이러한 고찰을 통해 우리는 '현장에는 빛과 그림자가 공존한다' 는 결론을 도출할 수 있다. 세상에 동일한 현장은 하나도 없다. 하물며 하나의 현장에서도 시간의 흐름과 함께 변화가 일어난다. 하지만 각 현장에는 공통점도 있다. 바로 빛과 그림자의 양면성이 있다는 것이다. 가치 창출의 주체인 현장이 '꿈의 실현' 이라는 원래의 책임을 짊어지고 전력으로 그 본분을 다하려고 할 때 현장은 믿을 수 없을 만큼 큰 힘을 발휘한다. 이것이 바로 '빛' 의 측면이다. 반대로 현장에는 '찰나적인 성취감' 이나 '현장 먼로주의' 라는 커다란 리스크도 내재한다. 그래서 눈앞에 주어진 업무를 수행하는 데 급급하거나, 다른 세계와 격절되어 성역화한 나머지 유아독존적인 행동 및 판단을 할 수도 있다. 이러한 어두운 면이 고개를 들 때 현장은 꿈의 실현이라는 본분을 망각하게 된다. 그렇게 되면 기업의 경우 경쟁력을 잃고 위기에 빠질 수도 있다.

현장 매니지먼트의 필요성

현장의 빛과 그림자는 참으로 상반된 모습이다. 그런데 업무와 사람의 집적인 현장의 이면에는 현장의 질을 결정하는 다양한 요소가 완벽한 모순 속에 서로 얽혀 있다. 이성과 감성, 근면과 태만, 안정과 변화, 질서와 혼돈, 타율과 자율……. 온갖 것들이 복잡하게 얽힌 현장을 통제하기란 쉬운 일이 아니다. 그래서 현장에서는 매니지먼트가 필요하다. 여기서 말하는

'현장 매니지먼트'란 현장에서 매일 이루어지는 업무 관리, 노무 관리가 아니다. 경영이라는 커다란 관점에서 현장을 어떻게 파악하고 활용할 것인지를 고민하고 실천하는 것을 말한다. 이 책의 모두에서 소개한 도요타 자동차의 제5대 사장인 도요타 에이지의 말을 처음 접했을 때 필자의 가슴은 마구 뛰었다. 그는 낭비를 악으로 보았다. 그 이유는 낭비 또는 비효율이 기업의 경쟁력을 갉아먹어 실적을 악화시키기 때문이 아니었다. 현장에서 수명을 단축시켜 가며 고군분투하는 직원들의 시간을 단 한 순간이라도 낭비해서는 안 되기 때문이었다. 이러한 경영자의 사상이 바탕에 깔려 있기 때문에 도요타의 현장은 '비범한 현장'인 것이다. 현장의 '빛'이라는 측면을 이끌어내 기업의 경쟁력으로써 활용할 수 있을 것인지, 아니면 '그림자'가 퍼져나가도록 방치해 경영의 발목을 잡고 기업을 존망의 위기에 빠뜨리게 할 것인지를 현장에만 맡겨두어서는 안 된다. 그것은 매니지먼트를 통해 해결해야 하는 가장 중요한 과제다. 필자와 마찬가지로 전략 컨설턴트로 활약하다가 게이오기주쿠대학(慶應義塾大學) 경영대학원에서 교편을 잡고 있는 시미즈 가쓰히코(清水勝彦)[18] 교수는 이렇게 지적한 바 있다.[19]

> "전략만큼이나 자주 사용되는 말이 현장이다. 그런데 현장이란 말은 경영의 결과물로 쓰이는 경우가 많아 그 가치를 최대한 활용하지 못하는 것 같다. 탄탄한 현장을 잘 활용해 그 강점을 조직의 힘으로 연결시키려면 전략이 있다는 데 만족하지 말고, '실행'이 보여줄 수 있는 가능성과 '현장'의 숨은 잠재력을 잘 활용해야 한다."

예리한 분석과 통찰력, 창조적 사고력을 갖추고 덤벼들면 전략은 충분히

18 전략 컨설턴트로 활동한 경험을 바탕으로 M&A를 포함한 경영 전략의 입안과 실행, 그에 따른 의사 결정, 전략 평가와 조직적 학습을 연구한다. 텍사스대학교 샌안토니오 캠퍼스(UTSA) 종신교수직을 거쳐 현재 게이오기주쿠대학에 재직 중.

19 출처: 시미즈 가쓰히코 著, 《전략과 실행(戰略と實行)》(2011).

짜낼 수 있다. 그렇지만 그 전략을 실행하고, 그것을 실현하는 현장을 매니지먼트하는 작업은 훨씬 복잡하고 난이도가 높은 작업이다. 이 점을 깨달아야 한다. 필자는 애초에 '전략 책정'과 '전략 실행'을 같은 차원에서 논의하는 것 자체가 난센스라고 생각해 왔다. 연구자와 컨설턴트(필자도 그 축에 끼이지만)들은 너무나도 쉽게 '실행'이라는 말을 쓰지만, 그 말의 대부분은 실행이 얼마나 어려운지, 그리고 실행을 담당하는 현장이 얼마나 대단하고 무서운지 모르는 사람들의 허언에 불과하다. 현장이라는 생물을 정면으로 마주하지 않는 한 진정한 실행은 불가능하다는 것을 알아야 한다.

제2장

경쟁전략론과 조직 능력

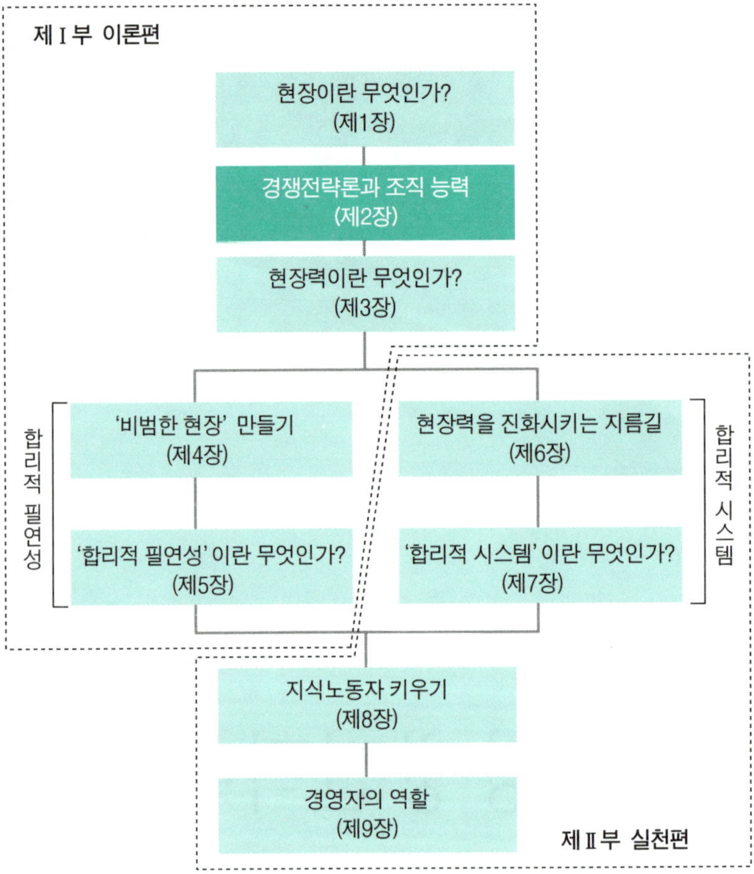

제Ⅰ부 이론편
현장이란 무엇인가?
(제1장)
경쟁전략론과 조직 능력
(제2장)
현장력이란 무엇인가?
(제3장)
합리적 필연성
'비범한 현장' 만들기
(제4장)
'합리적 필연성' 이란 무엇인가?
(제5장)
현장력을 진화시키는 지름길
(제6장)
'합리적 시스템' 이란 무엇인가?
(제7장)
합리적 시스템
지식노동자 키우기
(제8장)
경영자의 역할
(제9장)
제Ⅱ부 실천편

1 조직 능력에 관한 논고

기능이 아니라 능력에 주목하기

제1장에서는 현장이라는 생물의 정체를 알기 위한 이야기를 했다. 사실 필자는 현장 그 자체에 관심이 있는 것이 아니다. 현장에 숨어 있는 능력이 무엇인지, 어떻게 하면 그 능력을 높일 수 있을지에 큰 관심을 느낀다. 우리 한 사람, 한 사람이 고유의 능력을 갖추고 있듯 각각의 현장에도 고유의 능력이 내포되어 있다. '사람의 집적' 인 현장이 보유하는 능력은 '조직 능력' 이다. 사람 각자에게 잘하고 못하는 일이 있고, 할 줄 안다 할지라도 그 능력의 크기가 각기 다르듯이 조직 능력도 기업마다, 현장마다 큰 차이가 난다. 필자는 가치 창출의 주체인 현장이 어떤 능력을 갖추고 있는지가 기업이 치열한 경쟁에서 이기는 데 결정적으로 중요한 역할을 한다고 본다. 그래서 2장에서는 조직 능력이라는 개념을 포함한 경쟁전략론에 관해 정리해 보고자 한다. '전략 책정' 과 '전략 실행' 은 수레의 양 바퀴처럼 경영에 필수불가결한 요소이지만, 경쟁전략론의 흐름상 어디에 중점을 두어야 하는지가 때에 따라 조금씩 달라진다. 그런 점에 대한 깨달음이 전략 컨설턴트로서의 필자의 작업에도 적지 않은 영향을 주었고, 그 결과 필자는 현장력이라는 조직 능력에 주목할 수 있었다. '전략의 실행' 은 생각만큼 쉽게 설명할 수 있는 개념이 아니다. 전략을 실행하려면 필요한 시책을 기능별로 구현하고(기능 설계), 각각의 기능을 담당할 부문 · 부서(즉 현장)별 업무로 분해하며(업무 설계), 현장이 매일 정해진 업무를 수행해야 한다. 즉 전략 실행은 '전략 책정 – 기능 설계 – 업무 설계 – 업무 수행' 이라는 일

련의 흐름으로 설명할 수 있다. 하지만 이 같은 설명은 지극히 정적(static)이다. 실제 기업의 현장에서 일어나는 일들은 보다 동적(dynamic)이어서 탁상공론과는 한참 거리가 멀다. 같은 업계의 여러 기업을 기능과 업무라는 관점에서 비교하면 표면적으로는 큰 차이가 없다. 유사한 가치를 만들어내려면 그 현장들도 비슷한 기능과 업무를 수행하게 되는 것이 당연하니까 말이다. 그러나 실제 기업의 결과를 보면 대단히 큰 차이가 난다. 같은 제품이라도 A사는 적은 비용으로 만들 수 있는데, B사는 그렇지 않다. 품질도 그렇다. A사는 안정적인데 B사는 불량 발생률이 높다. 이 같은 결과의 차이는 기능 및 업무의 차이가 아니라 조직 능력의 차이(조직 능력 격차)라고 인식해야 한다. 가치 창출의 주체인 현장에 내포된 조직 능력, 그것을 필자는 '현장력'이라 부른다. 현장력이라는 이름의 조직 능력이야말로 기업의 경쟁력을 높인다고 생각한다. 인간의 능력이 깊이 있는 연구와 부단한 노력을 통해 연마되듯이 현장력이라는 조직 능력도 합리적이고 끈질긴 경영 노력에 의해 개선될 수 있다. 지금 당장은 현장력이 낮더라도 충분히 높일 수 있다는 것이다. 반대로 현재는 현장력이 높다 해도 경영 노력을 게을리하면 현장력은 언제든지 곤두박질칠 위험성이 있다. 현장력이라는 조직 능력을 높이려는 지속적인 노력이 없으면 기업은 가치 창출이라는 본분을 다할 수 없다.

전략 책정부터 전략 실행까지

필자는 25년 이상을 전략 컨설턴트로 일해 왔다. 경영대학원에서 교편을 잡고 있는 지금도 한정적이기는 하지만 실제 컨설팅 업무에 종사하고 있다. 전략 컨설턴트는 '전략 책정'과 '전략 실행'이라는 양 측면에서 외부의 객관적 제삼자로서 현장에 간여한다. 필자가 전략 컨설턴트로 데뷔했던 과거에는 컨설턴트의 업무라 하면 대부분 전략 책정에 초점이 맞춰져 있었다. 전략 컨설턴트의 사명은 다른 회사와 차별되는 참신하고 독특한 전략을 입안하는 과정을 지원하는 것이었다. 뛰어난 컨설턴트라면 'Something Unique(독특한 발상과 생각)'를 만들어내야 한다는 인식이 펴져 있었던 것이다. 전략을 책정할 때 제약 조건으로 작용하는 것이 경영 자원이다. 자본, 인적 자원, 물적 자원으로 대표되는 경영 자원은 한정적이다. 또 자원은 어느 한곳에 쏟아 부을 때 비로소 의미가 있다. 따라서 한정된 귀중한 경영 자원을 어디에 쏟아 부을지를 정해야 하는데, 그 방향성을 정하는 작업이 전략 책정이다. 일본 기업들의 경우 대부분이 '선택과 집중'이라는 사고방식을 가지고 있다. 그러한 관점에 맞춰 설명하면 무엇을 '선택'하고, 한정된 경영 자원을 어디에 '집중'시킬지를 정하는 것이 전략 책정이라는 말이다. 그것은 바로 자신들이 '무엇을 하지 않을지를' 명확히 밝힌다는 의미이기도 하다. 그러니 '선택과 집중'은 뒤집어 말하면 '버리기'와도 일맥상통한다. 전략 책정은 기업 활동의 중심축이라 할 만큼 대단히 중요하다. 이 부분이 흔들리면 경영도 부실해진다. 따라서 제삼자의 입장에서 합리적이고 아주 독자적인 전략을 책정하도록 지원하는 것이 전략 컨설턴트의 중요한 임무이고, 과거에는 이것이 컨설턴트의 사명이었다. 그런데 시간이 흐르면서 전략 컨설턴트에게 요구되는 자질에도 변화가 생겼다. 합리적인 전략을 책정하는 것은 지금도 중요하지만, 점차 그것을 실행으로 연결시켜 결과를 내기 위한 조언과 지원을 요구받게 된 것이다. '전략의 실시'라는 의미로는 'Execution of Strategy(전략의 집행)'와 'Strategy Implementation(전략의 실시)'이라는 표현이 자주 쓰인다. 방금 언급했다시피 전략 컨설턴트의 가치는 'Something Unique'에서 'Make-it-happen(아이디어의 실현)'으로 옮겨가고 있다. 맥킨지 앤드 컴퍼니

(McKinsey & Company)에서 컨설턴트로 재직했고 식품업체 RJR 내비스코(RJR Nabisco)의 CEO를 역임한 루이스 거스너(Louis V. Gerstner Jr.)[1]는 1993년 붕괴 직전에 처한 IBM의 CEO로 취임해 IBM을 회생시키는 데 성공했다. 그는 이 경험을 발판으로 저서를 통해 이렇게 말한 바 있다.[2]

> "실행이야말로 성공 전략의 결정적 부분이다. 해내는 것, 올바르게 해내는 것, 경쟁 상대보다 잘해내는 것이 미래의 비전을 몽상하는 것보다 훨씬 중요하다. 세계의 위대한 기업은 모두 매일 매일의 실행을 통해 경쟁 상대와의 격차를 만든다."

자동 제어 기기 및 전자 통신 장비 제조업체인 허니웰 인터내셔널(Honeywell International)과 항공 우주 기업 얼라이드 시그널(Allied Signal)의 CEO를 역임한 래리 보시디(Larry Bossidy)[3]도 저서를 통해 이렇게 지적했다.[4]

> "실패로 끝나는 전략이 놀랄 만큼 많은 이유는 조직에 그 전략을 실행할 수 있는 능력이 있는지 여부를 리더가 현실적으로 평가하지 않기 때문이다."

---

1 1942~현재. 다트머스대학교(Dartmouth College) 공학 학사, 하버드대학교 경영대학원(Harvard Business School)의 MBA 취득. 맥킨지 컨설턴트, 아메리칸 익스프레스(American Express)와 RJR 내비스코의 CEO를 거쳐 2003년부터 2008년까지는 세계 최대 사모펀드 운영사인 칼라일 그룹(The Carlyle Group)의 회장으로 일했다. 이공계 지식, 경영학 이론, 실제 경영 경험을 모두 갖추었다고 평가받는 경영인이다.

2 출처: 루이스 거스너 著, 《코끼리를 춤추게 하라》(2002) (국내 출간된 제목임 – 역자, 국내출간은 2003).

3 1935년~현재. GE 부회장을 거쳐 얼라이드 시그널, 허니웰 인터내셔널, 세계적 제약회사 머크(Merck)의 CEO를 역임했다. 경험을 토대로 기업의 경쟁력에 대해 논하는 책을 다수 저술했다.

4 출처: 래리 보시디 · 램 차란(Ram Charan) 共著, 《실행에 집중하라》(2003) (2004년에 국내 출간된 제목임 – 역자).

미국 기업은 모두 전략의 책정을 중시한다고 생각할지 모르지만 두드러진 실적을 올린 경영자들은 실행을 중시하고, 실행에 큰 에너지를 쏟는다. 일본 기업도 마찬가지다. 뛰어난 성과를 올린 일본 기업은 모두 실행을 중시한다. 에어컨 분야에서 세계시장을 견인하며 존재감을 드높이고 있는 다이킨(DAIKIN) 공업의 이노우에 노리유키(井上礼之)[5] 회장은 이렇게 말했다.[6]

> "할 일이 명확하다면 이제 남은 것은 실행뿐이다. 일류 전략과 이류 실행력의 조합보다는 이류 전략과 일류 실행력의 조합이 더 강하다는 것을 기억하라. 우리 회사의 모토는 '실행 또 실행'이다."

이노우에 회장은 결코 전략 책정을 가볍게 본 것이 아니다. 실행은 중요하지만 그 전제로서 '할 일이 명확'해야 한다고 지적한 것만 보아도 알 수 있다. '할 일을 명확히 하기'가 바로 전략 책정이다. 필자는 세계무대를 노린 전략을 착실히 추진 중인 다이킨의 전략이 이류라고는 단 한 번도 생각해 본 적이 없다. 오히려 그들은 야심에 차 있으며 합리적이고 주도면밀한 전략하에 움직인다고 생각한다. 하지만 아무리 이치에 맞는 전략을 세우더라도 그것은 어차피 '가설'에 불과하다. 경영은 결국 '해 봐야 아는' 것이다. 따라서 책정한 전략을 서둘러 실행에 옮기고 실행 과정을 통해 학습하면서 궤도를 수정해야 성공 확률을 높일 수 있다. 그런 의미에서 다이킨의 강점은 '일류 전략과 초일류 실행력'이라고 봐야 할 것이다. 첨언하자면 전략과 실행이라는 두 가지 요소에 대한 시각에는 사람마다 미묘한 차이가

---

5 다이킨 공업은 본사가 오사카에 있는 공조기, 화학품 제조업체로 에어컨과 불소 화학 분야에서 세계적 시장점유율을 차지하는 기업이다. 이노우에 회장은 1935년 출생으로 1957년에 입사해 1994년에 사장, 2002년부터 회장 겸 CEO를 맡고 있다.

6 출처: 이노우에 노리유키 著, 《사람의 힘을 믿는 세계로(人の力を信じて世界へ)》(2011) (국내에 출간되지 않음 – 역자).

있다. 전략과 실행은 각각 독립된 요소이며 별개의 것이라고 분리해서 생각하는 사람이 있는 반면, 전략과 실행은 어디까지나 한 몸이며 전략이라는 넓은 의미 안에 전략 책정과 전략 실행이 있다고 보는 사람도 있다. 필자는 후자가 더 타당성이 크다고 본다. 왜냐하면 전략은 실행되어야 비로소 의미가 있는 것이어서, 실행이 전략이라는 넓은 의미 속에 포함된다고 생각하기 때문이다. 실행되지 않아서 결과를 낳지 않은 전략은 아무리 독특하고 참신하더라도 전략이라 부를 가치가 없다. 따라서 전략과 실행은 하나이며 불가분의 관계라고 생각하는 것이 중요하다.

전략의 코모디티화

요즘 사람들이 전략의 책정보다 실행을 중시한다는 사실은 경쟁전략론의 변천을 보아도 확연히 드러난다. 경쟁전략론 중에서도 가장 잘 알려진 이론을 개발한 사람은 하버드대학교 경영대학원의 마이클 포터(Michael E. Porter)[7] 교수다. 그는 기업이 경쟁 전략을 책정할 때는 산업 안에서 '자기 회사가 차지한 위치(포지셔닝)'를 판단 및 선택하는 것이 중요하다고 지적했다. 이 포지셔닝 이론은 대단히 큰 파장을 불렀다. 경쟁에서 이기려면 경쟁사와 다른 포지셔닝을 선택하는 것이 무엇보다 중요하다는 생각은 지금도 일정 부분 유효하다. 이러한 전략적 포지셔닝을 중시하는 마이클 포터 교수는 오퍼레이션(실행)을 통한 우위성 구축에 회의적인 입장을 취한다. 참고로 그는 전략과 실행을 각기 독립된 개별 요소로 취급한다. 또 그는 오

7 1947년~현재. 하버드대학교 경영대학원 교수. 작가, 자문가로도 활동 중이다. 시장 경쟁과 기업 전략, 경제 발전, 환경 및 의료 보건 등 기업과 사회가 직면한 여러 문제점에 경제 이론 및 전략 개념을 도입했다. 그의 포괄적인 연구는 오늘날 경제학 및 경영학 부문에서 가장 많이 인용된다.

퍼레이션에 관해 다음과 같이 언급했다.[8]

> "오퍼레이션 효율을 지속적으로 개선한다는 것은 통상 탁월한 수익을 내기 위한 필요조건이기는 하지만 충분조건은 아니다. 오퍼레이션 효율 덕에 경쟁에서 이기는 기업은 거의 없을 뿐 아니라, 그런 기업이 경쟁 상대보다 계속 우위에 서기는 갈수록 더 어려워지고 있다."

오퍼레이션이 아니라 전략적 포지셔닝만이 차별화의 원천이라는 그의 지적은 '종합' 이라는 이름하에 모두에게 골고루 혜택이 돌아가는 '전원 혜택' 에 빠져 있던 당시 대부분의 일본 기업에게 매우 중요한 지적이었다. '치열한 경쟁 여건하에서 어떤 독자적인 포지셔닝을 도출해낼 것인가' 에 관한 고민은 일본 기업에게 부족한 또는 없는 시각이었다. 하지만 포지셔닝 논리에도 결점이 있다. 경쟁의 역동성을 가볍게 본다는 것이다. 설사 한때 독특한 포지셔닝을 확립했다 하더라도 경쟁사가 같은 포지셔닝을 지향한다면 포지셔닝이 겹치게 되어 동질적 경쟁이 벌어지고 만다. 선발 주자가 일정 기간은 우위를 유지할 수 있을지 몰라도 경쟁사가 자사보다 풍부한 경영 자원을 보유하고 있다면 결국은 따라잡히고, 패배할 가능성이 있다. 게다가 독특하고 새로운 포지셔닝을 발견하기도 쉬운 일은 아니다. 설사 발견했다 하더라도 그리 간단히 포지셔닝을 옮길 수도 없다. 게이오기주쿠대학교 경영대학원의 시미즈 기쓰히코 교수는 이를 두고 '전략의 코모디티(Commodity: 일용품, 일반상품)화' 라 표현했다. 전략이 어느새 동질화하는 바람에 전략만으로는 결정적인 차별화를 실현하기 어려워졌다는 것이다.

---

8 출처: 마이클 포터 著, 《경쟁론》 (1999) (2001년에 국내 출간된 제목임 – 역자).

포지셔닝에서 자원 기반으로

포지셔닝 이론을 대신해 1990년대 들어 대두한 것이 자원 기반 이론(RBV: Resource-Based View)이다. 기업이 보다 효과적으로 경쟁하기 위해서는 기업이 가진 경영 자원에 주목해 독자성 높은 경영 자원을 취득하고 개발해야 한다는 것이 핵심 내용이다. 여기서 말하는 경영 자원이란 기업의 능력, 역량, 기능(技能), 전략적 자산 등을 가리킨다. RBV는 경쟁사에 없는 독특한 경영 자원이야말로 지속적으로 경쟁 우위에 설 수 있는 원천이라고 지적한다. 그런데 조직 능력이라는 개념이 바로 이 RBV에 입각한 것이다. 마이클 포터는 오퍼레이션에 대해 회의적이었지만, RBV는 오퍼레이션에 내포된 조직 능력에 바로 우위성의 원천이 있다고 본 것이다. 조직 능력이라는 개념이 대단한 이유는 '모방곤란성' 때문이다. 설사 독특한 포지셔닝을 발견했다 하더라도 경쟁사가 마찬가지로 눈독을 들이면 모방을 당하게 되지만, 조직 능력의 개발, 획득에는 시간과 비용이 든다. 그러니 모방당하기 쉬운 포지셔닝 대신 모방이 용이하지 않은 조직 능력에 많은 기업이 주목하는 것은 어떤 의미에서는 당연하다고 할 수 있다. 하지만 경쟁전략론으로서의 RBV도 한계에 부딪혔다. 조직 능력이 중요하다는 지적에는 동의할 수 있지만, 어떻게 하면 지속적 우위성으로 이어지는 조직 능력을 손에 넣을 수 있을 것인가 하는 방법론 및 실천적 모델이 좀처럼 나오지 않은 것이다. 조직 능력이라는 것은 각 기업의 고유 능력이자 숨은 능력이기에 '블랙박스'에 비유할 수 있는바, 그것을 풀어내 일반화, 체계화하기는 쉬운 일이 아니다. 노나카 교수는 그 점에 관해 이렇게 지적한 바 있다.[9]

---

9 출처: 《조직능력 · 지식 · 인재(리딩스 일본의 기업시스템 제2기 제4권) (組織能力 · 知識 · 人材(リーディングス日本の企業システム 第2期 第4巻))》(2006) 중 '6장 일본 기업의 종합력' (국내

"자원 기반 이론은 희소하고 모방 곤란한 자원을 축적해야 한다고 강조하지만 그 자원의 중핵이 무엇인지, 그리고 그 독자적 자원이 어떻게 축적되는지에 관한 과정과 모델을 제시하지 못하기 때문에 경영 실천자에 대한 기여가 한정적이다."

자원 기반 이론을 모태로 발전한 개념이 '동적 역량(dynamic capabilities)' 이다. 동적 역량은 일반적으로는 '조직이 의도적으로 자원 기반을 창조, 확대, 수정하는 능력' 이라 정의된다. 그리고 이를 제창한 사람들은 '동적 역량이 현재의 수익을 실현시키는 경영적 역량(operational capabilities)과는 다르다' 고 설명한다.[10] 그러니 역량이라는 관점에서 현재와 미래를 명확히 구분할 수 있는지에 관한 소박한 의문이 든다. 역량은 연속적인 시간 축 위에서 파악해야 하지 않을까? 필자도 자원 기반 이론 및 동적 역량에 관한 서적과 논문을 여럿 읽었는데, 시종 개념적, 추상적인 고찰로 일관한 경우가 많아 실천적 시사점은 얻기 어려웠다. 한편 '경쟁 우위' 라는 개념 자체를 의심해야 한다는 주장도 있다. 컬럼비아대학교(Columbia University) 경영대학원의 리타 맥그래스(Rita McGrath) 교수는 이렇게 말한다.[11]

"경쟁 우위가 지속되지 않거나, 예전보다 훨씬 단기간밖에 지속되지 않는다면 전략 시나리오를 바꿀 필요가 있다. 리더가 계승해 온 많은 전략이 아무리 이치에 맞는 것들이었다 한들 오늘날의 변화 기반을 따라갈 수는 없다. 경영진에게 필요한 것은 지속적 경쟁 우위를 상실한 경우에도 오랫동안 살아남기 위한 새로운 전략적 시스템과 관행이다."

에는 출간되지 않음. 그리고 '리딩스' 와 '일본' 은 이어진 단어가 아님 – 역자).

10 출처: 콘스탄스 헬파트(Constance Helfat) 著, 《동적 역량(Dynamic Capabilities)》 (2010) (국내에는 출간되지 않음 – 역자).

11 출처: 리타 맥그래스 著, 《경쟁 우위의 종말》 (2014) (2014년에 국내 출간된 제목임 – 역자).

이제는 예전만큼 오래 경쟁 우위를 지속할 수 없다는 지적에는 수긍하지만, 그녀가 해결책으로 제시한 기민성(Agility)과 혁신(Innovation)을 실현하는 길은 아쉽게도 명확하지 않다. 사실 기민성과 계속적 혁신은 모두 조직 능력 그 자체다. 따라서 우리가 구체적이고 현실적인 조직 능력을 파악하려 하는 이상, 조직 능력의 소유 주체인 현장을 정면으로 파고들어야 현장의 본질이 보일 것이다.

2 '레시피'와 '주방 사정'에 관한 논의

포지셔닝과 조직 능력의 불가분성

그런 가운데 포지셔닝 이론과 자원 기반 이론의 차이 및 관계성을 대단히 알기 쉽게 해설해 준 사람이 히토쓰바시대학 대학원의 구스노키 겐(楠木建) 교수다. 베스트셀러가 된 《스토리로서의 경쟁 전략》은 지적 호기심을 크게 자극함과 동시에 실천적 시사점이 풍부한 경영 서적이다.[12] 구스노키 교수는 레스토랑을 예로 들었는데 포지셔닝(SP: Strategic Positioning)을 '셰프의 레시피', 그리고 조직 능력(OC: Organizational Capability)을 '주방 사정'으로 절묘하게 비유했다. 레스토랑이 성공하려면 다른 레스토랑에는 없는 독자적 레시피를 만들어야 할까? 아니면 주방 내 냉장고 속에 이미 있는 독특한 재료와 요리사의 실력으로 승부수를 띄워야 할까? 그는 인기

12 구스노키 겐 著, 《스토리로서의 경쟁 전략(ストーリーとしての競争戦略)》(2010) (국내에는 출간되지 않음 - 역자).

레스토랑을 만들기 위한 두 가지 선택지의 차이를 들어 알기 쉽게 설명했다. SP와 OC를 '경쟁 우위라는 산에 오르기 위한 별개 루트'로 설정하고 그 두 가지를 인과 논리로 엮어 흐름과 움직임을 만드는 것이 '스토리 전략'이라는 논리에는 설득력이 있다. 두 가지 요소는 대립적인 것이 아닌, 경쟁 우위를 빚어내는 서로 다른 원천이며 그것을 '스토리'로 엮어 일체화시킨다는 생각은 아주 독특하다. 필자는 초보 전략 컨설턴트였던 시절, 어렵게 책정한 전략이 실행되지 않아 결과를 낼 수 없는 심각한 상황을 몇 번이나 경험했다. 책정한 전략에 오류가 있었기 때문인지, 실행 주체인 현장에 문제가 있었기 때문인지는 불충분했던 검증 탓에 아직도 알 수가 없다. 하지만 돌이켜 보면 고객의 조직 능력을 모른 채(또는 무시한 채) 전략 책정에만 몰두했던 잘못이 컸다는 생각이 든다. 게다가 나는 SP와 OC를 별개로 생각하며 참신하고 독특한 전략을 입안하는 데에만 혈안이 되어 있었다. '실행은 나중에 생각하면 된다'. '전략만 잘 짜면 나머지는 현장에서 알아서 할 것이다'라는 안이한 생각을 했던 것이다. 나는 분명 실행을 우습게 보았다. 그렇게 몇 번의 실패를 경험하고 나서야 전략 컨설턴트로서의 자세를 바꾸었다. 결과를 내려면 SP와 OC를 한 덩어리로 생각해야 한다는 것을 깨닫게 된 것이다. 그 이후로는 전략을 책정할 때 고객의 조직 능력에 대한 이해와 함께 무엇을 잘하고 무엇을 잘 못하는지, 어떤 경영 자원이 얼마나 있는지에 관한 올바른 파악을 중시하게 되었다. '주방 사정'을 알지 못하고서는 '레시피'를 짤 수 없다는 사실을 알게 된 것이다. 그 결과 필자가 컨설턴트로서 책정을 지원한 전략의 규모가 이전에 비해 상당히 줄어들었을 수도 있다. 야심에 차 입안했던 참신한 전략보다 고객의 실력에 맞는 실행 가능한 실전적 전략을 선택했기 때문이다. 물론 OC의 수준이 높은 고객에게는 야심적 전략을 제언하려 했다. 그러나 OC가 그리 뛰어나지 못한 기업, 또는 OC에 문제가 있는 기업에게는 아무리 야심적 전략을 제언해도 실현되지 않는 법이다. 그래서 그런 경우에는 실현 가능한 전략을 착실히 수행해 작은 성과를 쌓아서 OC의 수준을 끌어올리는 방식의 접근을 권장했다. 나는 또 OC의 수준을 끌어올리는 과정에도 적극적으로 간여하게 되었다. 기민성을 높이는 등 조직 능력을 강화하기 위한 프로젝트와 문제를 해결할 수 있는 인재를 육성하는 프로그램 등을 통해 조직 능력의 고도화를 지원한 것이다. OC의 수준이 높아지면 전략 선택의 폭이 넓어진다. 몸통이 튼실하고 운동 능력이 뛰어난 스포츠 선수는 어떤 종목도 잘 소화해 낸다. 마찬가지로 OC가 뛰어난 기업은 '조직의 몸통'이 잘 단련되어 있기 때문에 설사 스트레치 전략(strategy as stretch)[13]을 제시하더라도 실현시킬 수 있는 힘이 있다. 그런데 SP와 OC의 관계성에 관해 이야기할 때, 사람들은 SP가 항상 상위 개념일 거라고 생각하는 경향이 있다. 하지만 현실적으로는 'SP를 규정하는 것은 OC'라고 해도 과언이 아니다. '주방'의 능력이 크면 어떤 '레시피'든 소화해 낼 수 있다. 때로는 '주방 사정'에 맞는 새로운 '레시피'가 탄생할 수도 있다. SP와 OC를 별개 요소로 파악하는 것이 아니라 한 덩어리라고 생각하는 것이 중요하다. 필자가 현장력이라는 조직 능력에 주목하게 된 배경에는 이 같은 흐름이 있다.[14]

레시피는 주방에서 나온다

SP와 OC의 일체화라는 개념을 조금 더 찬찬히 생각해 보면, 처음부터

---

13 기존의 방식으로는 실현할 수 없는 높은 목표를 설정하고 그 실현에 도전하는 전략을 말한다. 잭 웰치((John Frances Welch Jr.) GE 전 회장이 강조한 전략이기도 하다.

14 최근 구미에서는 '전략이라는 개념 자체가 시대착오'라는 지적도 나온다. 전략과 실행을 종합적으로 생각하는 '비즈니스 모델'이라는 개념이 주류로 떠오르고 있다.

'레시피' 와 '주방 사정' 으로 구분하는 일 자체가 무의미하다는 생각이 들기도 한다. 애초에 주방 사정과 무관하게 레시피를 짤 수 있느냐 하는 의문이 들기 때문이다. 셰프가 천재라면 해당 주방에 몸을 담지 않고도 독자적 상상력을 발휘해 훌륭한 레시피를 개발할 수 있을지도 모른다. 하지만 현실적으로 그런 셰프는 많지 않을 것이다. 대부분의 셰프는 주방이라는 현장에서 매일 조리 작업과 씨름하는 과정에서 새로운 레시피를 만들어낸다. 즉 레시피는 주방 안에서 나오는 것이다. 경영도 마찬가지다. 처음부터 전략과 실행, 본사와 현장을 분리하고 대립시켜 생각하는 데에 문제가 있다. 비즈니스의 규모가 커지고 조직이 커지면 필연적으로 역할 분담이 이루어지고, 기능이 분화된다. 그렇게 해서 경영 전체를 기획, 관리, 통괄하는 '본사' 라는 기능은 나중에 탄생하는 것이다. 모든 회사는 작은 사무실, 소규모 공장에서 시작한다. 동네 공장을 보라. 내부 공간은 대부분 현장이 차지하고, 사무실은 덤으로 붙어 있다고 할 정도로 좁다. 또 미국의 벤처 기업은 '창고 사업(garage business)' 이라고도 부른다. 이때 창고(garage)는 현장을 말한다. 미국에서도 비즈니스는 현장에서 시작되는 것이다. 경영에서 전체를 보고 관리, 통괄하는 기능이 필요하다는 점은 인정하지만 '전략은 본사가 정한다' 고 처음부터 정해진 것은 아니다. 전체를 내려다보는 본사만이 전략을 정할 수 있다는 생각은 착각이다. KJ법이라는 창의력 개발 기법을 개발하고 필드 워크(field work)라는 야외 과학적 방법론을 창안한 가와키타 지로(川喜田二郎)[15]는 이렇게 지적한 바 있다.[16]

15 1920~2009. 문화인류학자로 쓰쿠바대학(筑波大學) 등의 교수를 역임했다. 1959년에는 네팔 산촌에 대한 기술 협력의 공을 인정받아 막사이사이상을 수상했다. KJ법이란 데이터를 적은 카드를 그룹별로 정리해 도표와 논문 작성에 이용하는 발상법이다. 이때 KJ는 본인 이름의 이니셜이다.

16 출처: 가와키타 지로 著, 《續 발상법(續 · 發想法)》 (1970) (국내에는 출간되지 않음 – 역자).

> "오랫동안 현장 경험은 학문 등 이론적 관심이 있는 사람들에게 무시를 당했다. 그런 경험의 활용은 종종 비학문적인 일로 치부되어 경멸의 대상이 되기도 했다. 그런데 사실 현장 경험이야말로 새로운 것을 낳는 진정한 힘의 원천이라 단언할 수 있다. (중략) 진리처럼 떠받드는 고전적 이론도 현장의 사실 인식에 비하면 재탕, 삼탕의 권위에 불과한 법이다. 진정한 권위의 원천은 현장에서 일어난 사실에 있다."

현장이 땀 흘려 벌어들인 수익으로 분에 넘치는 본사 사옥을 짓고, 임원들이 화려한 카펫을 깐 사무실에서 으스대기를 당연시하는, 착각 속의 본사는 살아있는 전략을 세울 수 없다. 필자의 생각에는 현장의 한 구석에 수줍게 본사가 자리 잡는 형태가 가장 건전한 모습이다. 기업의 조직도에는 대체로 '○○전략부'라는 부문이 있는데 실행과 현장의 중요성을 깨달은 필자는 그런 이름을 보면 신물이 난다. 나의 경험과 감각으로 볼 때 그런 부문이 많을수록 대단한 회사가 아니다. 책상에 죽치고 앉아 인터넷으로 부실한 정보수집에나 몰두하고 탁상공론에 지나지 않는 분석만 하다가 회의실에서 실체 없는 논의를 해 댈 가능성이 크기 때문이다. 그런 일은 아무리 해 봐야 좋은 전략으로 이어지지 않는다. 도요타 자동차의 공통 가치관을 보여주는 '도요타 웨이(Toyata Way) 2001'[17]에 다음과 같은 문구가 있다.

> "쓸데없이 '논의'에 시간을 허비하거나 '전략'이라는 단어를 내세워 경솔하게 모험하는 짓을 하지 않는다."

전략은 때로 독주, 폭주할 수 있다. 물론 사물을 대국적으로 보고 역동

---

17 도요타에서 암묵지로 전해지는 경영상의 신념과 가치관을 체계적으로 이해할 수 있도록 정리, 집약한 것. '지혜와 개선' 및 '인간성 존중'이 내용의 주축을 이룬다.

적으로 발상할 필요는 있지만, 발이 땅에 붙어 있지 않고 공중에 붕 뜬 전략의 경우 성공 확률이 낮은 것도 사실이다. 현장에 전략 따위가 왜 필요하냐는 생각이 든다면 크게 잘못된 생각이다. 과거와 미래 사이의 '지금 여기'에 존재하는 현장이야말로 미래를 여는 전략의 '싹'이 자라는 곳이다. 다만 그것은 어디까지나 싹일 뿐이다. 그 싹을 일찌감치 알아채고 그 속에서 미래를 발견해 스스로 앞날의 방향성을 정하는 것만이 전략 책정을 위한 올바른 태도다.

제3장

현장력이란 무엇인가?

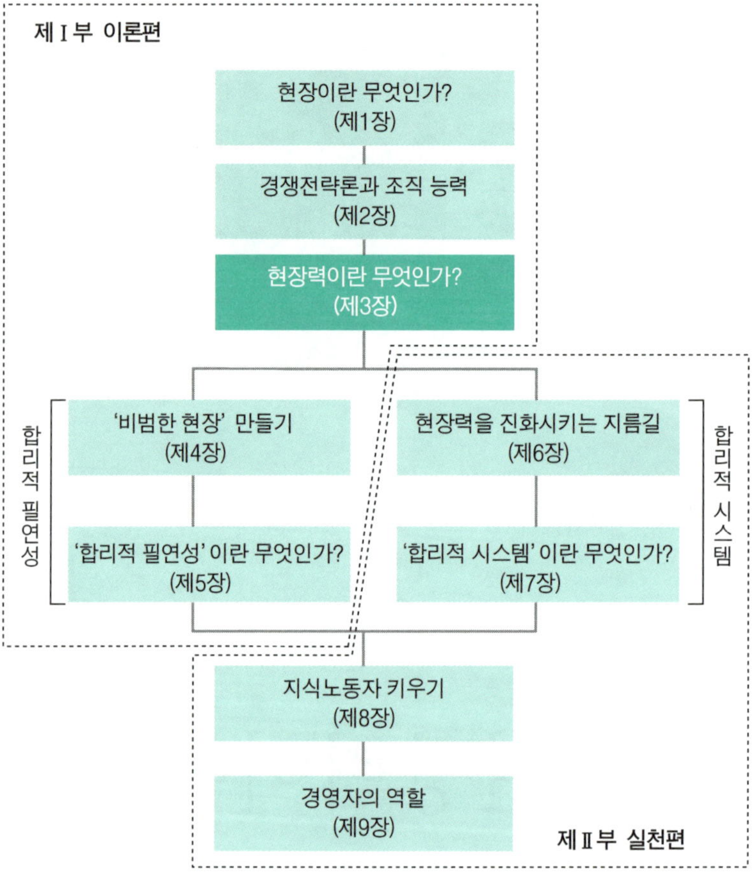

제 I 부 이론편
현장이란 무엇인가?
(제1장)
경쟁전략론과 조직 능력
(제2장)
현장력이란 무엇인가?
(제3장)
합리적 필연성
'비범한 현장' 만들기
(제4장)
'합리적 필연성' 이란 무엇인가?
(제5장)
현장력을 진화시키는 지름길
(제6장)
'합리적 시스템' 이란 무엇인가?
(제7장)
합리적 시스템
지식노동자 키우기
(제8장)
경영자의 역할
(제9장)
제 II 부 실천편

1 현장력을 형성하는 세 가지 능력

현장력은 중층 구조

제2장에서는 전략과 조직 능력의 관계성, 현장력이라는 조직 능력의 중요성에 관해 언급했다. 그럼 현장력이란 구체적으로 어떤 능력을 가리키는 것일까? 필자의 경험에 따르면 '우리 회사는 현장력이 대단하다' 고 호언하는 회사의 현장을 찾아가 보면 실제 현장력은 다른 기업과 별반 다르지 않았다. 오히려 '우리 회사는 현장력이 아직 모자란다' 는 이야기를 하는 사장 밑에서 단련된 현장은 훨씬 우수한 능력을 보유한 곳이 많았다. 그렇게 현장의 실력은 실제로 방문해 보지 않으면 알 수가 없다. 현장은 각 기업 고유의 것이며 나아가 대단히 폐쇄적인 성질이 있다. 그것은 다른 현장과의 상대적 비교가 어렵다는 말이다. 그렇기 때문에 아무래도 속인적 잣대로 평가를 내리기 쉽다. 결론부터 말하면 현장력이라는 조직 능력은 다음과 같은 세 가지 서로 다른 능력으로 이루어진 '중층 구조' 다. (도표 3.1)

① 유지 능력(capability to maintain)
② 개선 능력(capability to improve)
③ 창조 능력(capability to innovate)

차원과 질이 다른 이들 세 가지 능력이 겹쳐 복합적으로 형성되는 것이 현장력이다. '유지 능력' 은 모든 기업에 꼭 있어야 하는 기반 능력이고, '개선 능력' 과 '창조 능력' 은 차별화를 낳는 고차원적 조직 능력이다. 이 세 가지 능력 중 무엇이 현장의 '핵심 능력' 인지에 따라 현장력의 수준은 크게 달라진다. '유지' 가 핵심 능력인 현장은 현재 상황을 '유지' 할 수는 있어도 '개선' 이나 '창조' 를 기대할 수는 없다. 한편 '개선' 이 핵심 능력인 현장에서는 '유지' 를 넘어 항상 '개선' 하기 위한 노력이 정착되어 있기 때문에 현장에서 만들어지는 가치가 커진다. 또 '창조' 가 핵심 능력인 현장은 '개선' 을 넘어 혁신을 낳는 수준으로까지 그 능력이 커진다. 그 덕에 '창조' 가 핵심 능력인 현장에서는 새로운 것이 만들어지고, 현장이 경쟁력의 원천이 된다. 따라서 세 가지 능력 중 '무엇이 핵심이 되는가?' 가 중요하다. 필자가 보기에는 대부분의 기업 현장은 '유지' 가 핵심 능력이고 그 수준에 계속 머문다. 그런데 차별화의 원천으로서의 현장력을 실현하고자 한다면 '유지' 에 만족하지 말고 '개선' 과 '창조' 를 새로운 핵심 능력으로 삼기 위한 경영적 노력이 필수적이다. 그렇다면 이 세 가지 능력은 구체적으로 어떤 것을 말하는가? 제3장은 그에 관한 설명으로 시작한다.

도표 3.1 ▸ 현장력을 형성하는 세 가지 능력

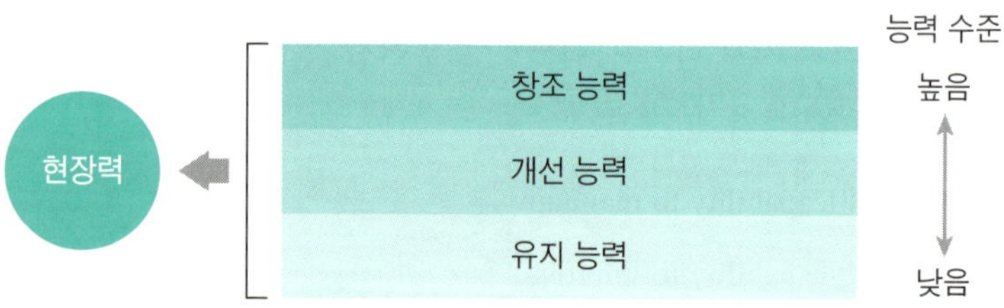

2 유지 능력이란 무엇인가?

빈틈없는 업무 수행

업무 수행의 주체로서의 현장에는 두말할 필요 없이 업무를 확실하게 수행하는 능력이 기본적으로 요구된다. 가치를 창출하기 위해 정해진 일을 정해진 대로 확실하게 수행하는 능력 말이다. 이 능력이 없으면 현장의 본분을 다할 수가 없다. 필자는 이를 '유지 능력'이라 부른다. 현장을 둘러싼 환경이 시시각각 변화하는 가운데 정해진 업무를 확실히 수행하고, 정해진 가치를 안정적으로 창출해 내는 능력이 '유지 능력'이다. 정해진 업무를 정해진 대로 수행하는, 당연한 일을 당연하게 수행하는 '범사 철저'는 현장이 갖추어야 할 기본 중의 기본 능력이다. 이 기본 능력이 없으면 현장이 창출하는 기본적 가치인 QCD(Quality[품질], Cost[비용], Delivery[납기])를 안정적으로 담보할 수 없다. 하지만 '유지'가 말처럼 쉬운 일은 아니다. 현장을 둘러싼 환경은 안팎이 모두 유동적이다. 안을 보면 인원 교체, 설비의 열화와 갱신, 신상품 및 신기술 도입 등 업무를 불안정하게 하는 요소가 한둘이 아니다. 때로는 '이상'도 발생하고 그에 대처할 필요도 생긴다. 또 밖은 어떠한가? 고객의 변화, 경쟁의 변화 등 보다 큰 변화가 항상 도사리고 있다. 이러한 유동적 환경 속에서 안정적으로 업무를 수행하고, 현재를 '유지'하기가 참으로 쉽지 않은 것이다. 일본 최대의 철도회사 JR 히가시니혼(JR 東日本)의 부사장까지 지낸 세키지 쓰기오(石司次男) 전 철도사업본부장에게 철도 현장이 얼마나 힘든지에 관해 들은 적이 있다.[1] JR 히가시

1 세키지 부사장을 와세다대학 경영대학원의 경영간부 대상 연수에 특별 강사로 초빙했을 때 들

니혼을 이용하는 고객 수는 하루 약 천7백만 명, 열차 운행 거리는 하루 약 71만km에 이른다. 히가시니혼(동일본)이라는 넓은 지역을 책임지는 수송 현장에서 직원들은 문을 하루에 약 620만 번 여닫고, 신호를 약 140만 번 확인하며, 건널목을 약 70만 번씩 개폐한다. 그들은 이 업무를 매일 빈틈없이 수행할 뿐 아니라 절대 사고가 일어나지 않게 애를 쓴다. 이 작업을 못한다는 것은 곧 철도사업자로서의 본분을 다하지 못한다는 의미다. 비단 철도뿐 아니라 모든 기업은 정해진 일상 업무를 확실하게 수행함으로써 지속적으로 존재한다. 그런 의미에서 '유지'는 현장의 최대 사명이다.

'표준' 없는 현장은 있을 수 없다

당연한 일을 당연하게 처리할 수 있는 능력을 갖추려면 우선 '당연하다'는 것이 무엇인지 알아야 하는데, 사람들은 그 당연한 것을 '표준(standard)'이라 부른다. 업무 수행의 주체인 현장에는 표준이 필수적이다. 표준이 없으면 사람마다 당연시하는 내용이 달라 업무를 안정적으로 수행할 수 없게 된다. 일하는 방식과 절차를 정하는 '표준 작업', 목표 비용을 정하는 '표준 비용', 목표 납기를 정하는 '표준 납기' 등 업무 수행에 필요한 표준을 명확히 정해 명문화하고, 철저히 주지시키며, 확실하게 실현할 수 있는 능력을 단련하는 것이 중요하다. 필자는 기업 현장을 방문할 때 '매뉴얼은 있느냐? 있으면 보여 달라'는 부탁부터 한다. 매뉴얼이란 '표준화된 업무 절차'를 말하는데 매뉴얼이 있는지 없는지, 어느 정도 상세하게 기재되어 있는지, 얼마만큼의 빈도로 갱신되는지를 보면 그 현장의 수준을 대략 파악할 수 있기 때문이다. 이는 비단 생산 현장에만 국한된 이야기가

은 이야기.

아니다. 정도의 차이는 있지만 모든 현장은 정형적 일상 업무를 수행한다. 영업이건 설계건 현장의 모든 업무가 비정형적이고 창의적일 수는 없다. 그리고 정형 업무를 수행한다면 거기에는 표준이라는 개념이 반드시 필요하다. 어디까지 세밀하게 규정할지는 업종에 따라 다르지만 '표준 없는 현장은 있을 수 없다'는 인식은 매우 중요하다. 그런데 설계나 영업 쪽 사람들에게 물으면 "우리는 제조 현장과는 다르다. 창의적 업무에 종사하는 우리에게 표준은 불필요하다."는 말을 한다. 하지만 필자가 컨설턴트로서 설계 현장이나 영업 현장의 업무 개혁에 간여한 사례들을 보면 적어도 전체 업무량의 50% 가까이는 일상 업무가 차지했다.[2] 그럼에도 표준이 설정되어 있지 않아 비효율적인 업무가 방치된 사례가 적지 않았다. 정도의 차이는 있을지언정 모든 업무에는 표준이라는 개념을 적용할 수 있으며 이 개념은 대단히 중요하다는 것을 알아야 한다.

'~밖에 못 한다'는 생각, '~도 할 수 있다'로 바꿔라

생산성이 낮은 현장에는 '~밖에 못 한다'는 생각이 실로 만연해 있다. 그런 곳에서는 '나밖에 못 한다', '그 사람밖에 못 한다', '이것밖에 못 하겠다'는 등 업무가 속인화되고 방치되는 경향이 있다. 업무가 전혀 표준화되어 있지 않은 것이다. 그런 반면에 생산성이 높은 현장에서는 '~도 할 수 있다'는 생각이 퍼져 있다. '누구라도 할 수 있다', '신입도 할 수 있다'는 것이다. 표준화가 확립되면 모두에게 당연한 업무가 만들어진다. '~밖에 못 한다'는 생각을 '~도 할 수 있다'로 바꾸는 작업은 다기능공을 키워

2 필자는 컨설턴트로서 영업 부문, 개발 부문의 업무 개혁 프로젝트를 다수 담당했는데, 그 과정에서 '업무 개혁이 현장의 창의성에 지장을 준다'는 등의 수많은 반발에 부딪힌 바 있다.

내는 작업이기도 하다. 속인적 작업 방식을 배제함으로써 모두가 다재다능한 공장을 만들 수 있기 때문이다. '~밖에 못 한다'는 생각을 줄이고 '~도 할 수 있다'는 생각을 늘리려는 노력을 해야 유지 기능을 수행하는 현장의 생산성, 경쟁력이 높아진다. 또 아무리 표준이 있어도 현장에서 지키지 않으면 의미가 없다. 언젠가 필자는 간사이(關西) 지방에 있는 대형 전기업체가 제조력을 강화하기 위해 도요타 자동차에서 초빙한 인사의 강연을 들은 적이 있다. 그때 "도요타는 뭐가 다릅니까?"라는 내 질문에 그는 "이 회사에도 표준은 있습니다. 그런데 그걸 현장이 철저하게 지키지 않는다는 게 제일 큰 문제죠."라고 대답했다. 업무 수행의 주체가 표준을 설정하고 그것을 현장 사람들 각자가 확실하게 수행하기, 당연한 것을 당연하게 수행할 수 있는 현장 만들기가 현장력 갖추기의 첫걸음이라는 것이다.

3 개선 능력이란 무엇인가?

'개선'이야말로 현장력의 핵심

유지 능력은 현장력의 기반이 되는 능력이다. 그 능력이 떨어지면 현장이 도출해 내는 결과물의 품질과 생산성이 현저하게 떨어져 경쟁력 저하, 실적 악화를 부른다. 나아가 심각한 품질 문제와 대형사고, 불상사 등으로 이어져 기업을 존망의 위기에 몰아넣을 수도 있다. 이렇게 유지 능력은 기업의 근간이어서 그 능력 없이는 기업이 존속할 수 없다. 하지만 유지 능력만으로는 치열한 경쟁을 이겨내기가 점점 어려운 것도 사실이다. 그런 의미에서 어떻게 보면 유지는 당연한 능력이며, 그것만으로는 경쟁상의 우위를 차지할 수 없다. 그런데 아쉽게도 대부분의 기업이 보유한 현장력은 바로 그 유지 능력에 머물러 있다. 현장력이 경쟁 우위를 차지하려면 현재 상태를 유지하는 능력이 아니라 '개선하는 능력'을 갈고 닦아야 한다. 사전에 정해진 QCD를 유지하기만 할 것이 아니라 보다 고차원적인 수준으로 끌어올리는 데 도전해야 하는 것이다. 혼다의 창업자인 혼다 소이치로는 자사 공장을 방문한 뒤 관련 일화를 이렇게 소개했다.[3]

> "설비 라인을 따라 걷고 있었는데, 한 젊은 직원들이 다가와 '여기는 이렇게 변했습니다. 이렇게 효율적으로 바뀌어서 일하기 좋아졌어요.'라는 말을 했다. 그들의 표정에는 생기가 넘쳤다. 그 얼굴은 결코 기계에 복종하는 사람의 얼굴이 아니었다. 모두 오늘보다는 내일, 내일보다는 미래를 향한 가능성을 추구하면서 업무에 몰두했기 때문일 것이다."

개선이란 날마다 '더 나아진다'는 의미다. 그 개선 능력이야말로 현장력이라는 조직 능력의 핵심이다.

미세한 차이에 주목하라

개선이라는 말을 꺼내면 흔히 주위에서 이런 이야기를 한다. "조금씩, 조금씩 개선을 하니까 경쟁력이 안 붙는다. 그러니 개선이 아니라 대담한 개혁을 해야 한다." 개혁이나 혁신이라는 호기로운 단어에서는 역동성과

3 혼다 소이치로 著, 《좋아하는 일에 미쳐라》(2005) (2006년 국내에 출간된 제목임 – 역자).

불연속성이 느껴지는데 과거의 연장선상이 아닌 대담하고 참신한 발상이 경영에 필요하다는 점을 부인하지는 않겠다. 하지만 그렇다고 해서 개선의 중요성이 퇴색되어서는 안 된다. '지금 여기'를 살아가는 현장에서 땅에 발을 딱 붙이고 이루어지는 개선은 절대적으로 중요한 능력이다. 물론 개선을 통해 얻어진 차이는 하나씩 떼어 놓고 보면 미세한 차이이다. 그렇지만 경쟁이라는 관점에서 보면 미세한 차이는 곧 결정적 차이가 될 수 있다. 99개가 타사와 같아도 마지막 하나가 어떠한지에 따라 100이 될 수도 있고 안 될 수도 있다. 99와 100의 차이는 숫자 1밖에 안 되지만 그 작은 차이가 고객의 선택과 경쟁에서의 승부를 크게 좌우하는 것이다. 그리고 그 미세한 차이를 낳는 것은 현장이다. 현재 상황을 유지할 뿐 아니라 현장에서 일하는 한 사람, 한 사람이 매일의 업무를 통해 미세한 차이를 만들어낼 수 있다면 현장이 창출하는 가치는 전혀 다른 것이 될 수 있다. 개선 능력은 이런 미세한 차이에서 비롯된다. 따라서 현장은 미세한 차이에 주목하고 지혜와 창의적 고민을 통해 그 차이를 축적해야 한다. 매일의 개선에 의해 현장의 몸통이 단련되면 개선 능력은 탄탄한 조직 능력으로 진화할 것이다. 미세한 차이를 낳을 수 있는 현장과 그렇지 않은 현장에는 결정적 차이가 있다.

부단한 개선

예전에 전기 기기 업체에 근무하던 시절에는 필자도 당시 유행하던 QC(Quality+Control, 품질 관리) 서클 활동[4]을 통해 개선 작업에 참가했다.

---

4 같은 직장 내 사원들이 자발적으로 품질 관리 활동을 하기 위한 소그룹을 짜는 것.

그런데 어떤 내용이었는지도 기억이 안 나는 것을 보면 그다지 열띤 분위기는 아니었던 것 같다. 그랬던 내가 현장력을 연구하면서 개선의 의미를 알게 되었다. 우선 나는 도요타 자동차의 현장 개선 작업을 접하고 나서 예전에 공장에서 체험했던 개선 활동과 도요타의 개선 작업이 완전히 다르다는 것을 깨달았다. 도요타에서는 연간 60만 건 이상의 개선이 현장에서 이루어지고, 그 결과 절감된 비용은 매년 수백억 엔에 이른다고 한다. 게다가 그런 활동이 50년이나 계속적으로 이루어지고 있다. 바로 그런 점이 도요타의 현장이 보여주는 비범함이다. 개선이라는 언뜻 진부하게도 느껴지는 말을 올바로 이해하려면 개선의 영어 단어를 살펴보는 것이 좋다. 도요타에서는 개선을 'continuous improvement(계속적 개선)' 또는 'relentless improvement(부단한 개선)' 이라 번역한다. 도요타에서는 '개선 마라톤' 이라는 말을 자주 들을 수 있다. 개선은 '일회성' 으로 끝나는 것이 아니라 마라톤처럼 지구력이 요구되는 작업이라는 의미다. 끝없이 이어진다는 점(relentless)이야말로 개선의 본질이다. 따라서 '개선 능력' 을 정확히 표현하면 '계속해서 개선하는 능력(capability to improve relentlessly)' 이 된다. 단발성이 아닌 계속성에 그 가치와 차별성이 있는 것이다. 도요타뿐 아니라 탁월한 현장력을 구축하는 데 성공한 기업들을 자세히 살펴보면 제조업, 서비스업, 소매업이라는 업종의 차이와 무관하게 단 하나의 공통점이 있다. 그것은 바로 오랜 시간에 걸쳐 진심을 다해 개선했고, 개선 능력이 핵심적 능력으로 자리 잡았다는 점이다.

이율배반 극복하기

개선은 유지를 위해서도 필요하다. 끊임없이 환경의 변화를 겪는 현장에서는 크고 작은 온갖 문제가 일상적으로 발생하는데, 그런 문제들을 발견하고 대처하지 않으면 현재 상황의 유지조차 불가능하다. 예를 들어 기계 상태가 자주 불량하다면 그 원인을 밝혀내고 수단을 강구해야 현장이 유지될 수 있다. 불량을 개선함으로써 현장의 책무를 다하는 것이다. 그런데 이 경우의 개선은 어디까지나 유지라는 목적을 위해 이루어진다. 아무리 개선을 해도 유지 이상의 결과를 내지는 못하는 것이다. 이와는 달리 '더 나아지기 위한 개선' 은 보다 고차원적인 도전이다. 그 도전이란 문제를 처리하는 것이 아니라 뿌리부터 해결하는 작업이다. 그리고 유지하는 데 만족하지 않고 더 높은 목표를 설정하고, 그 목표를 실현하기 위해 힘쓰는 작업이다. 이런 작업에 현장이 자발적, 계속적으로 나서는 상태가 바로 개선이다. 유지하기 위한 개선과 나아지기 위한 개선에는 큰 차이가 있다. 유지를 위한 개선은 표준을 유지하지 못해 발생한 간극(문제)에 대처하기 위해 이루어진다. 이때의 개선은 표준을 유지하기 위한 것이다. 그에 비해 나아지기 위한 개선은 표준을 뛰어넘어 더 높은 목표를 실현하기 위한 목표를 스스로 설정한 뒤 간극(문제)이 발생한 지점에서 시작된다. 요컨대 유지를 위한 개선이 '발생형 문제 해결' 인데 비해 나아지기 위한 개선은 '설정형 문제 해결' 이라 할 수 있다. (도표 3.2)

도표 3.2 ▸ 두 종류의 개선

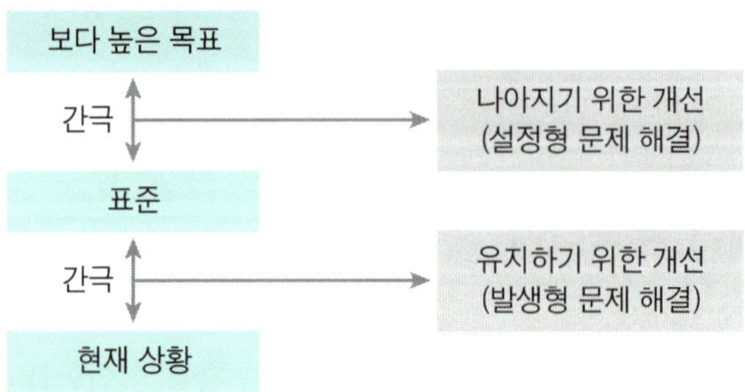

현장의 본분은 안정적 업무 수행이다. 그런데 현장이 그 본분을 넘어 스스로의 의지로 더 높은 곳을 향해 개선에 도전한다면 그 능력은 분명 차원이 다른 능력이라고 인식해야 한다. 그런데 보다 높은 목표를 설정하고 개선을 위해 노력하려 할 때 사람들은 왕왕 이율배반에 빠지게 된다. 예를 들어 사람들은 현재의 표준 비용보다 훨씬 낮은 비용을 실현하려면 무언가를 희생해야 한다는 생각을 한다. 품질 기준을 낮추거나, 서비스 수준을 낮추는 등, 비용과 맞바꿀 요소에 변화를 주어야 비용을 낮출 수 있다고 생각하는 것이다. 하지만 비용이 아무리 낮아져도 품질과 서비스의 질이 떨어지면 가치를 키울 수 없다. 무언가를 희생시킨 대가로 다른 무언가를 얻는 거라면 지혜가 왜 필요하겠는가? 정말로 가치를 높이려면 품질과 서비스를 유지(또는 향상)하면서도 비용을 떨어뜨려야 한다. 바로 이 이율배반이라는 난이도 높은 문제에 대한 도전과 해결이야말로 개선 능력의 본질이다.

4 창조 능력이란 무엇인가?

현장에서 시작된 창조

비범한 현장은 개선만으로는 완성되지 않는다. 이때 필요한 것이 '창조 능력' 이다. 창조 능력은 매일의 업무를 수행하는 과정에서 완전히 새로운 가치를 창출하고자 하는 혁신적 노력이라 정의할 수 있다. 그런데 현장과 창조가 무관하리라고 생각하는 사람도 있다. 현실 한가운데에 존재하는 현장에서 현실을 부정하고 초월하는 혁신적 발상과 아이디어, 개념이 창조되기는 어렵다고 생각하기 때문일 것이다. 하지만 현실의 한가운데에 있기 때문에 더욱 미래를 잘 고민할 수 있다는 것도 사실이다. 현장이 현실에 만족하지 않고 미래를 개척하는 기개를 가지기만 한다면 현장을 기점으로 한 창조는 충분히 가능하다. 사람들은 보통 혁신은 탁월한 발상력을 소유한 개인에게서 연역적으로 탄생할 거라고 생각한다. 수많은 혁신적 상품을 만들어낸 애플(Apple)의 스티브 잡스(Steve Jobs)가 그 좋은 예라 할 수 있다. 그에 비해 일본 기업은 현장에서 시작된 귀납법적 접근을 통해, 더욱이 집단적 힘을 통해 혁신을 이루어내는 데 뛰어나다. 이런 맥락에서 '새로운 것을 창조하는 능력' 을 정확하게 표현하면 '집단이 새로운 것을 만들어내는 능력(capability to innovate collectively)' 이 된다. 미쓰비시상사(三菱商事)의 후지야마 도모히코(藤山知彦) 상근 고문은 편의점과 택배, 제조 소매업(SPA) 같은 비즈니스 모델에서도 일본의 독자적 혁신을 찾아볼 수 있다고 지적한다. 그리고 '창조를 기술 혁신이 아닌 창의적 고민으로 받아들여야 한다' 고 주장한다.[5] 한편 창조를 '새로운 가치를 만들어내는 작업' 이라고 정의 내린다면 일본은 분명 '창조 대국' 이다. 그리고 일본이 이룩한 창조의 대부분은 현장의 눈높이에서 나온 것이다. 현장에서 시작된 창조는 일본 특유의 자산이며, 그 창조에는 다음의 세 종류가 있다.

① 프로세스 이노베이션(혁신적 업무 방식, 프로세스를 창조)
② 프로덕트 이노베이션(혁신적 제품 및 서비스를 창조)
③ 비즈니스 이노베이션(기존 사업의 연장선이 아닌 새로운 사업을 창조)

그럼 여기서 현장에서 시작된 창조의 본보기라 할 수 있는 야마토 운수의 사례를 살펴보자.

---

5 출처: 2014년 8월 5일자 니혼게이자이신문 석간.

미니 사례 ❶

현장의 깨달음을 활용해 혁신적 서비스를 창조하는 야마토 운수

일본의 택배 시장을 개척해 온 야마토 운수는 현장의 목소리에 귀를 기울임으로써 새로운 서비스를 하나씩 개발해 왔다. 스키와 골프 장비를 현장까지 배달해 주는 '스키 택배', '골프 택배'는 '고객이 직접 짐을 운반하는 불편함을 덜어주겠다'는 현장의 아이디어로부터 나왔다. 또한 스티로폼 상자에 얼음을 넣고 보낸 냉장·냉동식품의 경우, 수취인 부재 시에 얼음이 녹아 상품이 상하는 일이 없으면 좋겠다는 현장의 요청을 아이디어로 살려 '쿨 택배'를 탄생시키기도 했다.[6] 2008년에 선보인 '가전 수리 서비스'도 현장에서 탄생했다. 이는 고장 난 PC니 디지털 카메라 등 가전제품을 택배로 수거한 뒤 수리해서 고객에게 다시 배송하는 서비스다. 수거부터 배송까지 최소 소요 시간은 사흘. 기존의 가전제품 수리 상식을 깬 새로운 서비스는 '수리에 시간이 오래 걸린다'는 불만을 현장이 파악했기 때문에 선보일 수 있었다. 야마토 운수는 중흥의 아버지라 불리는 오구라 마사오 사장 시절부터 30년 가까이 '경영전략회의'를 열었다. 이 회의는 사장 등 경영 간부를 비롯해 부장, 과장, 계장, 그리고 일반사원도 참석하는 회의로 현장에서 나온 새로운 상품이나 서비스에 관한 아이디어를 듣는 자리다. 편의점의 택배 하물 접수와 전자화폐 결제처럼 참신한 서비스도 이 회의를 통해 선보일 수 있었다. 매해 두 번, 지방에서도 열리는 이 경영전략회의에는 심지어 일개 배달원까지도 아이디어를 낼 수 있다. 야마토 운수의 탁월한 수요 창출력은 바로 현장에서 나온 조직 능력인 것이다.

야마토 운수뿐 아니라 모든 현장에는 이러한 창조의 '원석'이 묻혀 있는 법이다. 그 원석을 찾아내 반짝이는 보석으로 깎아내야 한다. 그런 조직 능력이야말로 현장력이 지향해야 할 궁극적 자세다.

---

6 출처: 세토 가오루(瀬戸薫), 《구로네코 야마토 '개개(箇箇)를 살려라' 업무론(クロネコヤマト「個を生かす」仕事論)》(2013) (국내에는 출간되지 않음 – 역자).

VOG에 귀를 기울여라

'VOC(Voice of Customer)' 라는 말이 있다. '고객의 소리' 를 시발점으로 신사업과 신상품을 만들어내고, 서비스를 개선한다는 발상이다. 트위터나 페이스북 등 SNS의 보급 및 개발로 인해 전에 없이 VOC를 중시하고 경영에 활용하려는 움직임이 뚜렷한데, VOC와 마찬가지로 중요한 것이 바로 'VOG(Voice of Gemba)' 이다. '현장의 소리' 에 미래를 창조할 힌트가 숨어 있기 때문이다. 야마토 운수의 과거가 그 본보기다. 물론 VOC는 고객의 살아있는 목소리다. 하지만 옥석이 뒤섞여 있는 것도 사실이다. 그에 비해 VOG는 현장의 안테나에 의해 합리적으로 스크리닝이 이루어진 정보다. 또한 자사에 적합한 것이 무엇인지, 전략의 방향성에 부합되는 것은 무엇인지 등 현장의 판단에 따라 정밀하게 조사된 정보이므로 경영에 도움이 될 가능성이 높다. 그럼에도 VOG를 효과적으로 활용하고 있는 기업은 아직 적다. 창조 능력을 높이려면 VOG에 주목하고 그 질을 높이려는 노력이 반드시 필요하다.

현장의 깨달음이 만들어낸 세계 최고의 해파리 수족관

현장의 깨달음은 신상품과 신서비스만 만들어내는 것이 아니다. 완전히 새로운 발상과 사고방식도 현장의 깨달음에서 탄생하며, 그로 인해 경영이 단숨에 바뀔 수도 있다. 민간기업의 예는 아니지만 야마가타현(山形縣) 쓰루오카시(鶴岡市)에 있는 가모(加茂) 수족관은 현장에 숨은 창조성과 혁신성의 대단함을 보여주는 좋은 예다.[7]

---

7 1930년에 개관한 야마가타현 수족관이 전신이다. 인근에 생긴 새 수족관의 영향으로 폐관 직전

미니 사례 ❷

현장의 깨달음이 탄생시킨 세계 최고의 해파리 수족관

가모 수족관은 아주 오래된 수족관이다. 지금으로부터 80년 이상 전인 1930년, '야마가타현 수족관'으로 개장했다. 1964년에는 현재 위치로 이전해 재개장했는데 이때부터 계산해도 역사가 50년이다. 관장에 취임했던 1967년부터 퇴임한 2015년까지 근속하며 이 수족관의 산 증인이라 불리는 무라카미 다쓰오(村上龍男) 전 관장은 이 수족관을 "노후, 약소, 가난이라는 삼박자를 고루 갖춘 수족관"이라고 표현한 바 있다. 그런데 가모 수족관은 현재 '세계 최고의 해파리 수족관'으로 큰 인기를 얻고 있다. 폐관 직전까지 간 가모 수족관을 전국적 인기를 끌게 만든 주역은 다름 아닌 해파리다. 상시 35종 이상의 해파리를 전시해 전시종이 세계 최다로 꼽힌다. 2012년에는 해파리 종류 세계 최다라는 기록으로 기네스북에 올랐다. 하지만 이 수족관이 해파리를 전시하게 된 것은 그야말로 우연이었다. 1990년대 후반, 이 수족관은 폐쇄 위기에 직면해 있었다. 1967년 약 21만 명이었던 입장객 수는 1997년 10만 명 이하로 떨어졌고, 그 후 줄곧 9만 명대로 침체가 계속되고 있었다. 그런데 무라카미 관장이 '도산까지 각오했다'고 밝히기도 했던 최악의 상황에서 현장의 사육사가 수조 속 산호에서 하얀 거품 같은 것이 피어오르는 것을 발견했다. 처음에는 무엇인지 몰랐지만 알고 보니 해파리 알이었다. 먹이를 주니 해파리의 유생

상시 35종 이상의 해파리를 전시 중인 가모 수족관

까지 몰렸다가 1999년부터 본격적으로 해파리 전시를 시작하면서 재기의 발판을 다졌다. 지금은 세계 최대의 해파리 전시관으로 기네스북에 올라 있다.

인 플라눌라(planula)가 두 달 후 3센티미터 크기의 해파리로 자랐다. 그 해파리를 시험 삼아 전시한 결과, 입장객들의 호응이 뜨거웠다. "예쁘다!", "재밌다!"는 환성을 지르며 아주 즐겁게 관람한 것이다. '이게 돌파구가 될지도 모르겠다…….'는 직감이 든 무라카미 관장은 해파리 수를 점차 늘렸다. 그런데 우연히 만난 그 구세주들은 사육이 쉽지 않았다. 해파리가 차례로 죽었던 것이다. 이유도 알지 못했다. 직원들은 그때마다 모두 바다로 나가 해파리를 다시 채집해 왔다. 문제는 그뿐만이 아니었다. 해파리 사육에는 순환식 수조와 항온 수조가 반드시 필요했는데 자금이 부족했다. 결국 수족관 직원들은 직접 연구해서 수조를 설계하고 제작했다. 자금, 인력, 노하우가 하나도 없으니 믿을 거라고는 현장의 지혜와 노력뿐이었다. 그들은 맨주먹으로 해파리 사육, 번식에 도전했고 노력은 드디어 결실을 맺었다. 2005년 가모 수족관이 전시한 해파리 종은 20종으로 늘어나 세계 최다를 기록했다. 덕분에 해파리 전시관은 입장객으로 북적거렸다. 2013년도 입장객 수는 27만 명을 돌파했다. 그리고 2014년 6월, 가모 수족관은 그토록 원하던 신관을 개장했다. 덕분에 해파리 전시관은 기존의 4배로 규모가 커졌다. 특히 직경 5미터의 보름달물해파리(학명: *Aurelia sp.*)를 전시한 대수조 '해파리 드림 시어터'는 압권이다. 지금 이 순간에도 수족관에는 예상을 크게 웃도는 관람객이 쇄도하고 있다.

현장에서 일하는 사육사의 예민한 안테나와 꾸준한 노력이 가모 수족관을 최악의 수렁에서 구해 세계적으로도 희귀한 수족관으로 일구어냈다. 이처럼 현장에는 혁신을 낳는 지혜와 아이디어가 숨어 있다.

규율과 자유의 균형

앞서 서술한 바와 같이 현장력은 유지 능력, 개선 능력, 창조 능력이라는 질적으로 다른 세 가지 능력에 의해 중층적으로 형성된다. 그런데 유지 능력도 현장력의 일부이기는 하지만 이는 기본적 능력에 불과하다. 보다 고차원적인 현장력을 실현하려면 유지 능력이라는 기반 위에 개선 능력,

창조 능력이라는 이질적 능력을 쌓아야 한다. 그래야 독자적인 경쟁우위를 기대할 수 있다. 이 세 가지 이질적인 능력을 쌓아갈 때 중요한 것은 '규율(discipline)' 과 '자유(freedom)' 의 균형이다. 먼저, 유지하기 위해서는 규율이 반드시 필요하다. 규율이 없는, 또는 규율이 준수되지 않는 현장은 붕괴된다. 표준과 규칙, 규정 등을 정하고 그것을 전원이 철저하게 지키지 않으면 유지조차 어려워지기 때문이다. 하지만 개선하고 창조하기 위해서는 규율만 갖춰서는 부족하다. 현장이 유지를 넘어 새로운 가치를 창출하기 위해서는 현장에 재량권, 즉 자유를 주어야 한다. 창조는 자유에서 시작된다. 아니, 자유로울 때만 가능하다. 현장발 개선과 혁신을 지향한다면 필수적으로 현장의 자유도를 높여야 한다. 현장의 권한, 재량권을 높이면 현장의 창의력을 불러일으킬 수 있다. 단, 규율과 자유에는 명확한 '순서' 가 있다는 점을 잊어서는 안 된다. 일단은 규율 준수가 우선이다. 규율도 담보되지 않는 현장에 자유와 재량권은 있을 수 없다. 규율이라는 토대 위에 자유가 있음을 기억하자.

5 평범과 비범의 차이

현장력의 기업 간 격차가 큰 이유

현장력이라는 조직 능력은 유지 능력, 개선 능력, 창조 능력이 중층적으로 겹쳐 형성되는 능력이다. 장난감 블록처럼 아래층이 안정되지 않으면 위로 쌓아올릴 수 없다는 것이다. (도표 3.3) 이 점이 대단히 중요하다. 다시

도표 3.3 ▸ 현장력의 진화

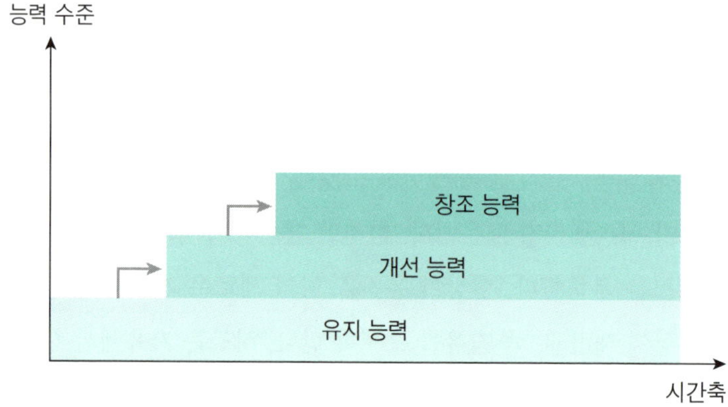

말해 유지 능력이 확립되지 않으면 개선 능력을 쌓아올릴 수 없고, 마찬가지로 개선 능력을 제대로 갖춘 뒤에야 비로소 창조 능력을 쌓을 수 있다. 현장력이라는 조직 능력의 기업 간 격차가 큰 이유가 바로 여기 있다. 유지 능력조차 제대로 갖추지 못한 기업, 유지 능력은 있지만 그 수준에서 정체한 기업, 개선 능력으로 진화 중인 기업, 나아가 창조 능력으로까지 발전한 기업 사이에는 조직 능력에 절대적인 차이가 존재한다. 바탕이 되는 능력이 안정되지 않으면 더 고차원적인 능력을 발휘할 수 없다는 점은 프로 스포츠의 세계만 봐도 쉽게 알 수 있다. 그 세계에서는 절대적 기초 체력이 떨어지는 선수가 테크닉만으로 이기는 법이 없다. 마찬가지로 유지 능력은 떨어지지만 창조 능력을 살려 경쟁에서 이기겠다는 선택지는 기업의 세계에 존재하지 않는다. 현장력은 주방처럼 폐쇄적인 상황 속에서 태어나는 것이다. 다른 식당의 주방 안을 들여다볼 기회는 거의 없다. 식당이 문을 닫은 후 다른 식당의 주방을 견학할 기회가 있다 하더라도 그것은 큰 의미가 없다. 설비와 도구만 보면 어느 가게나 비슷하기 때문이다. 주방은 전쟁터다. 진짜 차이는 전투 중에 드러난다. 전투 능력의 차이는 레시피의 우열

보다 훨씬 크다. 게다가 레시피는 완성된 요리를 맛보면 유추해 흉내 낼 수 있지만 주방 사정을 흉내 내기란 쉬운 일이 아니다. 온갖 다양한 요소들이 복잡하게 얽혀 있기 때문이다. 셰프의 능력과 리더십, 팀원들의 자질과 의욕, 팀 편성 및 훈련 등 다양한 변수가 뒤섞여 주방은 형성된다. 뿐만 아니라 현장이라는 관점에서 보면 주방 외에 접객을 맡아 서비스를 제공하는 홀도 현장이고 전쟁터다. 주방과 홀 간의 연계와 의사소통도 현장력의 큰 요소다. 따라서 이 모든 것을 종합해 자신들의 현장이 갖춘 조직 능력을 냉정하고 객관적으로 분석해 앞으로 어떤 조직 능력으로 발전시킬 것인지에 관한 구체적인 목표와 그 실현을 위한 시나리오를 그려야 한다. 조직 능력은 단숨에 좋아지지는 않지만 꾸준히 단련하면 충분히 능력을 키울 수 있고 나아가 현장력을 진화시킬 수 있다.

비범한 현장을 지향하라

서로 다른 세 가지 조직 능력에 의해 중층적으로 형성되는 현장력에는 차이가 있다고 했다. 그 차이를 알기 쉽게 설명하면 다음과 같다.

① 평범한 현장(ordinary gemba)

유지 능력을 보유한 현장이다. 현장의 본분인 업무 수행을 확실히 해낸다. 하지만 개선 능력, 창조 능력은 확립되어 있지 않아 현상유지형 현장에 머무른다.

② 평범 이하의 현장(mediocre gemba)

유지 능력에 결함이 있어 업무 수행을 확실히 해내지 못하는 현장이다.

그 결과 품질 불량, 납기 지연, 서비스의 질 저하, 사고, 불상사 등의 문제를 종종 일으키며 경쟁력 저하를 초래한다.

③ 비범한 현장(extraordinary gemba)

유지 능력뿐 아니라 개선 능력, 창조 능력까지 확립한 현장이다. 업무를 확실히 수행해 내는 데 그치지 않고, 가치 증대로 직결되는 개선 및 창의적 궁리가 자율적, 지속적으로 이루어져 경쟁력을 강화해 간다.

필자가 4년간 돌아다닌 약 백 군데의 현장을 표본이라 할 때, 통계상 탁월한 경쟁력을 획득한 비범한 현장은 두 손으로 꼽을 정도밖에 안 된다. 고작 10% 이하인 것이다. 또 '평범 이하의 현장'을 방문할 기회는 거의 없었지만, 평범 이하로 전락해도 이상할 것 없어 보이는 현장은 몇 번 본 적이 있다. 품질 문제와 사고, 불상사 등이 보도되는 사례가 끝도 없는 것을 보면 예비군까지 포함할 때 평범 이하의 현장도 10% 정도는 존재할 것 같다. 그렇다면 80% 정도는 평범한 현장이라는 말이 된다. 정해진 업무는 확실히 수행할 수 있지만, 그 이상의 개선, 창조 능력은 확립되어 있지 않는 현장이 실로 많다는 것이다. 필자는 지금 평범한 현장이 문제라고 얘기하려는 것이 아니다. 업무 수행의 주체인 현장이 정해진 업무를 안정적으로 수행하는 유지 능력은 경영의 기반으로서 매우 중요하다. 하지만 경쟁 우위라는 관점에서 보면 유지 능력만으로는 경쟁에서 이기고 살아남기가 매우 어려워졌다. 그러면 어떻게 해야 할까? 주방을 예로 들어 보자. 설사 평범한 현장이라 하더라도 레시피가 차별화되어 있으면 남을 이길 수 있다. 그렇지만 앞서 서술한 것처럼 레시피는 모방성이 강해 언젠가는 남들이 흉내 낼 수 있다. 그러니 레시피와 주방 사정을 모두 차별화시켜야 그저 그런 식당을 벗어날 수 있다. 이처럼 비범한 현장은 유지 능력뿐 아니라 개선 능력도 확립되어 있다. 개선 능력이 핵심적 조직 능력으로 자리 잡았다는 말이다. 핵심 능력이 유지에 머물러 있는 현장과 핵심 능력이 개선으로 발전한 현장에는 절대적 차이가 있다고 인식할 필요가 있다. 개선 능력이 있는 현장은 그 능력을 창조 능력으로 진화시킬 수 있는 가능성을 안고 있다. 현장을 기점으로 새로운 레시피를 만들어낼 수도 있다. 평범한 현장은 현상 유지에만 급급하지만, 비범한 현장은 지속적 개선을 통한 진화를 이루어내고 혁신까지도 낳는다. 필자가 현장력에 집착하는 이유는 여기에 있다. 우리에게 지금 당장 필요한 것은 탁월하게 비범한 현장을 만들어 현장에서 경쟁력을 만들어내겠다는 생각이다.

평범 이하의 현장에 주고 싶은 처방전

탁월한 경쟁력을 갖춘 현장이 있는 반면 경쟁력이 눈에 띄게 낮아 기업을 궁지로 몰아넣을 수도 있는 현장도 존재한다. 유지조차 만족스럽게 못하고 심각한 품질 불량, 중대 사고 및 불상사까지 일으키는 현장 말이다. 그 일례가 2004년 리콜 요구 은폐가 발각된 미쓰비시 자동차공업(三菱自動車工業)이다. 1977년부터 약 23년 동안 10개 차종 이상, 약 69만 대에 이르는 리콜 관련 클레임을 운수성(運輸省, 현 국토교통성(國土交通省))에 보고하지 않고 은폐한 사실이 익명의 내부고발을 통해 발각되었다. 그 결과 고객의 신뢰를 잃은 미쓰비시 자동차공업의 판매 대수는 급감했다. 당시 최대주주였던 다임러 클라이슬러(Daimler Chrysler)로부터 자본 제휴 중단을 통보받는 등 심각한 경영부진에도 빠졌다. 물론 이 사례는 현장뿐 아니라 회사 차원의 불상사였지만, 품질에 대한 책임은 어디까지나 현장이 지는 것이다. 그러니 현장의 무책임함이 심각한 사태를 초래했음은 두말할 나위 없다. 최근 사례로는 2013년 12월에 발각된 아크리푸드(AQLI Foods)의 농

약 혼입 사건이 있다.[8] 이는 대형 식품업체 마루하니치로(Maruha Nichiro) 홀딩스의 산하 기업인 아크리푸드의 군마(群馬) 공장에서 농약 말라티온(Malathion)을 상품에 혼입한 남자 계약사원이 체포된 사건이다. 농약 혼입 사실이 밝혀지자 상품 수거에 35억 엔이라는 비용이 발생했고, 급기야 그룹 전체의 실적은 하락했다. 이에 일련의 책임을 지고 마루하니치로 홀딩스의 사장은 사임했다. 계약사원에 대한 부당 처우, 사내의 부실한 인간관계망, 농약 혼입을 초래한 현장 관리의 부실함, 고약한 냄새가 난다는 소비자의 지적이 나오고 나서 자발적 수거 결정을 내리기까지 한 달 반이나 걸린 늑장대응 등, 현장과 기업 전체의 도덕성이 땅에 떨어지고, 허술한 위기관리 능력이 만천하에 드러난 사례다. '평범 이하의 현장에 대해 경영진은 어떻게 대처해야 하는가?' 하는 문제는 만만한 주제가 아니다. 이 주제만 가지고도 두꺼운 책 한 권을 쓸 수 있지만 비범한 현장을 주제로 한 본서에서는 자세히 다루지 않기로 한다. 평범 이하의 현장으로 전락한 현장에 대한 처방전은 단 하나다. 평범한 현장으로 돌아가는 것이다. 당연한 일을 당연하게 수행할 수 있는 현장으로 돌아가는 것이다. 그러기 위해서는 철저한 규율을 확립하고 엄격히 관리해야 한다. 당연한 일을 당연하게 수행할 수 없는 현장에 자유와 재량권은 있을 수 없다.

---

8 출처: 닛케이 비즈니스(日經 Business), 2014년 4월 14일 호.

6 지식 창조의 주체로서의 현장

신체 능력과 사고 능력 양립하기

지금부터는 평범한 현장과 비범한 현장의 차이에 관해 조금 더 깊이 있게 살펴보자. 전략을 실행하는 현장에는 높은 신체 능력이 요구된다. 가치를 창출하기 위해 현장은 정해진 업무를 확실하게 수행하고, 일상적으로 발생하는 다양한 이상에 신속하게 대처해야 한다. 움직이기, 나아가 신속하게 움직이기는 현장의 본분이며 따라서 신체 능력이 높아야 현장의 역할을 다할 수 있다. 하지만 비범한 현장이 되려면 높은 신체 능력과 더불어 높은 사고 능력을 갖추어야 한다. 개선과 창조는 현장이 스스로 생각하고 지혜를 발휘할 때 실현된다. '단순히 움직이기만 하는 현장'과 '살아있는 현장'에는 엄연히 차이가 존재한다. 살아있는 현장을 만들려면 신체 능력과 사고 능력을 모두 갖추어야 한다. 살아있는 현장은 끊임없이 지혜를 짜내고 창의적 궁리를 한다. 그리고 그것을 활용하는 과정에서 현장은 진화하고 새로운 가치를 창출해 낸다. 이것이 바로 노나카 교수가 제창한 '지식 창조'다. 노나카 교수는 "지식은 개인의 관계와 경험을 기반으로 한 객관과 주관이 역동적 상호작용 과정에서 탄생한다."고 주장하며 그 체계적인 개념인 SECI 모델을 만들었다. (도표 3.4)[9] 그 모델에 따르면 언어화가 용이하지 않은 개개인의 암묵지(暗默知)가 '공동화(Socialization)', '표출화(Externalization)', '연결화(Combination)', '내면화(Internalization)'라는 일

9 도표의 출처: 가나이 도시히로(金井壽宏) · 다카하시 기요시(高橋潔) 著, 《조직 행동 개념(組織行動の考え方)》(2004) (국내에는 출간되지 않음 – 역자).

도표 3.4 ▸ SECI 모델과 지식 창조의 나선

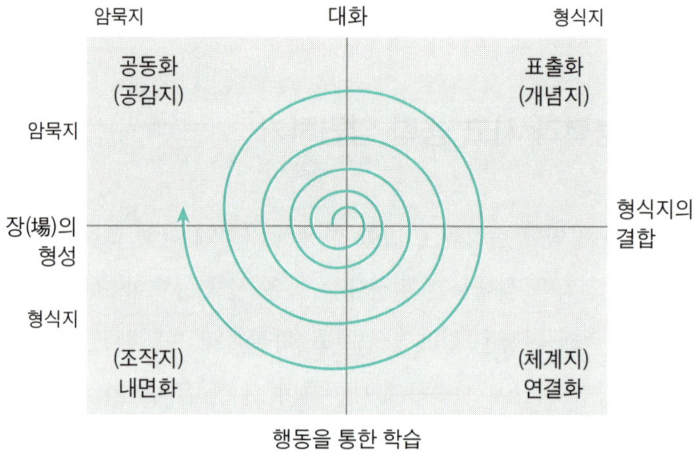

출처: 가나이 도시히로 · 다카하시 기요시 著, 《조직 행동 개념》(2004)에서 인용.

련의 과정을 거치면 조직 내에 널리 체득된다고 한다. 노나카 교수는 그런 '지식 창조의 나선(spiral)' 이야말로 일본 기업이 우위에 설 수 있었던 원천이라 지적한다. 표준화(형식지(形式知))란 '연결화에 의한 체계지(體系知)' 를 말한다. 현장에서 그것을 실천해 익숙해지면 '내면화를 통한 조작지(操作知)' 가 된다. 단, 여기서 그친다면 유지 단계에 머무는 평범한 현장밖에 안 된다. 비범한 현장은 실천을 통해 새로운 깨달음(암묵지)을 획득하고, 공유하며 대화함으로써 '공동화에 의한 공감지(共感知)', '표출화된 개념지(概念知)' 를 만들어낼 수 있다. 그것이 표준을 진화시키고 혁신을 탄생시킨다. 이 나선을 따라 올라가면 개선 능력과 창조 능력이 형성된다. 그리고 이 지식 창조의 나선 한가운데 있는 것이 현장이다. '지금 여기' 가 대전제가 되는 현장이야말로 지식 창조의 주체라는 것이 노나카 교수의 주장이다. 지식 창조의 나선이 있는지 없는지에 따라 평범한 현장과 비범한 현장은 나뉜다. 높은 신체 능력뿐 아니라 지식 창조를 자율적으로 추진하는 높은 사

도표 3.5 ▸ 현장의 네 번째 '얼굴'

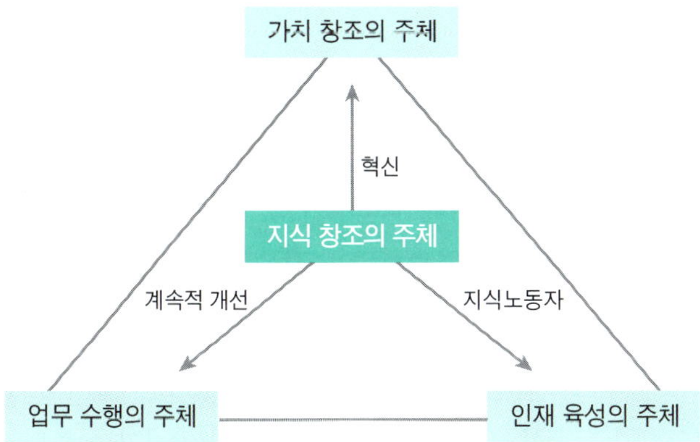

고 능력이 요구된다는 것이다. 도요타의 제조 현장에 가면 '좋은 제품, 좋은 사고' 라는 대형 플래카드가 걸려 있다. 좋은 제품은 좋은 생각에서 나온다. 도요타의 원류 기업인 도요타자동기계(豊田自動機械)의 창설자 도요타 사키치(豊田佐吉)가 내세운 사상이 지금껏 도요타의 현장에는 면면히 계승되고 있는 것이다. 도요타의 현장은 생각하는 현장이며 그것이야말로 경쟁 우위의 원천이다. 현장에는 가치 창출의 주체, 업무 수행의 주체, 인재 육성의 주체라는 세 가지 얼굴이 있다고 설명했는데, 비범한 현장에는 그와 더불어 지식 창조의 주체라는 얼굴이 존재한다. (도표 3.5) 이 네 가지 얼굴이야말로 비범한 현장과 평범한 현장의 결정적 차이다. 비범한 현장에서는 새로운 지혜가 샘솟 듯 솟아난다. 비록 작은 지혜라 하더라도 하나둘 쌓고, 그것을 출발점으로 삼아 키우면 큰 지혜가 될 수 있다. 그러니 현장은 늘 생각하는 '지혜의 샘' 이 되어야 한다.

지식노동자 육성하기

비범한 현장을 만들 수 있는지 여부는 업무 덩어리, 사람 덩어리인 현장을 '지(知) 덩어리(지의 집적)'로 전환시킬 수 있는가에 달려 있다. 현장력이라는 조직 능력을 경영론적으로 설명하자면 지식 창조 이론이 가장 잘 들어맞는다. 탁월한 현장력을 구축한다는 것은 업무 수행의 주체인 현장을 지식 창조의 주체라는 보다 고차원적 존재로 발전시킨다는 의미다. 필자는 몇몇 잡지에서 노나카 교수와 대담할 기회가 있었다. 처음에는 일본을 대표하는 경영학자와 실무 지향 컨설턴트인 나의 이야기가 상충되지 않을지 우려도 했지만, 그것은 기우였다. 필자는 노나카 교수처럼 세심하고 깊이 있는 표현은 못하지만, 우리 두 사람의 생각은 거의 일치했다. 우리는 내가 주장해 온 현장력이 알고 보면 지식 창조의 나선과 완벽하게 일치한다는 사실을 이해했고 공감했다. 노나카 교수는 지식 창조를 다음과 같이 설명했다.[10]

> "지식 창조는 본질적으로 곧 미래 창조다. 아직 보이지 않는, 가시화되지 않은 미래의 가치를 현장의 대화를 통해 통찰하는 데서 시작해 목적을 위해 상황에 따라 실천, 구현화하는 과정을 암묵지와 형식지의 상호작용으로 모델화한 것이다."

'현장의 대화'라는 점이 중요하다. 지식 창조는 현장에서 멀리 떨어진 본사나 본부에서 이루어지는 것이 아니라 가치 창조의 주체, 업무 수행의 주체인 현장에서 이루어지는 대화, 상호작용을 통해 이루어진다. 비범한 현장에서 이루어지는 일이 바로 지식 창조다. 유지 능력만 실천하려 한다

---

10 노나카 이쿠지로 · 곤노 노보루 (2012).

면 지식 창조의 나선은 그리 필요하지 않을 것이다. 하지만 개선 능력, 창조 능력을 핵심 능력으로 만들겠다면 현장 스스로가 새로운 지(知)를 낳는 능력을 갈고 닦아야 한다. 현장에 지식 창조의 주체라는 얼굴이 더해지면 다른 세 가지 얼굴에는 커다란 질적 변화가 생길 것이다. 그것은 현장의 특성을 뿌리부터 바꿀 수 있는 또렷한 변화다. 먼저 가치 창조의 주체라는 얼굴은 기존 가치의 유지뿐 아니라 기존 가치의 증대 및 새로운 가치의 창조(혁신)라는 방향으로 발전한다. 또 업무 수행의 주체라는 얼굴은 단순한 업무 수행에서 계속적인 업무 개선에 의한 가치 증대라는 방향으로 진화한다. 그래서 일상 업무(routine)가 '창조성이 발휘되는 일상 업무(creative routine)'로 진화한다. 마지막으로 인재 육성의 주체라는 얼굴은 단순 노동자(manual worker)가 아니라 지식노동자(knowledge worker)를 육성하게 된다. 지식노동자의 육성은 특히 중요하다. 지식노동자는 사회학자인 피터 드러커(Peter F. Drucker, 1909~2005)가 제창한 개념이다.[11] 드러커는 '지식사회(지식이 가치 창조와 질서의 원천이 되는 사회)'라는 키워드를 전 세계에 던지고, 앞으로의 산업은 '지식이 기반이 될 것'이라 주장했다. 그리고 육체노동자가 아닌 지식노동자의 중요성을 지적했다. 지식노동자란 지식을 이용해 부가가치를 낳고 지적 생산물을 창조하는 노동자를 말한다. 개선, 창조를 실천하는 현장의 노동자들이야말로 지식노동자다. 비범한 현장은 매일의 실천을 통해 지식노동자를 만들어내고, 현장의 능력을 진화시킨다. 비범한 현장을 만든다는 것은 지식노동자의 양과 질을 높이며 현장을 지식노동자로 채운다는 의미다. 따라서 비범한 현장을 이루려면 현장을 지식 창조의 주체로 삼아 지식 창조의 나선이라는 조직 능력을 현장에 심어야 한다.

---

11 피터 드러커 著, 《단절의 시대》 (1969) (국내 출판된 제목임 - 역자, 여러 번 출판되었음. 최근의 것은 2003년).

제4장

'비범한 현장' 만들기

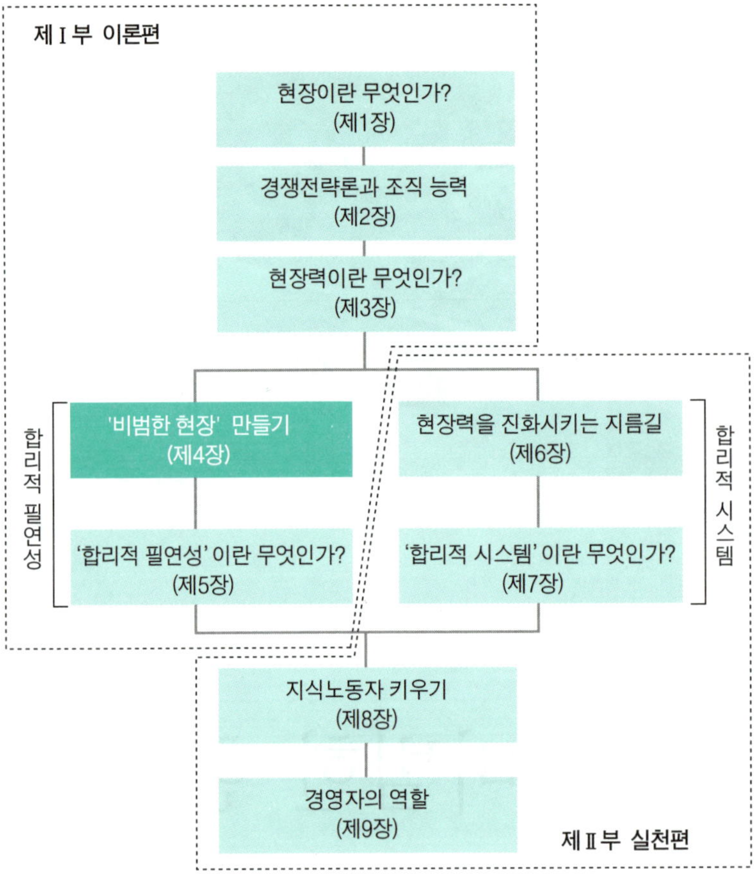
제Ⅰ부 이론편
현장이란 무엇인가?
(제1장)
경쟁전략론과 조직 능력
(제2장)
현장력이란 무엇인가?
(제3장)
합리적 필연성
'비범한 현장' 만들기
(제4장)
'합리적 필연성' 이란 무엇인가?
(제5장)
현장력을 진화시키는 지름길
(제6장)
'합리적 시스템' 이란 무엇인가?
(제7장)
합리적 시스템
지식노동자 키우기
(제8장)
경영자의 역할
(제9장)
제Ⅱ부 실천편

1 비범한 현장으로 가는 길 — 사례 ❶ 덴소(DENSO) —

비범한 현장으로 가는 길은 왜 험난한가?

지식 창조의 주체로서의 현장을 부정하는 경영자는 적을 것이다. 실제로 지식 창조를 위해 무언가의 노력을 쏟고 있는 기업이 수없이 많다. 그럼에도 비범한 현장은 적어도 필자의 경험에 비추어 볼 때 10%가 안 된다. 어째서 비범한 현장을 실현하기가 이토록 어려운 것일까? 지식 창조 이론은 지식의 '창조'에 초점을 맞춘다. 한편 필자의 최대 관심사는 지식을 창조할 수 있는 '조직'을 어떻게 만드는지에 있다. 업무 수행을 주축으로 한 유지 현장에서 지식 창조를 주축으로 하는 개선 현장, 창조 현장으로 어떻게 변신시킬지가 현실의 크나큰 경영과제이기 때문이다. 유지라는 목적의 중요성은 명백하다. 유지가 현장의 주된 역할이라는 데에는 누구나가 암묵적으로 동의한다. 하지만 그 사람들 중에는 아직도 개선이나 창조가 현장의 이차적, 보완적 역할이라고 생각하는 사람들이 많다. 여러 번 지적한 바와 같이 중요한 것은 '무엇이 핵심 능력인가?' 하는 점이다. 기업 현장의 80%는 유지가 핵심 능력이며 거기서 더 진화하지 못하고 있다. 그래서는 안 된다. 개선, 창조라는 보다 고차원적 능력이 핵심 능력이 되도록 해야 한다. 또 개선과 창조에 구성원 중 일부가 매달리고, 대다수가 유지에 전념해서는 현장력은 결코 진화할 수 없다. 현장력은 조직 능력이다. 개인에게 의존한 능력이 아니고 현장에서 일하는 사람들이 힘을 결집한 집합적 능력이라는 말이다. 지극히 많은 현장이 지식을 창조하기 위한 노력을 시작하지만 그 노력이 현장 전체, 조직 전체로 확산되지 않고 정착되지 못한 탓에 결국은 노력이 흐지부지되고 유지 상태로 되돌아가고 만다. 지식 창조를 위한 노력이 확산되지 않는 이유, 조직 능력으로 전환되지 않는 이유는 단순하지 않다. 다양한 요소가 뒤섞였기 때문에 개선되는 현장, 창조하는 현장으로 진화하지 못하는 것이다. 지식 창조의 주체로 거듭나려면 단기적인 노력만으로는 안 된다. 긴 시간 축을 두고 새로운 조직 능력을 획득하려는 각오를 다져야 한다. 유지에 만족하는 것이 아니라 보다 고차원적인 개선, 창조를 핵심 능력화하는 데 경영 차원에서 달려들어야 하는 것이다.

덴소의 특출난 강점

평범한 현장과 비범한 현장의 차이를 아무리 추상적, 관념적으로 설명한들 비범한 현장을 만들 수 있는 구체적 길을 파악하기는 어려울 거라 생각한다. 그래서 4장에서는 필자가 실제로 본 비범한 현장을 사례 연구함으로써 '비범하다는 것이 무엇인지'를 밝히려 한다. 그래서 고른 예가 덴소다. 덴소는 일본 최대의 자동차 부품업체로 도요타 그룹의 핵심 기업이다. 덴소의 전신인 니혼덴소(日本電裝)는 1949년 12월에 설립되었다. 경영 위기에 빠진 도요타 자동차가 채산이 맞지 않았던 전기부품과 라디에이터 부문을 분리 독립시킨 회사였다. 그런데 도요타 그룹에 속하면서도 '도요타'가 아니라 '니혼'이라는 이름을 붙인 것은 "독립 후에는 도요타의 일개 부문에 머물지 말고 일본이라는 국가의 산업 진흥을 위해 널리 기여하라."는 도요타 기이치로의 바람을 반영했기 때문이라고 알려진다. 덴소는 현재 전 세계에 연결 자회사 185개, 총 종업원 수(Consolidated Basis) 14만 명을 거느린 대기업으로 발전해 있다(2014년 3월 31일 시점). 도요타 자동차를 정점으로 하는 도요타 그룹은 탁월한 현장력을 끊임없이 갈고 닦는 기업 집단이다. 필자는 지금까지 도요타자동기계, 아이신(AISIN) AW[1], 아이치 제강(愛知製鋼)[2] 등 여러 도요타 그룹 계열 기업의 현장을 방문해 봤는데 그 현장에서는 모두 뛰어난 현장력을 볼 수 있었다. 그런데 그중에서도 덴소의 현장력에는 특출난 강점이 있었다. 덴소의 2014년 3월기 매출은 전년대비 14.4% 증가한 약 4조 1천억 엔이었다. 엔화 약세 기조 등 여건 면에서 도움을 받기는 했지만 경쟁이 치열한 자동차 부품 시장에서 9% 이상의 영업이익률을 올렸다는 것은 경이로운 일이다. 불채산 부문을 정리하겠다는 의도로 만들어진 덴소의 높은 성장성, 수익성을 가능케 한 것은 두말할 나위 없이 비범한 현장력이다.

1/N의 충격

본서에서 덴소를 예로 들게 된 경위를 간단히 설명하면 다음과 같다. 2013년 11월에 필자는 덴소의 제38회 TQM(Total Quality Management: 전사적 품질관리) 대회에 외부 강사로 초대받았다. 가토 노부아키(加藤宣明) 사장을 비롯한 6백 명이나 되는 직원 앞에서 강연을 한다는 것은 영광스러운 일이었다. 그런데 더욱 의미가 있었던 것은 강연을 계기로 덴소의 매니지먼트 사례 보고를 들을 수 있었다는 것이다. 덴소는 안심, 안전을 위해 어떤 노력을 하는지, 신사업에는 어떻게 도전하는지 등 모든 것이 흥미로웠지만 그중에서도 생산기술개발부의 구로다 요시타카(黑田吉孝) 부장이 발

1 일본이 자동차 부품 업체. 오토매틱 트랜스미션 세계 시장 점유율 1위, 카 내비게이션 시스템 세계 시장 점유율 2위를 기록하는 대기업이다. 도요타 그룹 아이신 세이키(AISIN精機)의 자회사.

2 도요타 그룹 산하의 특수강 제조업체.

표한 '부품 가공 업계 최고의 경쟁력을 갖추기 위한 노력'에 관한 사례 보고는 필자의 관심을 끌기에 충분했다. '최고의 경쟁력'을 갖추겠다는 것은 '1/N'에 대한 도전이라는 의미다. N은 정배수이므로 최소 2가 되니 1/N로 계산하면 1/2(반감)이 된다. 설비 소형화, 가공비 절감의 수준에서 10%, 20% 삭감 수준이 아니라 1/2, 즉 50% 삭감이라는 높은 목표를 정해놓고 근본적인 재고를 지향했던 것이다. 실제로 기존에 비해 비약적으로 소형화한 생산설비(1/N 설비)의 자체 개발에 성공했고, 큰 성과를 올리고 있다는 이야기에 필자는 충격을 받았다. 1/N이란 개선의 영역을 넘은 프로세스 이노베이션이었던 것이다. 덴소에서는 개선이 일상화되어 있는 만큼 개선 능력이 탁월하다고 알려져 있다. 또 개선 능력이 핵심 능력으로 이미 확립되어 있지만 거기에 안주하지 않고 1/N 활동을 통해 개선 능력을 능가하는 창조 능력을 갈고닦기로도 유명하다. 필자는 "현장을 직접 보지 않고서는 도저히 알 수 없다."며 무리인 줄 알면서도 부탁해 1/N 활동을 추진 중인 본사의 생산기술개발부문과 니시오(西尾) 제작소 현장을 2014년 2월에 견학했다. 현장은 그야말로 모두가 하나가 되어 지식 창조 활동에 매진하고 있었다. 필자는 한 번의 견학, 견문으로는 충분히 이해할 수 없어 2014년 5월에 다시 방문해 보다 깊숙이 내부를 들여다보았다. 지금부터 제조현장을 잘 모르는 독자에게는 익숙지 않은 단어나 문맥이 등장할지도 모른다. 그리고 예상보다 못한 투박하고 볼품없는 이야기가 나올 수도 있다. 하지만 그것이 바로 현장력의 진수다. 중요한 것은 덴소의 현장이 어떠한 목표하에서, 어디에 도전하고, 무엇을 이루었는지를 읽어내고, 그 배후에 무엇이 있는지를 함께 생각해 보는 일이다.

2 개선을 핵심 능력으로

전철에서 품질 관리 서적을 탐독하는 직원들

'품질의 덴소'라 불릴 정도로 덴소는 품질 관리에 매달린다. 자동차의 완성도를 높일 뿐 아니라 완벽한 승차감을 위해 기술과 기능을 단련하고, 연구를 거듭하는 것이다. 덴소는 품질 면에서는 아주 작은 타협도 허용하지 않는다. 품질 관리를 최우선시하는 일본 기업이 많은데 덴소는 그중에서도 특히 눈에 띈다. 예전에 덴소의 한 임원에게 이런 이야기를 들은 적이 있다.

> "새로운 품질 불량이 하나 발견됐다고 가정합시다. 그럴 때 우리는 그 품질 불량을 두 번 다시 일으키지 않기 위해서 수천만 엔의 검사기를 당장 구입합니다. 품질 관리에 매달린다는 건 그런 겁니다."

덴소는 1949년 회사 설립 때부터 품질 관리에 힘을 쏟았다. 1954년에는 기능(技能) 강화를 위한 기능양성소를 설립했으며, 1961년에는 자동차 부품 업체로서는 처음으로 데밍상[3]을 수상했다. 도요타 자동차의 경우 그보다 4년 뒤인 1965년에 수상한 바 있다. 당시 덴소가 품질 관리 강화를 위해 회사 전체 차원에서 얼마나 엄청난 노력은 기울였는지는 다음 일화만 봐도 알 수 있다.[4]

---

3 일본과학기술연맹이 전사적 품질관리(TQM) 실적에서 높이 평가받은 민간단체 및 개인에게 수여하는 상이다. 미국의 품질관리 전문가인 W. 에드워드 데밍(William Edwards Deming, 1900~1993)의 기부를 계기로 설립된 상이다.

4 2009년 10월 당시 덴소 기술연구센터 이마에다 마코토(今枝誠) 상무이사의 이야기.

> "도카이도선(東海道線) 열차에 타면 덴소 사원은 한눈에 알아볼 수 있었다. 그들은 대부분 출퇴근시간을 이용해서 품질 관리 서적을 탐독하느라 수다를 떠는 사람이 하나도 없었다."

그 이후로도 덴소는 1970년대에 업계 최초로 동시설계(Concurrent Engineering)[5] 방식을 도입했다. 그렇게 제품 개발 단계부터 설계기술자뿐 아니라 재료기술자, 생산기술자, 생산 담당 기능공이 협력해 제품을 개발하는 체제를 만듦으로써 제품의 신뢰성을 높였다.

EF 활동을 떠받치는 네 개의 기둥

덴소의 현장력을 단련시키는 하나의 계기가 된 것이 'EF 활동'이다. EF란 'Excellent Factory'의 머리글자다. 1997년에 시작해 20년 가까이 지난 지금까지도 계속 실천함으로써 덴소의 현장에 뿌리 내린 EF 활동은 '공장장이 리드하고 전원이 참가하는 일상적 개선 활동'이다. 이전에도 개선 활동은 있었지만 공장의 각 제조 라인을 단위로 부분적으로 이루어졌다. 게다가 개선 담당자가 주도하는 방식이었다. 그러나 보다 속도감 있게 개선을 추진하고, 보다 큰 성과를 올리려면 현장이 주체가 되는 전원참가형 개선으로의 전환이 반드시 필요했다. 이런 필요성에 따라 시작된 EF 활동에는 공장장이 직접 나섰다. 그리고 작업원부터 반장, 계장까지 전원이 같은 목표하에 계속적이고도 꾸준히 일상을 개선했다. EF 활동의 핵심은 다음 네 가지다.

---

5 제품 개발 과정을 구성하는 여러 공정을 동시에 추진하여 각 부문이 정보를 공유하고 공동으로 작업을 추진함으로써 개발 기간을 단축하고 비용을 절감하는 기법. CE라고 줄여 부르기도 한다.

① 표준 작업을 바탕으로 한 개선(작업의 한 개 사이클에 주목하여 문제를 표면화하고 개선하기)

② 전체를 중시한 개선(사후 보충 생산을 통해 리드타임 단축하기)

③ 생산에 강한 라인 확립(상류 공정에서부터 양산 준비 시작하기)

④ 개선에 강한 인재 양성(개선을 실천함으로써 개선력 강화하기)

EF 활동을 통해 연간 40만 건 이상의 개선을 했다고 하니 제조 현장의 근로자 한 사람이 연간 평균 스무 건이나 개선 활동을 한다는 계산이 나온다. EF 활동은 2003년경부터 해외로도 확산되어 지금은 전 세계 공장에서 ‘EF 활동’ 이라는 말이 아무렇지도 않게 사용될 만큼 침투, 정착되어 있다. 덴소는 이 같은 활동을 통해 개선 능력을 핵심 능력으로 만들었던 것이다.

개선을 뛰어넘는 혁신에 도전하기

하지만 덴소를 둘러싼 환경은 크게 변화했다. 국내 수요가 침체의 늪에 빠지자 성장 요인을 해외에서 찾아야 했다. 게다가 극심한 엔화 강세가 이어지며 수출 경쟁력은 악화되기만 했다. 엎친 데 덮친 격으로 2008년에는 리먼 사태가 터졌다. 지금까지 쌓아온 현장력으로는 예측 불가능한 변화를 감당해 내기가 어려워지고 있었다. 그런데 마침 덴소의 경영진은 리먼 사태 이전인 2004년경부터 기존의 제조 관련 발상을 근본적으로 바꾸어야 한다는 생각을 하고 있었다. 생산 추진 센터를 통괄하는 아리마 고지(有馬浩二) 전무는 이렇게 말했다.[6]

6 출처: 2012년 11월 29일자 일간자동차신문(日刊自動車新聞).

"기존설비를 바탕으로 한 효율화는 통상적인 개선이다. 지금 필요한 것은 제조업의 원리를 철저하게 해체하고 고쳐서 최적의 프로세스를 짜내는 일이다."

개선 능력은 지금까지도 그러했듯 앞으로도 덴소의 핵심 능력임을 의심할 여지가 없었다. 하지만 덴소의 현장에는 개선 능력을 뛰어넘은 창조 능력이 필요했다. 그래서 덴소는 대형 설비를 통한 대량 생산이 아니라 설비의 소형화, 라인의 간소화를 통해 변종 변량 생산을 실현하는 공장을 목표로 삼았다. '한꺼번에 만들기' 가 아니라 '필요한 것을 필요할 때 필요한 만큼 만들기' 라는 지극히 유연한 제조업으로 탈바꿈하려 한 것이다. 그런데 한 가지 장애물이 있었으니, 주조 부품 가공라인이었다. 조립 공정은 이미 소량 생산에 대응할 수 있는 '원 피스 플로우(one-piece flow)' 체제를 갖추고 있었지만 주조 라인은 여전히 상황 대응력이 떨어지는 '일괄 생산' 에서 벗어나지 못했던 것이다. 일괄 생산은 전체적인 낭비가 심하다. 최고의 공장을 만들려면 주조 라인의 혁신이 필수적이었다. 주조 라인의 혁신은 난이도가 가장 높다고 인식되었던 만큼 도전할 가치가 있었다. 덴소는 주조 라인에도 '원 피스 플로우' 개념을 도입해 소량씩 제조하려면 어떻게 해야 할지를 고민했다. 그리하여 2004년경부터 생산기술개발부, 부품엔진부, 시제품제작부 등 관련 부문과 제조 현장이 힘을 합치기에 이르렀다. 그것이 바로 1/N이라는 이름의 혁신이다.

3 현장에서 목격한 것들

경이적 수준의 간소화

덴소의 현장이 가진 힘은 어디서 나오는지, 그 배경을 살펴본 나는 자동차 에어컨, 라디에이터, 연료 분사 장치 등을 제조하는 주력 공장 중 하나인 니시오 제작소를 서둘러 방문했다. 니시오 제작소에서는 주조 부품도 생산했는데 그곳에서 필자는 덴소의 현장력이 얼마나 대단한지를 똑똑히 볼 수 있었다. 주조 부품 제조 현장에는 두 개의 서로 다른 설비, 라인이 있다. 처음에 본 것은 기존의 주조 라인이었다. 높이 8미터의 대형 용해로와 높이 4미터의 대형 유압 다이캐스트 머신(Die Cast Machine: 주조 기계의 일종)이 설치된 거대한 주조 라인은 보는 이를 압도하기에 충분했다. 다이캐스트 머신은 외부 기계 제조사가 만든 범용 기계였다. 용해로는 시간당 2톤의 알루미늄 합금을 녹일 수 있었는데, 시간당 2톤을 소화하려면 다이캐스트 머신 수십 대를 풀가동시켜야 했다. 즉 대량 생산을 전제로 한 설비, 제조 라인이었던 것이다. 벽으로 구분된 옆 공간으로 이동한 나는 더욱 놀랐다. 그곳에는 먼저 본 주조 설비와는 전혀 다른 간소한 설비가 설치되어 있었다. 소형 전동 다이캐스트 머신의 높이는 불과 1.8미터였다. 기존 설비의 반도 안 되는 높이였다. 더구나 위압감을 주는 대형 용해로는 아예 찾아볼 수도 없었다. 소형 다이캐스트 머신의 앞에는 소형 용해로, 뒤에는 열처리로를 결합시킨 일체형(원 셀(one-cell) 구조) 설비였기 때문이다. 같은 부품을 가공을 하는 제조 설비라고는 도저히 생각할 수 없을 정도로 뚜렷한 차이를 확인할 수 있었다. 그리고 이것이야말로 덴소가 자랑하는 1/N 설

기존 설비와 1/N 설비

비였다. 이 설비의 효과는 대단히 컸다. 우선 라인 전체로 볼 때 설비 면적이 80%나 줄었다. 기존의 20%밖에 안 되는 공간만 사용한 것이다. 뿐만 아니라 에너지 소비량은 50%, 생산 비용은 33%나 줄였다.

1/N은 창조 능력의 상징

원 셀 구조를 실현하자 작업의 흐름도 급변했다. 먼저 기존에는 '용해 – 주조 – 열처리 – 절삭가공 – 세정 – 알루미늄 아노다이징(Anodizing: 양극처리) – 검사'라는 일련의 제조 공정을 여러 건물에서 실시해야 했다. 그런데 간소화되고 일관화된 1/N 설비는 한 개 건물 안에 다 설치할 수 있어서 제조 공정이 대폭 단축되었다. 그 덕에 제품 하나당 생산 시간 면에서 기존 대비 약 90% 단축이라는 경이로운 성과를 올렸다. 또 다이캐스트 주조 방식은 제품 내에 빈 공간이 생긴다. 그래서 그 공간을 고압으로 없애려면 대형 유압 펌프가 필요했고, 그 때문에 설비가 커질 수밖에 없었다. 그 점이 설비 대형화를 용인해야 하는 요인으로 작용했는데, 덴소는 저압으로도 그 문제를 해결할 수 있는 자체 기술을 개발했다. 그뿐 아니라 유압식 대형 다이캐스트 머신에서 사용하는 금형은 질량이 4~5톤 정도로 커 금형 교환에 일손과 시간이 많이 들었다. 그래서 가급적 금형 교환을 피하고 제품을 한꺼번에 많이 만들어 놓는 것이 상식이었다. 그런데 설비가 작아지면서 금형 교환 시간도 대폭 줄일 수 있었다. 1/N 설비의 효과는 이 같은 생산비용 절감, 유연성 향상만 있는 것이 아니다. 소형화의 실현으로 초기 설비투자도 대폭 줄일 수 있다. 계속 늘어나고 있는 해외 생산 거점에 1/N 설비를 도입하면 작고 간소한 생산 체제를 전 세계적으로 확립할 수 있게 된다. 이제 1/N은 덴소의 해외 전략 추진에 있어 빼놓을 수 없는 중대한 개념으로 인식된다. 그만큼 1/N은 덴소의 창조 능력을 상징적으로 보여주고 있는 것이다.

타협하지 않는 현장의 집념

혁신적 설비와 제조 라인을 갖추기만 한다고 최고의 현장이 만들어지는 것은 아니다. 제조 현장의 진짜 힘은 설비를 얼마나 잘 활용하는지에 달려 있다. 바로 그런 점에서도 필자는 덴소의 저력을 확인했다. 비록 설비 혁신은 이루었어도 금형을 교환하는 작업 자체는 생략할 수 없다. 이때 그 시간을 얼마나 줄이는지에 따라 현장의 생산성은 크게 달라진다. 이전의 유압식 대형 다이캐스트 머신은 금형 교환에 최소 480초(8분)가 걸렸다. 게다가 금형 자체가 아주 무거워 크레인으로 들어올려 교환하는, 이른바 신의 경지라 불리는 숙련된 스킬이 필요했다. 그러던 것이 1/N 설비를 도입하면서 금형 교환 시간은 대폭 단축되어 4분이 채 걸리지 않게 되었다. 그런데 놀라운 것은 필자의 눈에는 대단해 보인 그 일을 두고 덴소의 현장은 전혀 기뻐하지 않았다는 것이다. 왜였을까? 그들에게는 어떻게든 그 시간을 60초 이내로 단축하겠다는 목표가 있었기 때문이다. 480초를 60초까지 단축할 수 있다면 1/8로 개선이 이루어지는 셈이었다. 금형 교환 시간에서 1/N에 도전하겠다는 것이었다. 1/N 설비의 양산 1호기가 가동을 개시한 2005년경의 일이다. 제조 현장의 공정 개선, 공정 설계를 담당하는 스태프, 그리고 1/N 설비를 실제로 조작하는 여성 조작원 등의 고군분투가 시작되었다. 이때 큰 힘을 발휘한 것이 덴소의 개선 능력이었다. 그들은 EF 활동을 통해 이룬 작은 개선을 차근차근 쌓아올려 교환 시간을 조금씩 줄여갔다. 금형을 실은 수레가 무겁다는 현장의 의견에는 핸들을 붙여 대응했다. 조작 스위치 버튼이 많아 어느 것을 눌러야 할지 판단하는 데 시간이 걸린다는 의견에는 스위치 버튼을 반으로 줄여 조작원의 작업을 경감시켰다. 이러한 현장 특유의 작은 개선을 축적함으로써 2005년 무렵 181초 걸리던 금형 교환 시간이 2011년에는 67초까지 줄어들었다. 목표인 60초에 거의 다다른 결과였다. 그런데 거기부터가 어려웠다. 불필요한 동작을 철저히 줄이고자 얼마 남지 않은 목표까지 기를 쓰고 매달렸지만, 뾰족한 수도 없이 지지부진했다. 그래도 현장은 포기하지 않았다. 그래서 아직도 작업상 불필요한 동작이 있을 거라며 작업 모습을 비디오로 촬영해 동작 분석을 실시했다. 그들은 수없이 반복해 비디오를 보았고 결국 아주 작은 부분을 잡아냈다. 예를 들어 '리셋 버튼을 누르는' 동작을 찬찬히 보고 있자니 '버튼 덮개 열기', '버튼 누르기', '덮개 닫기' 라는 동작으로 분해가 가능했다. 이때 버튼을 덮은 덮개를 열고 닫는 행위는 불필요했기 때문에 덮개에 구멍을 뚫음으로써 그 동작 없이도 버튼을 누를 수 있게 했다. 그렇게 해서

도표 4.1 ▶ 금형 교환 시간의 단축

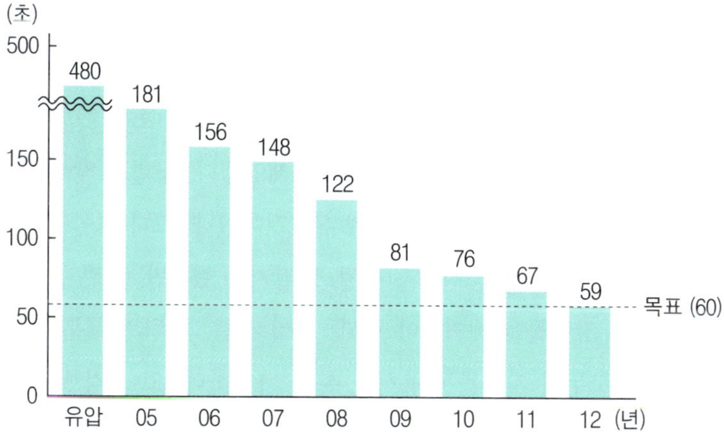

버튼을 찾는 수고를 덜었으며, 시간적으로도 1.2초 단축할 수 있었다. 이러한 현장의 집념이 결실을 맺어 2012년에는 60초를 돌파해 59초에 금형을 교환할 수 있게 되었다. (도표 4.1) 2005년에 양산 1호기를 처음 가동한 지 7년째 되는 시점이었다. 그야말로 현장의 집념이 이룬 성과였다.

현장의 열기 – 모두가 힘을 합치면 못할 일이 없다

현장 한 구석에서 '60초의 작은 기적'을 일구어낸 일곱 명의 직원에게 이야기를 들을 기회가 있었다. 그 주인공들은 공정 설계 및 공정 개선을 담당하는 야마자키 겐지(山崎憲司) 씨, 노미 다케히로(能美武弘) 씨, 고바야시 다쓰오(小林達夫) 씨, 그리고 기계 조작원인 사도 미키(佐藤みき) 씨, 스즈키 마리노(鈴木麻里乃) 씨, 아시카리 미에(芦刈美枝) 씨, 바바 노소미(馬場希) 씨였다. 모두 조심스러워하며 많은 이야기를 하려 하지는 않았지만 같은 목표를 향해 힘을 합한 '좋은 팀'이라는 것을 한눈에 알 수 있었다. '60초에 도전하기'는 노미 씨의 아이디어였다. 공정 개선 분야의 베테랑이었던 노미 씨는 '1/N을 무기로 공장에 변화의 바람을 불러일으키겠다. 다른 회사를 크게 앞지르겠다.'는 포부를 안고 있었다. 그녀는 60초를 돌파하기 위해 이제껏 해 보지 않았던 방식을 부장에게 제안했다. 금형을 앞에서 밀어 넣고 뒤에서 뽑아내는 방식에 도전하겠다는 것이었다. 그녀의 설명에 따르면 간단하고 속도감 있게 공정이 진행될 것 같기는 했지만, 그런 공정을 만들려면 수많은 장애물을 제거해야 했다. 노미 씨는 '어렵기 때문에 해 볼 가치가 있다. 모두의 지혜를 이용하면 분명 가능하다.'고 생각했다. 부장의 승인을 얻어낸 노미 씨는 당장 팀을 꾸렸다. 실제로 설비를 다루는 여성 조작원들도 참가시켰다. 이렇게 해서 팀에 참가한 사토 씨는 노미 씨의 설명을 듣고 '이 사람 열정이 참 대단하구나!' 라고 감탄했다 한다. 노미 씨의 열의는 금세 현장에 퍼져갔다. 금형 교체 시간을 단축하기 위해 그들은 현장의 과제를 발견했고, 모두의 지혜를 모았으며, 과제를 하나씩 해결했다. '회전식 팔레트'를 제안했던 스즈키 씨는 자신이 낸 안이 채택되면 기쁜 마음이 드는 동시에, 조금만 더 해 보자는 마음이 들었다고 했다. 노미 씨는 이렇게 말했다.

> "팀 작업을 하면서 실패한 적은 한 번도 없었다. 다 같이 머리를 맞대면 뭐든 가능하다."

덴소의 현장은 바로 이런 지식노동자들에 의해 굴러가고 있었다.

4 1/N은 어떻게 탄생했나?

1/N을 탄생시킨 독자적 방법론

니시오 제작소에서 덴소의 현장력이 얼마나 큰 저력을 품고 있는지를 목도한 필자는 본사의 생산기술개발부문을 찾아가 1/N이 어떤 과정을 거쳐 탄생했는지 자세히 알아보았다. 표현상 본사지만 그곳은 1/N 설비의 시제품을 제작하는 현장이었다. 칸막이도 쳐져 있지 않은 체육관 같은 공간에 설비 시제품을 만드는 사람들이 모여 기획, 설계부터 테스트 기기, 시제품의 제작과 평가까지 전부 해내는 큰 방이나 다름없었다. 그 방 안에만 백수십 명의 기술자들이 있었는데 그들이 모두 시제품제작부 소속인 것은 아니었다. 생산기술개발부, 생산기술부, 재료기술부 등 관련 부서 직원들이 상주하며 협업을 했다. '큰 방'에서 이루어지는 활동에는 제품설계부서(기술부)도 참가하는데 활동의 결과는 제품 설계에 반영된다. 부서 간 울타리 따위가 없는 것이다. 참고로 덴소는 '시제품 제작동'이라는 6층짜리 건물을 건설하고 2014년 11월까지 시제품 제작에 관련되는 모든 부문, 부서를 집약시킬 계획을 추진했다. 1/N을 추진해 온 핵심 멤버 중 한 사람인 하라 유스케(原雄介) 개발시제품제작 1과장은 1/N이라는 혁신을 탄생시킨 덴소 특유의 방법론으로 다음 두 가지를 꼽았다.

① 천 개의 아이디어 타진

기존의 발상을 뛰어넘은 진짜 새로운 아이디어를 혼자서 생각하려 하면 한계에 부딪힌다. 그래서 덴소에서는 서로 다른 전문성과 경험을 가진 사람들이 모여 각자가 떠올린 바를 아이디어 시트에 적은 뒤 다 같이 토의하며 지혜를 모은다. 이것을 '천 개의 아이디어 타진'이라 부른다. 열 명이 모여 한 명당 10개씩 아이디어를 짜내는 과정을 열 번 거치면 천 개의 아이디어가 모이게 된다. 이렇게 누군가가 낸 하나의 아이디어를 출발점으로 삼아 수없이 발전시키는 과정을 거치다 보면 조금씩 혁신적 개념이 형태를 드러내게 된다.

② 생각하고 만들고 다듬기

덴소에서는 모두의 힘으로 만들어낸 개념이 설사 설익은 개념이라 해도 신속히 구현한다. 머릿속 개념을 재빨리 눈에 보이는 형태로 바꾸어 그 유효성을 시험하는 것이다. 몸을 움직이면서 머리로는 생각하고 궁리하는 과정을 빠르게 반복하면 개념은 진화하게 된다. 혁신을 말로 하기는 쉽지만, 그것은 완전히 새로운 것에 대한 도전이기 때문에 불안감을 느끼는 것은 당연하다. '정말 가능할까?' 하는 의문과 불안이 항상 뒤따른다고 보면 된다. 그런 감정을 극복하려면 처음부터 완벽을 기하겠다는 마음보다는 조금씩 형태를 잡고, 하나하나 부딪혀가며, 한 걸음씩 진전시킬 수밖에 없다. 그 과정에서 맛보는 실패가 중요하다. 그래서 덴소는 실패를 통해 배우고 다시 아이디어를 짜내는 과정의 반복에서 혁신이 탄생한다는 사실을 명심한다.

'천 개의 아이디어 타진'과 '생각하고 만들고 다듬기'를 거치면서 테스트 기기를 제작하고, 다양한 문제점을 찾아내 시제품 만들기. 그 과정에서 양산을 위해 해결해야 할 과제를 추출하고 양산기기 생산하기. 이런 일련의 과정에 요구되는 기간은 약 1년이다. 믿기 어려울 정도의 속도로 혁신이 이루어지는 것이다. 1/N을 추진하는 핵심 인력은 계장급이다. 그들은 도전할 명확한 주제를 들고 직접 개발 과정을 이끈다.

각 과정에 필요한 인재를 모아 협력을 이끌어내는 것도 이들의 몫이다. 부서가 다른 직원이라도 상사를 통하지 않고 직접 제안하고 협력을 얻어낼 수 있다. 제안을 받은 직원들도 언젠가는 자신이 타인의 도움을 받아야 한다는 것을 알기 때문에 기꺼이 힘을 보태준다. 그야말로 현장의 자율성이 제대로 발휘되는 것이다.

현장에서 숙성시키기

양산기기 개발에 성공했다고 1/N 활동이 완료된 것은 아니다. 1/N 설비는 세계 최초로 만들어진 것이기 때문에 실제로 풀가동을 해 보지 않고는 어떤 상황이 벌어질지 알 수 없기 때문이다. 1/N 다이캐스트 머신의 양산 1호기는 2005년 8월에 가동을 시작했다. 그런데 가동을 시작하자마자 온갖 문제가 발생했다. 그도 그럴 것이 설비와 금형은 시간이 지나면 변화를 일으키는데 수천 개 단위로 이루어지는 테스트 생산과 수십만 개 단위로 이루어지는 양산은 그 조건이 완전히 달랐던 것이다. 양산기기를 가동하면서 덴소의 현장은 다양한 문제점을 찾아냈고, 꾸준히 개선해 완성 상태에 다가갔다. 이를 '숙성'이라 부른다. 창조라는 이름의 혁신은 사실 개선을 통해 단련되고 익어간다. 덴소의 혁신은 탁월한 능력을 보유한 개인에게 의존해 만들어지는 것이 아니다. 연속성이 없는 높은 목표를 집단지성을 이용해 달성하는 지식 창조의 나선을 통해 만들어지는 것이다. 1/N 다이캐스트 머신의 양산기기는 궤도에 오를 때까지 약 3년이라는 시간이 걸렸다. 현재 숙성을 마친 58대가 전 세계 공장에서 풀가동되고 있다. 그리고 주조 이외에 절삭, 표면처리, 수지성형 등의 공정에서도 1/N 설비를 개발해 사용 중이다. EF 활동을 통해 개선 능력을 핵심 능력으로 끌어올린 덴소의 현장은 1/N 활동을 통해 창조 능력이라는 보다 고차원적 조직 능력을 구축하는 데 성공한 사례다.

제5장

'합리적 필연성'이란 무엇인가?

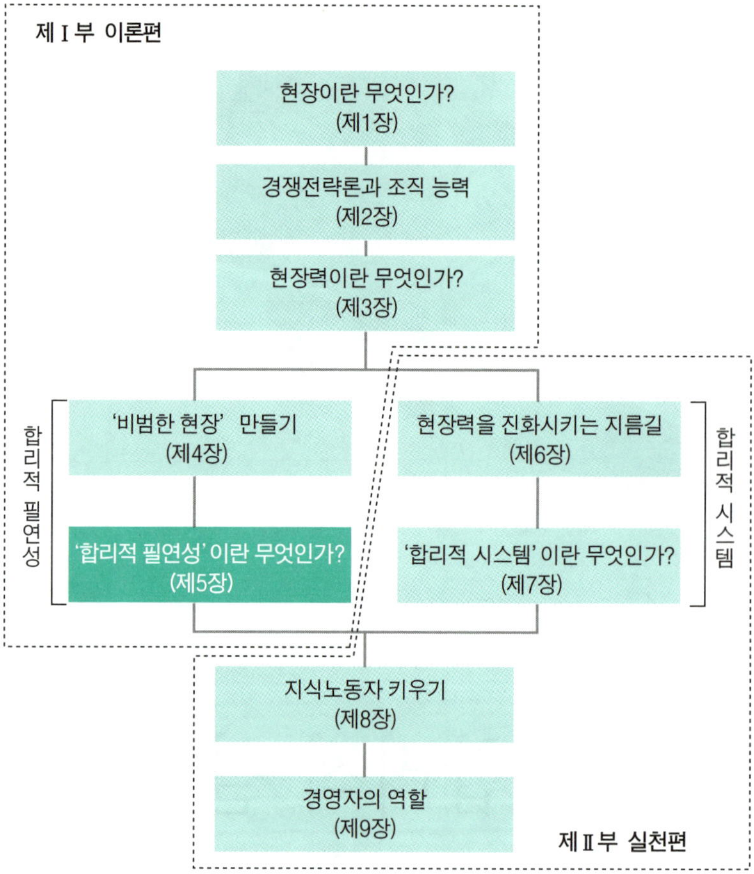

제Ⅰ부 이론편
현장이란 무엇인가?
(제1장)
경쟁전략론과 조직 능력
(제2장)
현장력이란 무엇인가?
(제3장)
'비범한 현장' 만들기
(제4장)
'합리적 필연성' 이란 무엇인가?
(제5장)
합리적 필연성
현장력을 진화시키는 지름길
(제6장)
'합리적 시스템' 이란 무엇인가?
(제7장)
합리적 시스템
지식노동자 키우기
(제8장)
경영자의 역할
(제9장)
제Ⅱ부 실천편

1 활동과 능력의 차이

활동으로 끝날 것인가? 능력으로 승화시킬 것인가?

덴소의 사례를 접한 소감은 사람마다 다를 것이다. 감탄을 한 사람도 있을 것이고 '우리 회사와 별반 다르지 않다'고 생각한 사람도 있을 수 있다. 현장에서 이루어지는 활동만을 표면적으로 살핀다면 덴소의 사례는 그리 놀라울 것도 없다. 사실 일본의 제조 업계에서는 대기업에서 중소기업까지 어디서나 5S[1], QC 서클 활동, TQM 운동, EF 활동 같은 개선활동, 동시 설계 등을 위해 노력한다. 소매업과 서비스 업계에서도 현장의 힘을 활용하려는 보텀업(bottom-up) 방식의 지식 창조 활동이 퍼져 있다. 개선 활동을 안 한다는 기업을 찾기 어려울 정도로 일반적인 현상이라는 말이다. 활동은 '장(場)'이라는 단어와도 깊은 관련이 있다. 장이라는 무대를 만듦이 조직을 활성화하고 새로운 것을 만들어내려는 노력이기 때문이다. 지식 창조 활동을 실천하기 위해 인위적으로 마련하거나 자연발생적으로 생겨나는 것이 장이다. 도쿄이과대학(東京理科大學)의 이타미 히로유키(伊丹敬之)[2] 교수는 장을 다음과 같이 정의했다.[3]

> "장이란 사람들이 참가하여 의식 또는 무의식 속에서 서로 관찰하고, 의사소통하며, 상호 이해하고 작용하며 심리적 자극을 주는 상황적 테두리를 말한다."

---

1 제조업, 서비스업계가 직장 환경을 유지, 개선하기 위해 내거는 슬로건. '정리, 정돈, 청소, 청결, 예의범절'의 일본어 단어의 첫 발음을 따서 5S라 한다.

2 1945~현재. 경영학자. 도쿄이과대학 대학원 이노베이션연구과 교수.

3 출처: 이타미 히로유키 著, 《장 이론과 매니지먼트(場の理論とマネジメント)》(2005) (국내 출간되지 않음 – 역자).

덴소뿐 아니라 현장력을 높이려는 기업들을 살펴보면 활동 자체는 어디나 비슷해서 외형적으로 큰 차이가 없다. 장을 마련해 엇비슷한 활동을 펼치는 것인데, 결과적으로 얻어지는 성과에는 엄청난 차이가 나타난다. 그러한 활동을 통해 경쟁력을 높이고, 비범한 현장으로 변신하는 기업도 있지만 극히 일부에 불과하다. 대부분의 기업은 그러한 활동을 제대로 살리지 못하고 경쟁력도 한정적으로밖에 향상시키지 못한 채 평범한 현장에 머무는 것이다. 그들의 현장력 강화 활동은 단순한 활동에 그친다. 그에 비해 비범한 현장의 활동은 시간이 지나면서 조직 능력으로 승화된다. (도표 5.1) 알에서 새로운 개체가 탄생하듯 활동이 능력으로 '부화'하는 기업과 부화하지 못하고 알에 머무는 기업, 그 차이는 경쟁력이라는 관점에서 보면 결정적인 차이다. 활동과 능력은 완전히 별개다. 그에 대한 인식이 현장력이라는 조직 능력을 높이기 위한 최초의 한 걸음이다. 필자는 현장을 돌아다니며 수많은 활동을 접했는데 그 대부분은 현장에서 '아무 생각 없이' 이루어지고 있었다. 본사와 상사로부터 지시가 내려왔기 때문에 그럭저럭 시작했고, 그럭저럭 시행해 보다가 평범하게 끝나고 마는 것이다. 그런 활동은 절대 능력으로 이어지지 않는다. 한편 덴소는 전원이 달려드는 EF 활동을 20년 가까이 지속해 오면서 개선 능력을 핵심 능력으로 끌어올리는 데 성공했다. 또 1/N이라는 보다 고차원적인 목표를 내걸어 개선 능력을 잘

도표 5.1 ▸ 평범한 현장과 비범한 현장의 차이

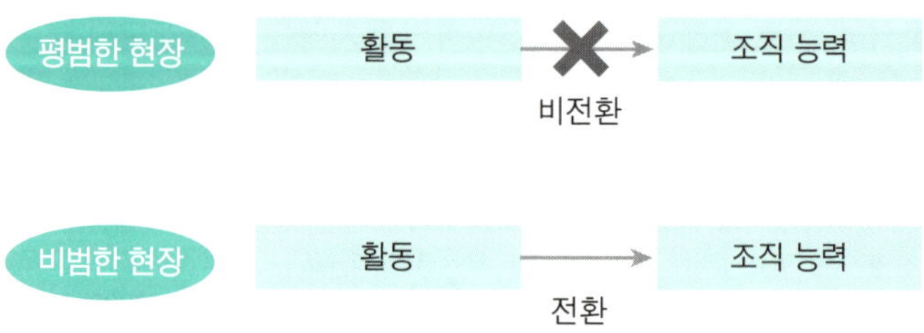

살리는 동시에 창조 능력을 확립하려 하고 있다. 하지만 지금은 비범한 현장으로 거듭난 덴소의 현장도 처음부터 그러한 능력을 갖추고 있었던 것은 아니다. EF 활동, 그리고 1/N 활동을 통해 서서히 조직 능력을 끌어올렸던 것이다. 활동이 일과성이고 단기 지향적인 데 비해 능력은 지속적이고 장기 지향적이다. 현장의 지식 창조 활동을 지식 창조 능력으로 전환시킬 수 있는지 여부가 현장력을 높이고 비범한 현장을 만드는 관건이다.

우직해야 한다

덴소와 흡사한 활동을 펼쳤음에도 덴소 같은 조직 능력을 확립하지 못한 현장에서는 이런 이야기를 한다.

“활동을 지속할 수 없는 이유가 뭘까?”
“왜 진정성 있게 임하지 않는 거야?”
“어째서 억지로 하고 있다는 느낌이 드는 걸까?”

활동을 능력으로 끌어올릴 수 있는 현장과 그렇지 못한 현장의 차이는 대체 무엇일까? 덴소의 현장이 보여준 ‘우직함’이 그 답이다. 현장력이 뛰어난 기업에서 자주 듣는 말이 바로 이 우직함이라는 단어다. 우직함은 비범한 현장을 만들기 위해 빼놓을 수 없는 요소다. 우직이라는 단어는 일반적으로 반드시 좋은 의미로 쓰이지는 않는다. 사전을 찾아보면 ‘정직하기만 하고 임기응변을 못함, 어리석고 고지식함.’이라고 나온다. 하지만 비즈니스 현장에서는 때로 어리석을 정도로 올곧지 않으면 이룰 수 없는 일도 많다. 마쓰시타 전기산업의 창업자 마쓰시타 고노스케는 “성취하려는 자는 우직해야 한다. 재능이 그보다 앞서서는 안 된다."고 말했다.[4] 우직하다는 것은 '철저하게 해내는' 것이다. 주위 사람들이 '그렇게까지 해야 하나?' 고 질릴 정도로 빠져드는 것이다. 깊이 빠져들어야 능력으로 승화시킬 수 있다. 덴소의 현장은 금형 교환 시간을 67초까지 줄였음에도 목표인 60초를 달성하기 위해 자신들의 작업을 비디오로 찍어 1초 단위의 불필요한 동작을 제거하려는 노력을 거듭했다. 바로 그런 모습이 우직함을 나타내는 전형적인 행동일 것이다. 덴소의 사례는 대부분의 회사에서도 실시되는 흔하디 흔한 활동이었지만 우직하게 매달리면 반드시 성공 체험으로 직결되며, 그것이 우직함을 더욱 강화해 결국에는 조직 능력 강화로 이어진다는 것을 가르쳐준다. 덴소의 현장도 처음부터 비범했던 것은 아니다. 평범한 현장을 우직하게 지속적으로 변화시킴으로써 비범한 현장으로 끌어올렸다. 이를 필자는 '평범의 비범화' 라 부른다. (도표 5.2) 그런데 사실 이 우직이라는 단어는 조심스럽게 받아들여야 한다. 물론 비범한 현장에는 예외없이 우직함이라는 공통점이 있다. 우직함을 언급하지 않고는 현장력이라는 조직 능력을 논할 수 없기는 하지만 우직이라는 단어를 입에 담는 순간 정신론, 근성론이 부상하게 된다. "덴소의 현장에는 근성이 있는데 우리 현장에는 근성이 없어. 그래서 안 되는 거야."라고 자사 현장을 포기해서

도표 5.2 ▸ 평범의 비범화

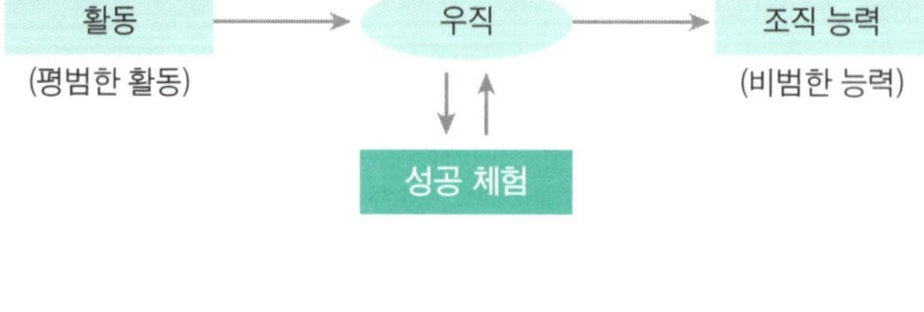

4 출처: 마쓰시타 고노스케 著, 《꿈을 키우다(夢を育てる)》(2001) (국내 출간되지 않음 - 역자).

는 될 일도 안 된다. 요컨대 우직이라는 단어 속에는 정신론, 근성론을 뛰어넘은 ‘합리적인 필연성’이 숨어 있음을 간과해서는 안 된다. 그것이 바로 활동을 조직 능력으로 전환시키는 포인트다. 덴소의 현장이 보여주는 우직함은 어떻게 탄생했는가? 그 배후에는 어떤 필연성이 있었는가? 이제 그 메커니즘을 밝혀 보자.

2 전략적 필연성과 신조적 필연성

‘전략－능력－신조’의 일체화

사실 덴소의 비범한 현장력이 어떻게 만들어졌는지는 현장의 활동만 살펴본다고 밝혀낼 수 있는 것이 아니다. 물론 현장력은 현장에서 탄생해 현장 고유의 능력이 되지만 그 현장력의 탄생에 관해 살피려면 보다 큰 경영의 틀을 볼 필요가 있다. 그런 관점에서 보면 덴소의 활동이 능력으로 승화되고, 차별화된 탁월한 현장력이 만들어진 배경에는 ‘전략’, ‘능력’, ‘신조’라는 세 가지 서로 다른 요소가 관련되어 있음을 알 수 있다.

① 전략(SP: Strategic Positioning)
어떠한 차별화, 포지셔닝을 지향하느냐 하는 경영상 전략 목표, 방침

② 능력(OC: Organizational Capability)
전략을 실행하고 가치를 창출하는 조직 능력의 구축, 강화

③ 신조(CB: Corporate Belief)

기업 활동을 저변에서 떠받치는 공통의 신조, 가치관의 공유 및 침투

이들 세 가지 요소는 기업 경영에 아주 중요하다고 인식되고는 있지만 그들의 관계성은 일견 매우 희박해 보인다. 그래서 '전략은 전략', '능력은 능력', '신조는 신조' 라는 식으로 개별화하고 각각을 독립된 존재로 취급하기 일쑤다. 그리고 바로 그 때문에 활동이 능력으로 전환되지 않는다. 사실 전략이란 것은 현장의 활동이 일군 능력을 발휘해 실행해야 한다. 또 그 활동은 애초에 굳은 신조에서 나와야 한다. 즉 위의 세 가지 요소는 서로 얽혀 있어 밀접한 영향을 주고받는 관계인 것이다. 활동이라는 관점에서 '활동' 과 전략, '활동' 과 신조와의 관계성을 생각할 때, 현장의 조직 능력을 높이기 위한 다양한 활동은 아래의 두 가지 '필연성' 이 담보될 때만 가능하다. (도표 5.3)

도표 5.3 ▸ 두 가지 필연성

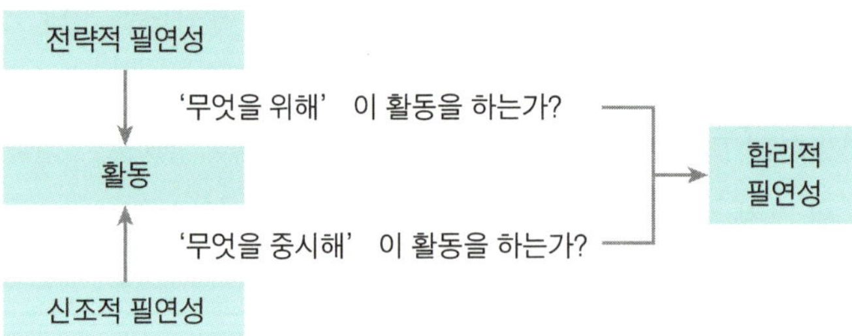

① **전략적 필연성**: 무엇을 위해 이 활동을 하는가?

② **신조적 필연성**: 무엇을 중시해 이 활동을 하는가?

즉 덴소가 현장의 활동을 통해 뛰어난 조직 능력을 구축할 수 있었던 이유는 '무엇을 위해 이 활동을 하는가?', '무엇을 중시해 이 활동을 하는가?' 에 대해 현장에서 일하는 근로자 전원이 이해하고, 납득하며, 수긍하기 때문이다. 그것을 필자는 '합리적 필연성' 이라 부른다. 무언가 지적을 받고도 반발심을 가지지 않는다는 점에서 덴소는 다른 수많은 기업과 크게 다르다. 전략 자체가 중요한 것이 아니다. 책정된 전략이 현장에서 시행될 때 각자가 전략의 방향성을 이해하고 납득하며 행동으로 움직이는 것이 중요한 것이다. 마찬가지로 신조가 중요한 것은 아니다. 그 신조가 현장 사람들에게 침투되고, 공감을 얻고, 실천으로 이어지는 것이 중요한 것이다. 전략과 신조라는 일견 현장 활동과 무관해 보이는 이 두 가지 요소를 활동으로 수렴시키는 것이 중요하다는 것이다. 그렇게 함으로써 활동에 '영혼' 이 담기고, 우직함이 생기며, 성공을 일구어내 궁극적으로는 활동이 능력으로 전환된다. '전략-능력-신조' 를 일체화하기. 현장력이라는 조직 능력을 높이는 관건은 거기에 있다.

신조는 활동의 밑받침이다

전략(SP)과 능력(OC)이 불가분의 관계라는 데 대해서는 2장에서 언급했다. 여기서는 세 번째 요소인 공통의 '신조' 에 관해 생각해 보자. 신조란 각 기업이 소중하게 여기고 의지하는 '업무상의 마음가짐, 규범' 을 의미한다. '공통의 가치관' 이라 표현해도 될 것이다. 쉽게 말하면 각 기업이 활동을 실천으로 옮길 때 '고수하려는 바' 를 명시한 것이라 할 수 있다. '매일의 업무를 수행하면서 이것만은 반드시 지키겠다' 는 내용을 명시한다는 것은 현장에 대단히 중요한 의미를 준다. 현장력이 뛰어난 기업의 경우 공통의 신조가 현장에 깊이 침투해 있다. 도요타에는 '도요타 웨이(TOYOTA Way)', 가오(花王)[5]에는 '가오 웨이(KAO Way)', 그리고 고마쓰(小松製作所)[6]에는 '고마쓰 웨이(KOMATU Way)' 라는 경영 이념 또는 기업의 가치관이 현장에 뿌리를 내리고 있다. 마찬가지로 덴소에는 '덴소 스피릿(DENSO Spirit)' 이라 불리는 공통의 신조가 존재한다. 2005년에 제정된 '덴소 스피릿' 의 주요 내용은 다음 세 가지다.

① 선진(덴소만이 줄 수 있는 놀라움과 감동을 제공한다)

- 선취(미래의 니즈를 민감하게 파악하고 명확한 목표를 세운다)
- 창조(유연한 발상으로 다양한 대책을 강구한다)
- 도전(결코 타협하지 않고 성공할 때까지 해낸다)

② 신뢰(고객의 기대를 뛰어넘는 안심과 기쁨을 전한다)

- 품질 제일(단 하나의 불량도 놓치지 않고, 책임질 수 있는 물건만 후공정으로 보낸다)
- 현지 현물(수고를 마다 않고 현지로 찾아가 사실에 따라 판단한다)
- 카이젠[7](현재의 방식만 고수할 것이 아니라 끊임없는 개선을 실천한다)

③ 총지 · 총력(総智 · 総力) (팀의 힘으로 최대 성과를 발휘한다)

- 의사소통(조직, 직위를 넘어 납득이 될 때까지 논의한다)

---

5 미용, 건강, 주거용 세제, 화학공업 부문의 산하 기업을 거느린 그룹.

6 건설기계, 중장비 제조업체. 건설기계 부문은 세계 시장 점유율 2위를 기록 중이다.

7 '개선' 의 일본어 발음을 차용한 말로 주로 제조업의 생산 현장에서 이루어지는 작업 개선 활동을 말한다. 작업효율 향상과 안전 확보 등에 관해 경영진의 지시가 없어도 현장의 작업자들을 중심으로 문제를 해결해 가는 일련의 활동을 지칭하며 일본 이외의 국가에서도 'Kaizen' 으로 통용될 만큼 세계적으로 보급된 개념이다. 도요타 생산방식의 일환으로 널리 알려지게 되었다.

- 팀워크(높은 목표를 공유하고 서로의 존재가치를 인정한다)
- 인재 육성(업무에 대한 도전을 통해 주위 사람을 키우고 스스로도 배운다)

활동을 능력으로 전환하려면 신조가 반드시 뒷받침되어야 한다. 그리하여 활동은 자신들이 소중히 여기는 신조를 실천하는 장 그 자체가 되어야 한다. 노나카 교수는 신조(노나카 교수는 신념이라는 단어를 썼다)와 행동의 관계성에 관해 다음과 같이 지적한 바 있다.[8]

"미래를 만들어 나가려면 반드시 비전과 신념이 있어야 한다. 그 비전과 신념을 지속적으로 말하다 보면 정신이 담기게 되어 각 구성원의 몸에 배이게 된다. (중략) 그리하여 몸에 배어들면 성장 과정 중의 어느 한 시점에 자기도 모르게 대상의 본질을 이해하게 된다. 말이란 몸에 배이지 않으면 행동으로 이어지지 않는 법이다."

덴소의 1/N 활동은 '도전', '카이젠', '총지 · 총력' 등 덴소 특유의 가치가 현장에서 몸에 배임으로써 실현된 것이다.

동질성은 다양성을 배제하지 않는다

공통의 신조를 강조하다 보면, 그것이 개개의 창조성을 부정해 자유로운 조직 구성을 방해한다고 지적하는 사람이 있다. 확실히 공통의 신조가 뿌리 내린 조직은 동질성을 띤다. 팀, 집단으로 업무를 수행해야 하는 현장에서 조직의 기반이 되는 사고방식을 함께 갖춘다는 것은 매우 중요하다. 업

8 출처: 《Voice》 2014년 5월호, 사회인프라연구센터 대표인 아사히오카 에슌(旭岡叡峻) 씨와의 대담 '지식산업혁명은 일어날 것인가?'(국내에 소개되지 않음 – 역자).

무를 수행하기 위한 마음가짐이나 규범이 제각각인 현장은 존립할 수가 없다. 비범한 현장은 겉에서 봤을 때 매우 동질적으로 보인다. 공통의 신조를 공유하고, 실천하기 때문에 붕어빵처럼 같은 모습을 지향한다고 오해하는 것도 당연하다. 짐 콜린스(Jim Collins)와 제리 포라스(Jerry I. Porras)의 명저 《성공하는 기업들의 8가지 습관》에는 이런 내용이 나온다.

> "선견지명이 있는 기업은 기본 이념을 중심으로 사교(邪教) 집단에 가깝다고도 할 수 있는 환경을 만들었으며, 우리는 그것을 '컬트주의(cultism)'라 부르기로 했다. (중략) 강렬한 충성심을 불어넣어 행동에 영향을 주며, 직원들이 기본 이념에 따라 열과 성을 다해 언제나 일관된 행동을 하게 한다."

두말할 필요 없이 비범한 현장은 사교 집단이 아니다. 하지만 사교 집단 같은 특성이 있는 것은 사실이다. 공통의 신조가 침투해 행동습관으로 철저하게 굳어 있으니 밖에서 보면 동질적 집단으로 비쳐도 이상하지 않다. 단, 여기서 말하는 동질성은 다양성을 배제하지 않는다. 오히려 다양성을 가속화한다. 덴소에서도 덴소 스피릿과 개개의 창조성은 결코 모순되지 않는다. 오히려 신조를 공유하고 실천하는 과정에서 지식 창조의 나선이 작동해 개선과 창조가 실천된다. 그러니 신조를 공유하면서 그것을 기반으로 개개의 창조성과 다양성을 살리는 것이 중요한 것이다.

3 H형 모델을 이용한 조직 능력 구축

덴소는 '전략-능력-신조'라는 세 가지 요소를 동기화(同期化)하여 밀접하게 연계시키면서 활동을 능력으로 전환해 왔다. 그 과정을 세 단계로 나눌 수 있는데, 형성 경로의 형상을 본떠 'H형 모델'이라 부르고자 한다. (도표 5.4) 그럼 세 단계를 하나씩 살펴보자.

단계 1 : 활동의 필연성 담보하기

지식 창조의 나선은 활동에서 시작된다. 지식 창조에 힘쓰는 장을 만들어 활동을 일으키는 것이 능력 구축의 출발점이다. 덴소에서도 처음부터 개선 능력과 창조 능력이 갖춰져 있었던 것은 아니다. EF 활동과 1/N 활동이 기점이 되었다. 그런데 업무 수행이 일차적 본분인 현장에서 개선, 창

도표 5.4 ▸ H형 모델

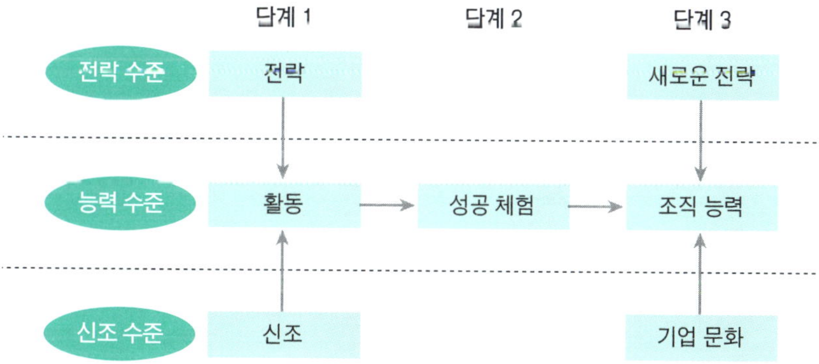

조라는 이름의 지식 창조는 애초에 어디까지나 이차적 관심사일 수밖에 없다. 그러니 경영진이나 본사의 강력한 지시가 있으면 모를까 지시가 느슨하거나 현장의 여유가 없으면 그런 활동은 뒷전으로 미루어지기 쉽다. 하지만 그래서는 아무리 시간이 흘러도 활동이 능력으로 전환되지 않는다. 현장이 활동에 전력을 다하려면 '무엇을 위해 이 활동을 하는가?', '무엇을 중시해 이 활동을 하는가?'를 명시하여 두 가지 필연성을 담보해야 한다.

① 전략과 활동을 일관화하기(전략적 필연성)

현장력을 높이는 활동을 하려면 전략적 목적이 반드시 필요하다. '무엇을 위해 이 활동을 하는지'를 명시함으로써 전략적 필연성이 현장에 제시되어야 현장은 전력을 다할 수 있다. 덴소의 1/N 활동이 열기를 띨 수 있었던 것은 1/N 활동을 중기 경영 계획의 주축이라고 명확히 밝혔기 때문이다. 덴소는 2015년을 맞는 자세 중 하나로 '최고의 비용 경쟁력을 가진 글로벌 조달, 생산, 공급 체계의 구축'을 내걸었다. 가토 노부아키 사장은 인터뷰를 통해 이렇게 밝혔다.[9]

> "국내에서 개발해 도입 중인 1/N 설비 등을 이용해 신흥국의 생산체제도 소형화, 간소화하겠다."

1/N 활동은 기업 전략의 주축이며, 현장은 대량 생산에서 변종 변량 생산으로의 전환이라는 중요한 전략적 사명을 완수하는 주체다. 하지만 덴소의 현장도 처음부터 쌍수를 들고 1/N에 찬동하고 의욕적으로 달려들었던 것은 아니다. 1/N을 목표로 내건 당초에는 부정적 의견도 현장에 많았다.

---

9 출처: 2013년 9월 2일자 일간자동차신문.

생산기술개발부의 구로다 요시타카 부장은 이렇게 회상했다.

> "1/N에 도전하자고 아무리 설득을 해도, 안 되는 이유, 불가능한 이유만 대는 겁니다. 개인별 목표를 생각하라고 하면 '주제를 못 잡겠다'며 피해가는 사람도 많았지요. 제조 현장에서도 '대량 생산이 싸게 먹힐 텐데 뭐 하러 이런 짓을 하느냐?'는 부정적인 의견에 여러 번 부딪혔습니다."

개선 능력을 핵심 능력으로 확립한 덴소 같은 자율적 현장에서도 조금 더 고차원적인 노력을 하자고 하면 구성원의 거부감이 커 쉽게 수용되지 못했다. 그것이 현장이다. 그런 현상에 대해 구로다 부장과 후지이 다카유키(藤井敬之) 부품엔지니어 부장, 다키구치 마사유키(瀧口昌之) 시제품제작 부장 등 부장들은 흔들리지 않고 끈질기게 새로운 전략, 방침을 현장에 펼쳤다. 그들은 어째서 1/N이 필요한지를 집요하게 설득하고 이해를 구했다. 구로다 부장은 '누가 더 끈질긴지 대결'하는 기분이었다고 회상했다. 그렇게 해서 경영진과 간부들의 열기, 진심은 서서히 전해졌고 현장은 조금씩 움직이기 시작했다. '활동을 위한 활동'을 해서는 큰 성과를 기대할 수 없다. 실현해야 할 전략이 명확히 제시되고 그 전략과 활동의 일관성(consistency)이 담보되어 현장이 그 필요성을 이해하고 납득할 때 현장은 전력을 다해 달리게 된다.

② 신조로 활동을 뒷받침하기(신조적 필연성)

활동을 할 때는 '무엇을 중시해 이 활동을 하는가?'라는 공통의 신조를 명확하게 밝힐 필요가 있다. 전략적 필연성이 '이건 꼭 해야 한다'라는 목적성을 부여한다면, 업무를 수행하는 마음가짐과 규범에 해당하는 신조는 활동은 실천할 때의 정신적 기반이 된다. 공통의 신조가 활동의 밑받침이 되는 것이다. 신조는 각 기업이 실천을 할 때, 다시 말해 활동을 실천으로 옮길 때 '고수하려는 바'를 명시한 것이라 할 수 있다. 고수한다는 것은 '밑도 끝도 없이 고집'한다는 의미가 아니라 '기업을 성공으로 이끄는 가장 합리적인 고집'을 의미한다. 그 점을 현장이 이해하고 납득해야 한다. 신조란 결코 정서적, 정신적인 것이 아니며 활동의 합리적인 이유를 부여하는 그 무엇이다. 앞서 덴소 스피릿은 2005년에 명문화되었다고 설명했다. 그 이전에는 명문화되어 있지 않았지만 오랜 기간 덴소가 유지해 온 고집이 현장에 면면히 계승되고 있었다. 그중에서도 '전원 참가, 전사 합심'은 덴소가 가장 중시하는 말로 곳곳에 침투해 있다. 현장은 데밍상 수상에 도전하는 과정에서 전원 참가(총지 · 총력)의 중요성을 체감했다. 당시 도전을 진두지휘한 이와쓰키 다쓰오(岩月達夫) 전무는 사내 신문을 통해 이렇게 밝혔다.

> "우리 직원 5,000명이 함께 힘들어 하고 함께 즐거워한다는 것을 알았을 때 그 무엇과도 바꿀 수 없는 기쁨을 느꼈습니다. 이런 자세만 있으면 됐지 달리 무엇이 필요하겠냐는 생각이 들었습니다."

데밍상 수상을 기념해 1962년에는 기념비가 건립되었는데, 그 뒷면에는 수상 당시에 근무한 전 사원 5,136명의 이름이 새겨졌다. 총지 · 총력은 이들에게서 비롯되었다. '전원이 일치단결해 노력하는 것이 성공으로 가는 길'이라는 사실이 실제로 증명되고 현장이 납득하면 자연히 공통의 신조는 지켜지는 것이다. 많은 기업이 공통의 신조를 공유하고 그것을 경쟁력 강화로 이어가려 노력한다. 이를 흔히 '○○웨이 매니지먼트(Way Management)'라 하는데 구체적으로는 각 기업이 중요하게 여기는 신조를 명문화하고, 책자를 만들어 전 사원에게 배포하는 등의 작업을 이른다. 하지만 그런 노력을 기울이는 대부분의 기업 현장에서는 아쉽게도 신조가 뿌리를 내리지 못하고 있다. 책자만 나눠주고 끝나는 흉내 내기에 그치는 경우가 많기 때문이다. '○○웨이'라는 책자는 있어도 현장에 공통의 신조는 존재하지 않는 기업이 대다수다. 차라리 그런 책자 없이도 현장에 신조가 스며들어 있는 기업이 낫다. 책자 만들기는 중요하지 않다. 책자에 싣고자 했던 내용이 현장에 살아 숨 쉬는지 여부가 중요하다. 덴소의 EF 활동과 1/N 활동이 진정성 있는 실천으로 이어진 것은 덴소 특유의 고집이 현장에 침투해 있었기 때문이다.

단계 2 : 작은 성공 쌓아가기

③ 현장의 우직함을 이끌어내 비범한 활동으로 변화시키기(평범의 비범화)

두 가지 필연성은 현장에 사명감을 불러오고 현장을 목적을 수행하기 위한 지식 창조의 나선으로 이끈다. 명확한 목적을 제시하고 고집스런 신조를 공유한 현장은 설사 힘든 장벽이나 장애물이 있어도 그것들을 스스로의 지혜로 극복하려 한다. 나아가 현장의 끈질긴 노력을 이끌어내려면 눈에 보이는 성과를 조기에 만들어내는 것이 중요하다. 크지 않아도 성공 체험을 쌓음으로써 현장의 우직함은 더욱 강화된다. 피터 드러커는 "지식노동자에게 동기를 부여하려면 성과가 필요하다."고 말했다.[10] 성과를 눈에 보이게 제시하면 자신의 기여도를 인식하고, 그로 인해 더 우직해질 수 있다. 덴소의 1/N 활동도 처음에는 '그게 가능할까?' 하고 반신반의하는 사람들이 많았다. 그 사람들을 움직이게 만들려면 조기에 작은 성공을 도출해 내

10 피터 드러커 (1969).

'할 수 있다'는 자신감을 심어주어야 했다. 금형 교환 시간도 단숨에 단축한 것이 아니다. 매년 수십 초씩 줄이던 7년의 세월이 쌓이고 쌓여 '1분 대진입'을 실현시켰다. 구로다 부장은 '20점짜리 기획서라도 좋으니 계속 내라'고 현장을 고무했다. 생각을 어느 정도 했으면 손을 움직여 형태로 만들라는 것이다. 눈에 보이는 형태로 만듦으로써 조금씩이라도 전진하고 있음을 실감할 수 있기 때문이다. 합리적 필연성의 담보, 그리고 작은 성공 체험의 축적, 바로 이것이 현장의 우직함을 이끌어내고 평범한 활동을 비범한 활동으로 변화시킨다. 그리고 활동을 능력으로 바꾸어 조직 속에 정착시킨다. 조직의 능력으로 바꾼다는 것은 현장의 노력이 당연시되고, 그에 따라 결과도 당연히 얻어진다는 말이다. 의식하지 않아도 당연히 할 수 있는 상태다. 덴소의 후카야 고이치(深谷紘一) 사장(현재 상담역)은 '당연하다는 것'에 관해 이렇게 지적한다.[11]

> "오늘 우리가 당연하게 해내는 일들의 수준이 높아지고, 우리 모두가 철저하게 열심히 활동한다면 타사와 충분히 싸워내고 새로운 비즈니스를 탄생시킬 수 있을 거라 믿는다. 그렇게 하다보면 결과적으로 고객과 세상이 '덴소가 당연하게 여기는 것들은 차원이 다르구나. 대단하다! 역시 덴소는 다르다!'라고 생각하게 되고, 그로 인해 우리의 의욕도 향상되는 선순환이 이루어질 것이다. 따라서 우리는 오늘의 당연함을 우리 모두가 자랑스럽게 여길 수 있는 수준인 내일의 당연함으로 발전시켜가야 한다."

덴소의 현장은 EF 활동을 통해 유지가 당연한 수준을 개선이 당연한 수준으로 변모시킴으로써 핵심 능력을 갈고 닦았다. 그리고 1/N 활동을 통

---

11 출처: 후카야 고이치 著, 《회사를 키우고 사람을 키우는 품질경영(會社を育て人を育てる品質経營)》(2014) (국내에 출간되지 않음 – 역자).

해 개선이라는 오늘의 당연함을 발전시켜 창조라는 내일의 당연함을 만들어내려 하는 중이다. 그들이 생각하는 능력 구축이란 바로 내일의 당연함을 만들어내는 작업이다.

단계 3 : 능력을 활용해 새로운 전략을 세우고 독자적 기업문화 만들기

새로운 능력을 구축해 다른 기업이 넘볼 수 없는 수준의 당연함을 실현시킨 기업은 높은 기업 가치를 얻음으로써 차별화된 경쟁력을 갖추게 된다.

④ 능력에 입각한 전략의 책정

핵심 능력이 진화하면 전략 실행에 도움이 될 뿐 아니라 새로운 전략 책정의 기반이 될 수도 있다. 다른 기업에는 없는 차별화된 조직 능력을 살려서 새 전략을 책정할 수 있는 것이다. '조직 능력에 입각한 전략 책정(capability-based strategy)' 은 실행 가능성이 이미 담보되어 있기 때문에 실행이 신속할 뿐 아니라, 조직 능력을 갖추고 있지 않은 다른 기업이 넘볼 수 없는 차별화된 전략일 가능성이 높다. 덴소가 도전한 1/N 설비는 독자적 생산 전략이며, 덴소의 미래 해외 사업 전개에 있어 아주 중요한 부분을 차지한다. 1/N 설비, 해외 사업 계획을 가능케 한 것은 덴소의 현장이 갖춘 개선 능력이다. 개선 능력이라는 핵심 능력이 있어야 비로소 창조가 가능해진다. 달리 표현하면 개선 능력을 갖추지 못한 기업이 1/N 설비를 자체 개발하기는 어렵다는 말이다. 나아가 덴소의 현장이 확립 중인 창조 능력을 잘 살리면 현장을 기점으로 한 새로운 제품과 서비스, 프로세스 등을 만들 수 있다. 결론적으로 전략이 능력을 규정하는 것이 아니다. 차별화된 능력이 독자적 전략을 규정하는 것이다.

⑤ 기업 문화의 양성

현장이 공통의 신조를 실천하고 성공 체험을 쌓아 그 성공 체험을 조직 능력으로 전환시키면 독자적 기업 문화(corparate culture)가 형성된다. 기업 문화는 눈에는 보이지 않지만 기업의 중요한 자산이며 경쟁력의 기반이 된다. 조직문화론의 대가인 에드가 샤인(Edgar H. Schein)[12]은 기업 문화를 다음과 같이 정의했다.[13]

> "조직 문화의 본질은 집단이 획득한 가치관, 신념, 가정(假定)이며 조직이 계속 번영함에 따라 공유되고 당연시된 것이다. 중요한 것은 집단이 획득했다는 점이다. 원래는 창업자나 리더의 머릿속에만 있었던 것이다. 조직 문화가 공유되고 당연시된다는 것은 조직의 새로운 구성원이 창업자의 신념, 가치관, 가정 덕에 조직이 성공을 거두었다고 생각하게 되고, 그것이 틀림없이 '옳다' 고 여기게 됨을 의미한다."

덴소의 사내 신문인 '덴소 시보(時報)' 의 2013년 6/7월호에 재미있는 기사가 실렸다. 덴소의 직원들에게 '덴소다운 ○○력은 무엇인가?' 라는 설문조사를 실시한 결과 무려 76%가 '총지 · 총력' 을 꼽았다는 내용이었다.[14] 목표를 향해 회사 전체가 하나가 되어 끝까지 해내는 힘이 덴소의 독자적 문화로 발전했음을 보여주는 증거다. 덴소의 현장은 '총지 · 총력이

---

12 1928~현재. 미국의 심리학자. 조직 개발, 커리어 개발, 조직 문화 분야에서 영향력 있는 저술을 다수 남겼다. 현재 MIT 슬론 경영대학원(MIT Sloan School of Management)의 명예교수이다.

13 출처: 에드가 샤인 著, 《조직 문화와 리더십》 (1989) (1990년에 국내에 출간된 제목임 – 역자).

14 출처: 덴소 시보, 2013년 6/7월호. 참고로 두 번째로 많았던 답은 9%를 차지한 '기술 · 개발력' 이었다. '총지 · 총력' 이 압도적인 1위였음을 알 수 있다.

성공을 낳는다'는 것을 실제 체험했기 때문에 그것을 지속적으로 소중하게 계승하고 기업 문화라 부를 수 있는 단계로 발전시킨 것이다.

4 H형 모델의 유효성 검증 — 사례 ❷ 야마토 운수 —

H형 모델은 다른 기업에도 적용 가능한가?

활동이 능력으로 바뀌고 비범한 현장을 탄생시키는 H형 모델의 일련의 흐름을 다시 한 번 정리해 보자.

① 현장력이라는 조직 능력을 구축하려면 그 능력을 단련하기 위한 활동을 시작해야 한다.

② 그 활동은 전략적 필연성과 신조적 필연성이라는 두 가지 합리적 필연성이 담보되어야 한다.

③ 합리적 필연성이 우직한 활동으로 이어지고 작은 성공 체험이 축적되면 활동은 끈기 있게 지속되고 우직함은 더 강화된다.

④ 우직한 활동은 시간의 경과와 함께 당연한 것이 되며 그 결과 능력으로 전환된다.

⑤ 새로운 핵심 능력이 구축되면 그것을 활용한 새로운 전략이 책정되고 나아가 독자적 기업 문화로 정착된다.

'전략-능력-신조'가 하나가 된 H형 모델은 과연 덴소에만 적용 가능한 것일까? 아니면 다른 기업에도 적용 가능할까? 이제 그 유효성을 검증하기 위해 비제조업의 대표적 예인 야마토 운수를 사례로 들어 검증해 보고자 한다. 필자는 야마토 운수의 현장을 몇 군데 방문할 기회가 있었다. 그곳에서 나는 커다란 사명감을 안고 행동하는 비범한 현장을 보았다. 개선 능력과 창조 능력은 야마토 운수의 독자적 경쟁력으로까지 발전해 있었다. 야마토 운수의 현장력이 어째서 비범한지를 H형 모델에 대입시켜 분석해 보자. 야마토 그룹은 야마토 홀딩스 산하에 존재하며 운수, 물류 등 다양한 사업을 펼치는데 야마토 운수는 그 핵심 기업이다. 여기서는 그룹 관련 기업을 야마토 운수로 호칭을 통일해 부르기로 한다. 물류 부문 일본 최대 기업인 야마토 운수가 소량 화물 배송 서비스를 시작한 것은 1976년이었다. 이전에는 간토(關東)지방을 중심으로 한 기업 간 배송(B2B)이 주였으나 1971년에 창업자의 사장 자리를 계승한 오구라 마사오 사장이 개인 간 배송, 단품 하물을 취급하는 방향으로 대담한 전략 전환을 꾀한 것이었다. 이후 야마토 운수는 '스키 택배', '골프 택배', '쿨 택배', '콜렉트 서비스' 등의 신상품을 차례차례 개발해 새로운 수요를 창출하는 데 성공했다. 개업 첫날 취급한 물량이 11건밖에 안 되었던 소량 배송 서비스는 2013년도에는 16억7천만 건까지 늘어나 중요한 사회 인프라로 부상했다.

센터 내 배송원들의 작업

필자가 처음 방문한 야마토 운수의 현장은 요코하마시(横浜市) 쓰즈키구(都筑區)에 있는 나카마치다이(仲町台) 센터였다. 여기서 말하는 센터는 배송을 위한 집배의 최전선으로 일본 전국에 약 6천 군데가 있다. 나카마치다이 센터는 고호쿠(港北) 뉴타운이라는 인구 유입이 활발한 지역에 대한 배송을 전담한다. 약 5천 가구를 여덟 명의 배송원이 다섯 대의 차량을 이용해 소화한다. 하루 평균 배송 건수는 약 8백 건으로 거의 같은 수의 집하도 동시에 처리한다. 바쁜 와중을 틈타 배송원 세 명에게 질문을 던졌다. 당시의 취재 노트를 살펴보면 이런 내용이 있다.

"마치 자위대 군인들과 이야기를 나누는 기분이다."

필자의 솔직한 심정이었다. 그들과 대화를 나누다 보면 '어떻게 하면 좀 더 좋은 서비스를 제공할 수 있을까?' 만을 진지하게 고민한다는 느낌이 내게 전해졌다. 그들의 사명감은 엄청났다. 집하물이 계속 늘어나는 이 센터에서는 그날의 업무를 소화하기만 해서는 성에 차지 않는지 효율성, 생산성을 높이기 위한 노력이 뜨겁게 펼쳐지고 있었다. 그런 가운데 최대 과제는 '수령인 부재로 인한 배송 불가 하물' 에 대한 부분이었다. 그런 경우가 발생하면 오전 중에 배달해야 할 물건을 오후에 다시 배달해야 하는 상황이 벌어지기 때문에 현장의 골칫거리였다. 재배달은 수고스럽기도 하지만 원래 집하에 써야 하는 시간을 배달에 빼앗긴다는 것이 더 문제였다. 그래서 이 센터에서는 본사의 지원을 받아 '집배 개혁' 을 일으키기로 했다. 시급직 사원을 활용한 '팀 집배' 라는 방식을 쓴 것이다.[15] 재배송을 줄이려면 재택 확률이 높은 오전 10시 안에 배달하는 것이 좋다. 하지만 배송원 한 사람이 뛰어서는 아무리 기를 쓴다 한들 무리다. 그래서 그 지역을 잘 아는 주부 시급직 사원과 배송원이 팀을 이루어 오전 10시까지 최대한 배송하는 방식이다. 단, 이론상으로는 적절할 듯 싶었지만 실제 이 방식을 운용하려 했을 때 현장에서는 다양한 장벽에 부딪혔다. 예를 들어 배달 구역

15 2014년 8월 13일자 니혼게이자이 신문에 따르면 야마토 운수는 '팀 집배' 방식을 도쿄(東京), 나고야, 오사카(大阪) 등 3대 도시권과 지방 주요 도시에 도입하고 향후 3년 동안 여성 배송원을 50% 늘려 2만 명 체제를 갖출 것이라 한다.

을 숙지하지 못한 시급직 사원으로 인해 효율이 기대에 못 미치기도 했고, 업무상 꼭 필요한 휴대용 단말기를 시급직 사원이 익숙하게 사용하도록 가르쳐야 할 필요성이 발생하는 등 실행상의 장벽이 결코 만만치 않았던 것이다. 그런데 이러한 과제를 나카마치다이 센터는 자신들의 지혜와 노력으로 극복했다. 시급직 직원이 신속하게 배송지를 알아낼 수 있도록 색을 구분해 표시한 지도를 만들었고, 휴대용 단말기의 간편한 조작 매뉴얼도 직접 만들었다. 또 시급직 사원도 배송 하물을 확실히 알아볼 수 있도록 차량의 짐칸에 배송 요일과 지역을 지정하는 커다란 표시판을 비치하고 여러 가지 색깔로 표시를 넣었다. 나름의 작은 궁리를 통해 새로운 업무방식을 정착시킨 것이다. 이 같은 노력은 큰 성과로 이어졌다. 현장 주도의 개선 덕에 재배송 하물이 반으로 줄어든 것이다. 재배송 화물이 줄어든다는 것은 일찌감치 배송이 끝나는 양이 늘어난다는 뜻이었고 그에 따라 배송원의 생산성도 높아졌다. 또 빈 시간을 집하에 쏟음으로써 수입 증대로도 이어졌다. 야마토 운수의 센터는 하물의 집배만 소화하는 '유지하는 현장'이 아니다. 스스로 지혜를 모아 업무 방식을 진화시키고 개선을 실천하는 비범한 현장이었다.

'진심 택배'는 현장의 마음이 만들어낸 산물

필자가 두 번째로 방문한 곳은 야마토 운수의 이와테(岩手) 주관 지점이었다. 현장에서 만들어진 신사업에 관해 이야기를 듣고 싶어 방문한 곳이었다. 그래서 만난 사람이 마쓰모토 마유미(松本まゆみ) 영업기획과장이었다. 그녀는 '진심 택배'라는 새로운 서비스를 기획하고 시장에 내놓기 위해 분주하게 움직이고 있었다.[16] 진심 택배란 개호(보살핌)가 필요한 65세

이상의 고객이 식품 및 일용품 등의 생활필수품을 전화로 주문을 하면, 그 지역의 슈퍼마켓이 물품을 구비하고 야마토 운수가 배달을 하는 새로운 서비스를 말한다. 사회의 고령화가 진전되면서 체력적인 이유 등을 이유로 시장을 보러가기 힘든 이른바 '쇼핑 난민'이 늘고 있는 인구 과소지역에서는 이런 서비스에 대한 니즈가 크다. 특히 동일본대지진의 피해를 입은 지역의 경우 상황은 더욱 심각하다. 이 서비스의 특징은 단순한 쇼핑 대행이 아니라 물품을 배달할 때 야마토의 운전기사가 이용 고객의 몸 상태와 곤란한 사정을 듣고 각 지역의 사회복지협의회에 정보를 알리는 '안심 돌봄 서비스'를 실시한다는 점이다. 이와테현(岩手縣) 내의 고령자 독거 가구, 고령 부부 가구는 약 8만 2천 가구(2005년 인구조사)로 전체 가구의 17%에 이른다. 뿐만 아니라 병이나 자살 등으로 인해 독거노인이 사후에 발견되는 사례는 연간 2백 건에 달한다. 진심 택배는 쇼핑 난민, 고독사라는 두 가지 심각한 문제에 대한 하나의 해답으로 만들어졌다. 2010년에 니시와가마치(西和賀町)에서 최초로 시범 실시한 뒤 오쓰치초(大槌町), 가마이시시(釜石市)에서도 서비스를 시작했다. 이 서비스를 고안, 기획하고 추진한 이가 마쓰모토 과장이다. 그런데 사실 마쓰모토 과장은 신규 사업 기획 전문가가 아니라 현장에서 잔뼈가 굵은 현장 사람이었다. 1998년에 계약직 배송원으로 야마토 운수에 입사한 뒤 2008년에 정사원이 되었고, 이듬해에는 모리오카(盛岡)역 센터의 센터장까지 올랐다. 당시의 체험이 진심 택배라는 신 서비스를 고안하는 계기가 되었다. 어느 날 마쓰모토 과장(당시 계약직 배송원)은 혼자 사는 88세의 할머니 집을 배달 차 방문했다. 아들이 보낸 물건을 배송하기 위해서였다. '뭔가 분위기가 이상하다…….'라는 생각을 하기는 했지만 다음 배달도 있던지라 달리 대화를 나누지 못했다. 그런

16 마쓰모토 마유미 과장은 2012년에 개최된 '제2회 사회 혁신가 선발대회'에서 대표 수상자(대상)에 선발되었다.

데 그날 밤, 그 할머니가 고독사했고, 발견된 것은 사후 사흘이 지난 뒤였다. '그때 내가 누군가에게 연락이라도 했더라면 살릴 수 있었을 텐데. 적어도 고독사는 막을 수 있었을 텐데…….' 마쓰모토 과장은 자책감에 시달리느라 일이 손에 잡히지 않았다. 하지만 이내 마음을 다잡았다. '고령자들이 안심하고 살 수 있는 사회를 만들어야 한다. 그러기 위해서 할 수 있는 일이 있을 것이다.' 마쓰모토 과장은 이렇게 생각했고 그 강렬한 체험에서 탄생한 것이 바로 진심 택배다. 마쓰모토 과장은 자신의 생각을 기획서로 꾸며 상사인 주관 지점장에게 제출했다. "기획이 아직 설익었어. 이래서는 사업이 안 되지."라는 말을 들으며 몇 번이고 퇴짜를 맞았지만 그 꾸중은 상사의 격려이기도 했다. 마침내 기획서는 본사의 심사를 통과했고, 그녀는 집배 현장을 떠나 프로젝트 리더로서 이 서비스를 실현시키기 위해 동분서주하게 되었다. 진심 택배는 현장이 새로운 것을 창조해 낸 좋은 예다. 현장이 느낀 바, 고민한 바, 현장에서 얻은 아이디어를 출발점으로 삼으면 기존에 없었던 새로운 가치를 만들 수 있다. 야마토 운수는 현장을 기점으로 탄생한 수많은 서비스를 통해 성장했고 지금도 발전을 거듭하고 있다.

5 야마토 운수의 합리적 필연성

'서비스가 먼저, 이익은 나중'이라는 전략적 필연성

앞서 소개한 두 가지 사례를 통해 필자는 야마토 운수의 현장에 개선 능력, 창조 능력이 살아 있음을 체감했다. 야마토 운수의 현장은 분명 비범했다. 그렇다면 야마토 운수의 현장은 어떻게 그리 고차원적인 능력을 갖추게 되었을까? 그 해답은 바로 현장의 활동을 능력으로 바꾸는 '합리적 필연성' 에 있다. 먼저 '전략적 필연성' 부터 살펴보자. 소량 배송 사업에는 '하물의 밀도가 어느 선 이상이면 흑자, 어느 선 이하면 적자' 라는 특성이 있다. 야마토 운수를 중흥의 길로 이끈 오구라 마사오 사장은 하물의 밀도를 높여야 성공할 수 있음을 깨달았고, 그렇게 만들려면 서비스의 질을 향상시키고 차별화를 실현해야 한다고 생각했다. 소형 하물 배송을 시작했을 때 오구라 사장은 업무회의에서 이런 말을 한 적이 있다.[17]

> "앞으로 수지가 맞고 안 맞고에 관해서는 언급하지 않겠다. 그 대신 서비스만큼은 철저하게 추구하겠다."

그렇게 그는 '서비스가 먼저, 이익은 나중' 이라는 모토를 내세웠다. 그것이 바로 야마토 운수의 전략의 근간이다. 현장에서 일하는 배송원 한 사람, 한 사람이 어떻게 하면 서비스의 질을 더 향상시킬 수 있는지를 늘 생각하고, 실천하는 것이 고객만족을 낳고 하물의 밀도를 높이는 길이라는 깨달음에서 나온 방향성이었다. 결과적으로 이익은 따라올 수밖에 없었다. 서비스를 제공하는 것은 현장이다. 그렇기 때문에 현장에 권한을 주고 자율적인 현장을 만드는 작업은 야마토 운수의 전략을 실천하는 데 있어 매우 중요하다. 그런데 나카마치다이 센터의 배송원들이 창의적 고민을 하고, 팀 집배를 통한 생산성 향상을 꾀하며, 개선에 도전한 것은 이러한 전략을 현장이 이해하고 납득했기 때문이기도 하다. 또 야마토 운수는 새로

17 오구라 마사오 著, 《오구라 마사오의 경영학(小倉昌男 經營學)》(1999) (국내에 출간되지 않음 – 역자).

운 수요를 발굴하고 창출하기를 핵심 전략으로 내세운다. 그 전략을 실현하려면 고객의 대변자인 배송원들의 느낌과 아이디어가 대단히 중요하다. 3장에서 보았다시피 쿨 택배, 스키 택배, 골프 택배 등의 혁신적 서비스는 현장이 고객의 니즈를 알아차렸기 때문에 선보일 수 있었다. 야마토 운수가 수요를 창출하는 출발점은 언제나 현장이다. 이와테에서 진심 택배를 시장에 내놓기 위해 애쓰고 있는 마쓰모토 과장처럼 현장을 기점으로 삼아 새로운 것을 만들어내는 작업이 야마토 운수의 성장을 견인한다. 야마토 운수의 현장이 개선 능력, 창조 능력을 확립한 것은 회사의 전략이 현장에서 올바르게 펼쳐졌고 그것을 현장 직원들이 이해하고, 납득하며, 실천하려 했기 때문이다. 야마토 운수의 활동에는 '무엇을 위해 활동하는가?' 즉 전략적 필연성이 담보되어 있는 것이다.

세 가지 사훈이 보여주는 신조적 필연성

그럼 이번에는 '무엇을 중시하며 활동하는가?' 하는 신조적 필연성에 대해 살펴보자. 야마토 운수가 창업 이후 줄곧 고집하는 것은 직원들의 자율과 전원 경영이다. 오구라 사장은 현장의 자율성에 관해 다음과 같이 말했다.[18]

> "전원 경영이란 전 직원이 같은 경영목적하에 같은 목표를 세우고 있지만 목표를 달성하기 위한 방책은 직원 각자가 스스로 생각하고 실행하는, 즉 직원들의 자율 행동을 기대하는 경영을 말한다. 직원들에게 목표는 부여하지만 회사 측이 방법에 관해 명령하거나 지시하지 않고, 직원이 그 성과에 책임을 지고 행동하는 것이다."

---

18 오구라 마사오 (1999년).

1931년에 제정된 사훈은 직원이 자율성을 가지도록 하는 최대 근거이며, 이것이야말로 야마토 운수의 신조이자 공통의 가치관이다. 현장의 직원들은 전원이 사훈을 매일 암송한다. 또 야마토 운수는 사훈을 실천하는 현장의 에피소드를 DVD에 담아 직원 교육에도 사용하고 있다. 사훈은 다음 세 가지다.

① 야마토는 곧 나 자신이다.
② 운송 행위에는 위탁자의 의사가 반영되어 있다.
③ 생각을 견실하게 하고 예절을 존중해야 한다.

직원 한 사람, 한 사람이 회사의 대표라는 자각과 의식을 가지고 주체적으로 행동할 것, 고객(위탁자)의 마음을 받들어 책임감과 정성과 진심을 가지고 하물을 취급할 것, 그리고 예절을 중시하고 직원의 한 사람으로서 법과 윤리를 준수할 것을 강조하는 내용이다. 사훈은 단순한 구두선이 아니다. 무엇을 중시하며 매일의 활동을 할 것인지, 야마토다운 것이 무엇인지를 명시해 현장의 실천을 촉구하는 것이다. 야마토의 직원들은 사훈을 소중히 여기고 매일 수행하여 고객 만족을 낳았고 나아가 개인, 회사의 성공도 일구어냈다. 사훈이 깊이 침투, 정착되었다는 것은 야마토 운수의 활동에 신조적 필연성이 담보되어 있다는 의미다. 이와테에서 지심 택배에 힘을 쏟는 마쓰모토 과장은 필자에게 이런 말을 했다.

"기가와 사장(야마토 홀딩스의 기가와 마코토(木川眞) 사장)은 '행동하지 않는 죄'라는 말을 합니다. '아무것도 하지 않고, 못 하는 이유와 변명만 늘어놓아서는 안 된다. 옳다고 생각했으면 행동하자.'라는 의미입니다. 저는 그 말에 마음이 움직였습니다."

마쓰모토 과장이 현장에서 행동하게 된 것은 기가와 사장의 신조와 신념이 전해졌기 때문이다. 경영자의 생각을 흡수한 현장은 엄청난 힘을 발휘한다. 그렇게 야마토 운수에서는 전략적 필연성, 신조적 필연성을 바탕으로 현장의 활동이 이루어졌음을 알 수 있다. 그리하여 현장의 진정성 있는 활동은 실제로 성공으로 이어졌다. 센터의 꾸준한 개선 활동에 의해 고객의 만족도가 높아졌고, 현장의 생산성도 높아졌다. 또 현장을 기점으로 만들어진 새 서비스가 히트를 치면서 새로운 수요 창출로 이어졌다. 이러한 성공 체험은 현장의 활동을 보다 우직하게 만들었다. 그 결과 야마토 운수에서는 개선 능력, 창조 능력이 핵심 능력으로 정착했고 타사에 대한 우위성을 차지할 수 있는 원천이 되었다. 야마토 운수에도 H형 모델은 적용 가능했던 것이다. 덴소, 야마토 운수 같은 사례가 가르쳐 주듯 현장력이라는 차별화된 조직 능력을 단련하는 관건은 합리적 필연성을 담보하는 것이다. 현장력이라는 조직 능력을 갈고 닦기 위해서는 활동의 필연성을 이해하고 이를 현장에 침투시켜 진정성 있는 활동을 함으로써 성공 체험을 쌓아 활동을 능력으로 승화시켜야 한다. 그리고 '전략–활동–신조'를 일체화하여 하나로 수렴시켜야 한다.

제 I 부 요약

현장이란 무엇인가?

- 현장이란 과거와 미래를 잇는 결절점(지금 여기)이다.
- 현장에는 빛과 그림자라는 양면성이 있다. 현장이 어떻게 하느냐에 따라 그 현장은 기업 경쟁력의 핵심이 되는 비범한 현장도 될 수 있고, 기업을 존망의 위기에 빠뜨리는 평범 이하의 현장도 될 수 있다.
- 현장에는 가치 창조의 주체, 업무 수행의 주체, 인재 육성의 주체라는 세 가지 얼굴이 있다.

현장력이란 무엇인가?

- 전략 실행의 상대적 중요성이 커지는 가운데, 현장의 조직 능력(현장력)을 높여야 지속적인 경쟁 우위를 이끌어낼 수 있다.
- 현장력은 유지 능력, 개선 능력, 창조 능력이라는 세 가지 서로 다른 능력이 중층적으로 겹쳐 형성된 것이다.
- 평범한 현장의 핵심 능력은 유지 능력에 그치는 반면 비범한 현장은 개선 능력, 창조 능력을 핵심 능력화하는 데 성공했다.
- 비범한 현장은 지식 창조의 주체라는 네 번째 얼굴을 확립시킨 현장이다. 비범한 현장에서는 지식 창조의 나선이 순환하고 지식노동자들이 육성된다.

비범한 현장을 만들기 위한 합리적 필연성

- 평범한 현장과 비범한 현장의 결정적 차이는 현장에서 이루어지는 활동을 조직 능력으로 전환시킬 수 있는지 여부에 달려 있다.
- 비범한 현장에서는 전략, 능력, 신조 세 가지가 일체화하여 합리적 필연성을 담보한다.
- 합리적 필연성에는 전략적 필연성과 신조적 필연성 두 가지가 있다. 합리적 필연성이 담보된다는 것은 무엇을 위해, 무엇을 중시해 활동에 힘쓰는지를 전원이 이해하고, 납득하며, 수긍하는 상태를 말한다. 이때 우직함이 나타난다.
- 개선 능력, 창조 능력을 핵심 능력화하면 고차원적 능력을 활용한 새로운 전략을 채전할 수 있고, 독자적 기업 문화를 창조할 수 있다.(H형 모델)

제 Ⅱ 부
실천편

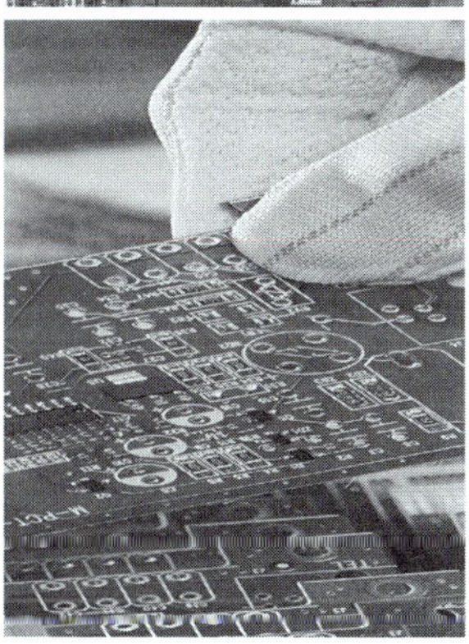

어떻게 하면 비범한 현장을 만들 수 있나?

제6장

현장력을 진화 시키는 지름길

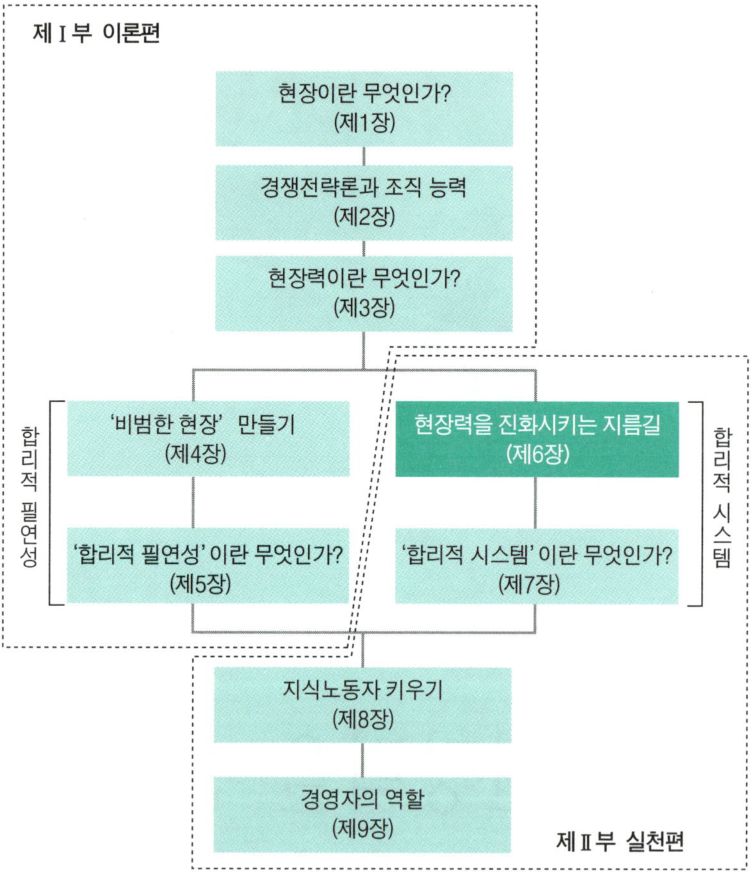
제Ⅰ부 이론편
현장이란 무엇인가?
(제1장)
경쟁전략론과 조직 능력
(제2장)
현장력이란 무엇인가?
(제3장)
합리적 필연성
'비범한 현장' 만들기
(제4장)
'합리적 필연성' 이란 무엇인가?
(제5장)
현장력을 진화시키는 지름길
(제6장)
'합리적 시스템' 이란 무엇인가?
(제7장)
합리적 시스템
지식노동자 키우기
(제8장)
경영자의 역할
(제9장)
제Ⅱ부 실천편

1 현장력의 싹을 키우는 방법
— 사례 ❸ 주택금융지원기구 —

합리적 시스템을 장착하라

제 I 부 이론편에서는 현장의 정체를 밝히고, 현장력이라는 이름의 조직 능력이 무엇인지를 생각해 봤으며, 비범한 현장을 만들기 위한 모델에 관해 고찰해 보았다. 덴소와 야마토 유수의 사례에서 살펴봤다시피 현장력을 높여 경쟁력의 주축으로 삼으려면 '전략–활동–신조' 라는 일견 관계성이 약한 세 가지 요소를 일체화하여 합리적 필연성을 담보해야만 한다. 현장에서 일하는 한 사람, 한 사람이 '무엇을 위해', '무엇을 중시해' 현장력을 강화하기 위한 활동을 하는지를 이해하고 납득해야 현장에 진심과 우직함이 생긴다. 합리적 필연성은 H형 모델의 세로축에 주목해야 탄생한다. 그러나 합리적 필연성은 현장력 강화의 필요조건에 불과하다는 것도 사실이다. 필연성을 담보하는 것은 중요하지만 그것만으로는 현장력이라는 조직 능력을 높이기 위한 에너지로 부족하다. 다음으로 필요한 것은 H형 모델의 가로축이다. 활동에서 조직 능력으로 전환되는 이 가로의 흐름이 바로 현장의 지식 창조 능력이 형성되는 과정이다. (도표 6.1) 개선 능력, 창조 능력을 핵심 능력으로 만들려면 이 가로축에 주목해 활동을 능력으로 전환시키는 과정에서 다양한 틀, 장치를 강구해야 한다. 새로운 핵심 능력을 구축하는 과정에는 다양한 장애물과 장벽이 존재하는데 그것들을 극복해 고차원적인 능력을 획득하려면 효율적, 효과적으로 능력을 높이고 후퇴하지 않는 합리적 시스템이 반드시 필요하다는 말이다. 그 시스템이야말로 현장력

도표 6.1 ▸ H형 모델의 가로축

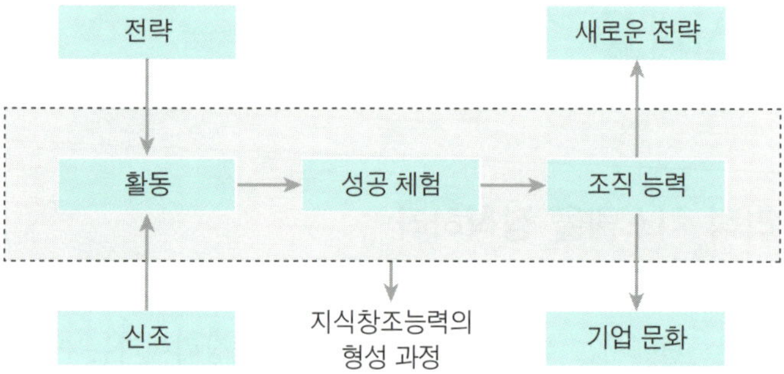

을 경쟁상 우위로 끌어올리기 위한 충분조건이다. 현장력은 합리적 필연성과 합리적 시스템을 겸비할 때 비로소 진화하는 것이다. (도표 6.2) 제Ⅱ부 실천편에서는 비범한 현장을 만들기 위해 필요한 합리적 시스템에 관해 보다 구체적이고 실천적인 관점에서 생각해 본다.

도표 6.2 ▸ 합리적 필연성과 합리적 시스템

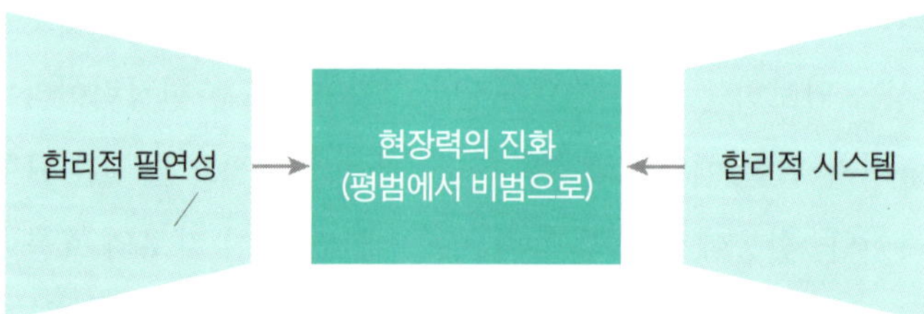

주택금융지원기구를 참고하는 이유

먼저 필자가 2013년에 접한 사례를 소개하겠다. 무대는 주택금융지원기구(JHF: Japan Housing Finance Agency)라는 독립행정법인이다. '주제가 현장력인데 어째서 정부 산하 금융기관을 예로 드느냐?' 고 의아해하는 사람도 있을 것이다. 물론 100% 정부 출자 법인은 현장력이라는 이미지와는 거리가 멀다. 하지만 필자가 본 주택금융지원기구는 충분히 현장력의 본보기로 꼽을 수 있을 만큼 확연히 눈에 띄는 존재였다. 화려하지는 않지만 현실이라는 땅에 발을 붙인 현장 특유의 활동에 감동까지 받았으니 말이다. 개요를 소개하면 다음과 같다.

현장력 향상을 위한 카이젠 활동

주택금융지원기구는 2007년 4월 구(舊) 주택금융공고의 업무를 이어받아 출범했다. 구 주택금융공고는 주택융자의 실시 주체였으나 현재 주택금융지원기구는 민간 금융기관이 장기 고정금리의 주택 융자를 제공할 수 있도록 자금 융통을 지원하는 업무를 주로 맡고 있다. 그리고 직접 융자는 민간 금융기관을 통한 대부가 곤란한 분야에 한해 실시한다. 민간 금융기관과 제휴해 제공하는 장기 고정금리 주택융자 '플랫35[1]' 는 인기 상품이다. 이 상품의 경우 '만기까지 고정금리' 라는 인기 요소 덕분에 취급 건수가 60만 건을 넘었다. 임직원 수는 920명(2014년 4월 1일 시점). 본점 외에 전국 11개 도시에 지점을 두고 있다. 이러한 주택금융지원기구가 2012년도부터 현장력 향상을 목표로 카이젠 활동에 힘을 쏟고 있다. 이전부터 사무실수 등을 없애기 위한 '제로 디펙트(zero defect: 무결점) 운동' 과 CS

1 최장 35년 장기 고정금리 주택 융자. 융자 초기에 드는 보증료와 조기상환 수수료도 없을 뿐 아니라 에너지 절약형 주택 등을 구입할 경우 금리를 일정기간 인하하는 등 탄탄한 내 집 마련 지원책으로 신뢰도가 높은 상품이다.

(Customer Satisfaction: 고객만족)를 향상시키기 위한 '카이젠 운동' 등에 힘을 쏟아오기는 했지만, 이번에는 기간을 정한 '운동'이 아니라 일상적으로 깨달은 바를 자발적으로 행동으로 바꾸기 위한 '카이젠 활동'으로 재탄생시켜 시행 중인 것이다. 이는 최초의 창립 멤버 출신 이사장인 시시도 신야(宍戸信哉) 이사장의 주도하에 이루어진 기구 전체 차원의 활동이다. 주택금융지원기구는 현재 일 년에 한 번 '카이젠 발표 전국 대회'를 실시하고 있으며, 전국 29개 부서의 직원 투표로 선발한 부서가 카이젠 사례를 발표하고 표창을 받는다. 필자는 2013년 11월에 열린 전국 대회의 심사위원으로 초빙되어 6개 부서의 사례 발표를 접할 수 있었다.

콜센터 현장에서 일어난 문제

여섯 개의 카이젠 사례는 하나같이 '좀 더 나은 방향으로 나아가겠다'는 생각으로 가득 찬 의욕적인 시도였다. 하지만 활동이 시작된 지 얼마 안 된 경우도 있어 업무의 본질을 변화시키지는 못한 채 앞으로 심도 있는 개선을 이루겠다는 도전 단계라는 느낌이 들었다. 그런 가운데 한 가지 사례는 괄목할 만했다. 고객 콜센터의 카이젠 사례였다. 주택금융지원기구의 고객 콜센터는 사이타마현(埼玉縣) 오미야시(大宮市)에 있다. 업무 위탁 형태로 운영되며 상담원 38명, 감독직 8명이 전국 각지에서 들어오는 문의에 대응한다. 문의 건수는 하루 평균 6백 건, 월간 만 4천~만 5천 건에 이르는 수치다. 발표 내용은 동일본대지진으로 인해 피해를 입은 이재민들에 대한 대응에 관한 상담 사례였다. 2011년 3월 11일에 발생한 대지진 이후, 이재지역의 주민들로부터 재해 융자에 관한 문의가 급증했다. 지진으로 인해 삶의 터전이 망가진 사람들이 주택 재건축, 수리를 위해 새로운 주택자금을 빌릴 수 있을지를 문의했기 때문이다. 하지만 재해복구주택융자 같은 제도가 있어도 그 제도 체계가 복잡해 개개의 이재민에게 적용할 수 있을지 여부를 판단하기가 쉽지 않았고, 그런 탓에 현장의 고민도 깊었다. 본점이 만든 매뉴얼과 안내서는 있었지만 경험과 지식이 풍부한 베테랑 상담원이 아니고서는 충분히 활용하기 어려웠다. 당연히 그 상태로는 재해의 고통을 온몸으로 느끼는 고객을 대상으로 제대로 된 상담을 해 줄 수가 없었다. '잘 아는 사람을 바꿔 달라', '대체 얼마나 기다리게 할 셈이냐?' 는 등의 불만이 커졌다. 그중에서도 원전 사고 피해자들이 처한 상황이 가장 심각했다. 나고 자란 고향으로 돌아갈 수조차 없는 상황이었기 때문이다. 집이 무너진 것도 아닌데 그 집으로 돌아갈 수 없으니 오죽 답답한 상황인가? 그런 사람들은 갈 곳이 없다는 분노에 차 있었다. 상담원들 사이에 '원전 사고 피해자의 전화는 단박에 알아챌 수 있다' 는 이야기가 돌 정도였다. 재해융자가 얼마나 중요한지는 알지만 콜센터에서는 '재해융자 전화는 받고 싶지 않다', '수화기 너머로 우는 목소리를 듣기 괴롭다' 는 분위기가 주를 이루었다. 상담 분위기는 언제나 무겁고 심각했다. 게다가 상담원으로서 그런 고객을 제대로 도울 수 없다는 답답함이 현장을 지배했다. 질문에 대해 자신 있게 답할 수 없다보니 만성적으로 자신감 상실에 시달렸고, 급기야 현장에는 상담 전화를 피하려는 분위기마저 생겼다. 게다가 경험을 쌓을 수 없기 때문에 시간이 지나도 대응 능력은 쌓이지 않았고, 사태는 호전되지 않았다. 그야말로 악순환이었다.

스스로 해결해야 한다!

현장의 상담원들로부터는 '더 알기 쉬운 매뉴얼을 만들어 달라' 는 요구가 빗발쳤다. 이미 매뉴얼과 안내서가 마련되어 있었지만 현장에서는 사용하기 불편하다, 더 '알기 쉽게' 고쳐달라는 절실한 요망이 거셌던 것이다. 그런데 콜센터의 감독직과 베테랑 상담원들은 그 자체가 어려운 요구라는 것을 알고 있었다. 업무 당사자가 아닌 본점은 애초에 상담원들이 왜 힘들어하는지를 알지 못하기 때문이다. 그래서 그들은 '본점에 요구할 것이 아니라 어떻게든 현장이 나서서 극복해야 한다'는 의식을 가지기 시작했다. 결국 주택금융지원기구의 관리자, 현장 감독직, 상담원들로 구성된 '미니미니 프로젝트'가 출범했다. 낮 동안에는 전화 상담으로 인해 여유가 없기 때문에 일과 후에 모여 어떻게 하면 상황을 타개할 수 있을지 논의했던 것이다. 프로젝트가 시작되자 조금씩 문제의 본질이 보이기 시작했다. 상담원들이 느낀 최대 문제는 융자를 신청하는 '대출신청서'의 기입방법을 적확하게 조언해 줄 수 없다는 것이었다. 예를 들어 현주소를 기입하는 공란이 있었다. 일반적 신청서라면 아무런 문제가 없지만 이재민의 경우는 자신의 현주소를 어디라고 해야 할지 되레 상담원에게 물어오는 경우가 빈번했다. 가설주택 등 임시 거주지가 현주소인지, 아니면 무너지기는 했지만 이전에 살던 곳이 현주소인지 이재민 입장에서는 판단하기가 어려웠다. 또 '예정 중인 주택 구조'를 기입하는 칸에는 '목조(① 일반 ② 내구성) ③ 준내화' 등의 선택지가 있었는데 상담을 받는 고객이 어디에 해당되는지 질문을 하더라도 주택 전문가가 아닌 이상 즉답이 어려웠다. 이 같은 번거로움이 이재민을 화나게 했고 성난 민심은 곧 부글부글 들끓어 올랐다.

현장발 신청서가 사태를 수습했다

상담원들은 그들 자신도 재해융자의 경험이 적은 데다 수많은 기입 항목

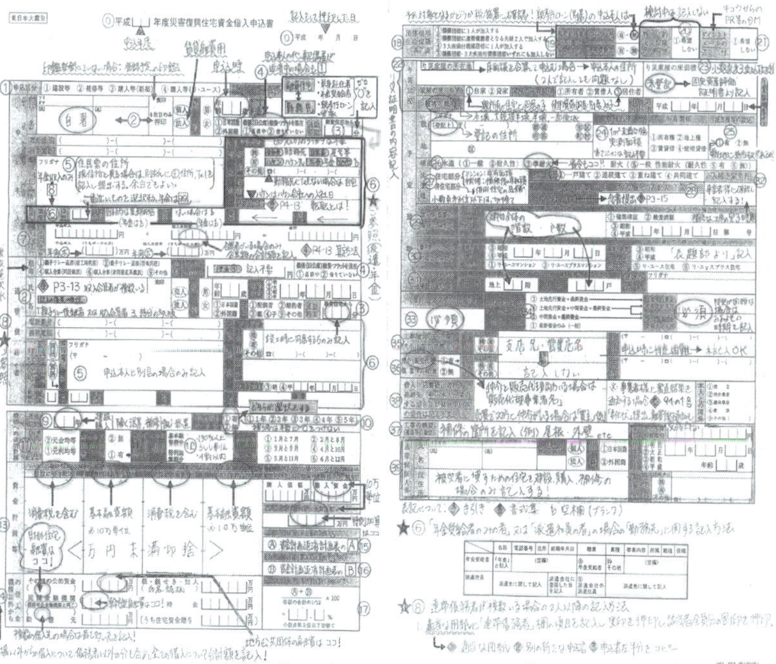

현장의 지혜가 담긴 견본 신청서

에 관한 지식이 부족했다. 물론 그 항목에 적절하게 기입할 수 있도록 매뉴얼은 준비되어 있었지만 전화 상담을 하면서 두꺼운 매뉴얼을 제대로 활용하기란 현실적으로 불가능한 노릇이었다. 그런 상황에 대한 부담 없이 신청서 기입에 관해 조언할 수만 있다면 고객에게나 상담원에게나 다 도움이 될 터였다. 그런데 상담 업무를 비교적 잘 소화하는 감독자와 상담원이 어떻게 고객에게 대응하는지를 잘 들어보면 그들은 각자 나름대로의 방법을 터득하고 있었다. 익숙지 않은 항목이나 이해가 안 되는 사항에는 미리 신청서에 자세한 내용을 써 둠으로써 일일이 매뉴얼을 뒤지지 않아도 상담해 줄 수 있도록 궁리를 하는 등의 방법을 쓴 것이다. '미니미니 프로젝트'의 구성원들은 바로 그 점에서 힌트를 얻었다. 그래서 각자의 아이디어를 한데 모아 한 장의 신청서에 제대로 응축시켜 놓으면 그것만 봐도 고객 대응이 쉬워질 거라는 판단을 했다. 그들은 한 장의 견본 신청서에 현장의 노하우를 모두 담아 개선하기로 방향을 잡았다. 베테랑 감독자들은 야근 시간을 이용해 견본 신청서를 만들고, 상담원들과 몇 번이고 대화를 나누면서 개선 방향을 주지시켰다. 그리고 그들은 수기 작성을 고집했다. 현장 작업자들의 노하우를 하나하나 모은 의미를 살리기 위해서도 수기가 적합하다고 생각했기 때문이다. '미니미니 프로젝트'가 출범한 지 약 3개월이 지나자 현장의 노하우가 응축된 '견본 신청서'가 완성되었다. 결과물은 종이 한 장에 불과했지만 현장의 지혜가 고스란히 담긴 살아있는 노하우 덩어리였다. 견본 신청서는 즉시 현장에 도입되었고 그것을 토대로 한 교육도 실시되었다. 그 결과 지금은 거의 모든 상담원이 재해융자 문의에 자신 있게 대응하고 있다.

현장만이 할 수 있다

주택금융지원기구의 개선 사례를 읽고 '그 정도는 우리 회사에서도 하고 있다'고 생각하는 사람들도 많을 수 있다. 분명 주택금융지원기구의 사례는 덴소의 1/N 활동에 비하면 작은 개선 사례로 보인다. 하지만 필자가 굳이 몇 페이지에 걸쳐 주택금융지원기구의 사례를 소개한 이유는 이 활동에 현장력의 본질이 숨어 있기 때문이다. 콜센터가 보여준 노력은 현장의 암묵지를 형식지로 바꿈으로써 현장의 문제를 자율적으로 해결하고 고객에 대한 가치를 높이는 지식 창조 활동 그 자체다. 하루 약 6백 건이나 되는 전화 상담에 응하기만 할 때는 주택금융지원기구의 콜센터는 업무 수행의 주체에 불과했다. 그것도 아주 중요하긴 하지만 유지에만 전념해 '좀 더 나은 방향으로 나아가겠다' 는 의식은 부족했다. 그런데 카이젠 활동을 통해 개선의 싹이 텄다. 게다가 견본 신청서 만들기는 현장이기 때문에 가능했던 개선 활동이었다. 그 신청서는 분명 현장이 아니고서는 만들 수 없었다. 매일 고객을 접하며 현장에서 대응한 사람들만 알 수 있는 문제에 주택금융지원기구의 현장은 정면으로 대응한 것이다. '본사는 아무것도 모른다', '본점은 아무것도 해 주지 않는다' 는 불평을 쏟아내기 전에 당사자인 현장이 스스로 개선에 힘을 쏟아 현장력이라는 조직 능력을 단련하는 첫걸음으로 삼았던 것이다. 비범한 현장으로 소개했던 덴소의 현장도 처음부터 비범하지는 않았다. 유지에만 급급했던 현장의 의식과 행동을 변화시켜 개선 능력, 창조 능력을 핵심 능력으로 끌어올렸기에 비범한 현장으로 거듭날 수 있었다. 필자는 주택금융지원기구 같은 독립행정법인에서도 비범한 현장을 충분히 구축할 수 있을 거라 믿는다. 왜냐하면 이런 사례처럼 현장력의 싹은 어느 조직에나 숨어 있기 때문이다. 덴소의 현장이 보여준 '단 한 번의 금형 교환', 그리고 주택금융지원기구가 만든 '한 장의 견본 신청서' 와 같은 결과물은 모두 '한 번', '한 장' 에 지나지 않았다. 하지만 바로 그 점에 현장력의 본질이 있다.

2 섬에서 면으로, 면에서 입체로

조직 능력 향상시키기

이미 지적한 바대로 현장력은 유지 능력, 개선 능력, 창조 능력 세 단계를 거쳐 단계적으로 향상된다. 유지 능력은 기업경영에 중요한 기초 능력이지만 그것만으로는 차별화된 능력이라 부를 수 없다. 타 기업과의 차별화를 이루려 한다면 개선 능력 이상의 능력을 구축해야 한다. 그중에서도 개선 능력은 현장력의 핵심 능력이다. 우선은 조직 차원의 개선 능력을 단련해 그 능력을 조직의 핵심 능력으로 끌어올려야 현장력을 강화할 수 있다. 개선 능력을 구축하는 데 성공한 현장은 경영자가 보다 고차원적인 경영 목표를 설정하면 현장이 자율적으로 과제에 도전하고, 개선을 뛰어넘은 창조 능력으로 승화시켜 간다. 덴소가 '변종 변량 생산에 대한 도전'을 내건 뒤 현장에서 1/N을 실현시킨 것이 좋은 예다. 하지만 개선 능력을 핵심 능력으로 끌어올리기 위한 노력이 쉬운 것은 아니다. 더 나아지기 위한 활동을 시작해도 그것이 능력으로 전환되려면 몇 단계를 거쳐야 한다. 그 단계는 '점'에서 '면'으로, 다시 '면'에서 '입체'로 진화한다. '점'은 개선이라는 구체적 성공 사례를 만들고 새로운 능력 구축을 향해 본격적으로 움직이는 단계다. 주택금융지원기구 콜센터의 카이젠 활동은 본보기로 삼을 만하지만 그것만으로는 '점'에 불과하다고 할 수 있다. 개선의 성공 사례가 조직 내로 확대된 뒤 조직 전체에 그러한 활동이 침투한 상태가 바로 '면'이다. 이 단계에 들어서면 성공 사례가 다양한 부문, 부서에서 나타나게 된다. 이런 상태가 10년 이상 지속되고 개선 활동이 당연해지며 질적으로도 깊이가 생기면 '입체'라 할 수 있다. 이 정도가 되면 활동은 핵심 능력으로 승화되고 경영상의 큰 경쟁력이 된다. 새로운 것을 만들어내는 창조 단계에도 '점 → 면 → 입체'라는 단계가 존재한다. 하지만 이미 개선 능력을 핵심 능력으로 확립한 현장은 능력을 더욱 진화시키겠다는 의식이 높기 때문에 더 속도를 내서 새로운 능력을 구축할 수 있다.

스리스타(three-star)급 현장을 목표로

이러한 진화의 길은 미슐랭 가이드(Michelin Guide)[2]의 '별'에 비유하면 이해가 쉬울 것 같다. 창조 능력을 구축한 덴소는 이른바 '스리스타'를 획득한 식당이라 할 수 있다. 그렇다면 유지 능력 정도만 가진 현장은 어떤가? 아직 별을 획득하지 못한 상태다. 유지 능력은 기반 능력으로서 중요하기는 하지만 그것만으로는 차별화된 조직 능력이라고 할 수 없다. 원스타(one-star)를 획득하려면 개선 활동이 조직 전체로 퍼지고 침투한 면 상태가 되어야 한다. 따라서 점은 만들어졌지만 앞으로 그 확산을 가속화해야 하는 주택금융지원기구는 아직 노스타(no-star) 상태나 다름없다. 면이 10년 이상 지속되어 입체가 된 상태가 투스타(two-star)다. 이 정도 수준에 이르면 개선 능력이 조직 차원에서 핵심 능력으로 발전했다고 할 수 있다. 현장력은 '유지 능력(노스타) → 점 수준의 개선 능력(노스타) → 면 수준의 개

도표 6.3 ▸ 현장력 진화의 단계

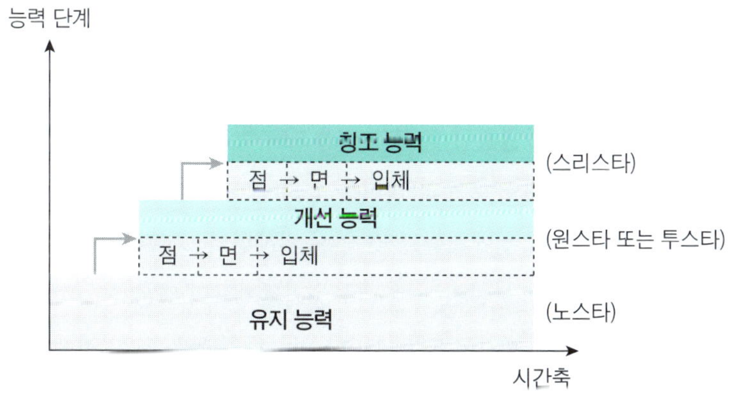

2 프랑스의 타이어 회사 미슐랭이 발행하는 여행, 호텔, 레스토랑 정보 안내서. 별 세 개가 가장 높은 등급이다.

선 능력(원스타) → 입체 수준의 개선 능력(투스타) → 창조 능력(스리스타)'의 단계를 거쳐 진화한다. (도표 6.3) 창조 능력도 '점 → 면 → 입체'로 진화한다. 하지만 이미 개선 능력을 확립한 현장은 그 진화의 속도가 빠르다. 그런데 미슐랭 가이드의 등급을 유지하기 어려운 것처럼 능력은 단련하기를 게을리하면 바로 퇴화한다. 따라서 설사 별을 획득했다 하더라도 그 별을 유지하려면 부단한 노력이 필요하다.

3 비범한 현장을 만들기 위한 네 가지 기본 인식

좌절하는 이유

우리는 지금까지 현장력을 높이는 길을 살펴보았다. 그 길을 가면 개선 능력을 점에서 면으로, 그리고 면에서 입체로 발전시킬 수 있고, 나아가 창조 능력으로 진화해 차별화된 조직 능력을 구축할 수 있을 것이다. 하지만 아무리 길을 찾았다 해도 목표의 실현은 쉽지 않다. 새로운 핵심 능력이라는 목표에 다가가는 길 위에서는 온갖 일이 발생한다. 거부, 반발, 이반, 타성, 실패, 좌절, 자신감 상실……. 주택금융지원기구의 견본 신청서는 땅에 발을 붙인 현장력의 본보기이지만 그러한 의식과 행동을 조직 전체로 확산시키고, 당연하게 정착시키며, 핵심 능력으로 발전시키기는 어렵다. 그렇기 때문에 비범한 현장을 만들려면 합리적 시스템이 반드시 필요한 것이다. 합리적 시스템이 무엇인지를 논하기 전에 짚어볼 것이 있다. 그 시스템을 지탱하는 근본적 전제 조건이 '경영 차원의 몰입(commitment)'이라는 점이다. 현장력이라는 조직 능력은 자연발생적으로 생겨나는 것이 아니다. 현장력은 경영 의사에 의해 탄생되며, 경영 의사가 전승될 때 단련된다. 지극히 당연한 이야기지만, 현실에는 '몰입의 결여'로 인해 능력 구축에 실패하는 사례가 실로 많다. 굳은 각오가 없는 활동이 비범한 현장으로 이어질 리는 만무하다. 실제로 필자가 체험한 예를 소개한다.

미니 사례 ❸

사장 교체로 기업 활동까지 오락가락했던 X사

필자가 《경영자의 현장력》(2006년에 국내에 출간된 제목임 – 역자)이라는 책을 출간한 직후, 대형 제조업체 X사의 사장이 만나고 싶다며 면담을 요청해 온 적이 있다. 책의 내용이 사장의 생각과 일치한다며 현장력을 꼭 강화하고 싶으니 조언을 해 달라는 요청이었다. 필자는 흔쾌히 수락하고 사무국과 함께 현장력을 강화하기 위한 시나리오를 짠 뒤, 개선 활동과 인재 육성, 표창 제도 등을 만들어 서두르지 않고 꾸준히 추진하도록 했다. 그런데 만 3년이 지나 성공 사례가 나타나기 시작했을 무렵, 사장이 교체되었다. 당연히 새 사장도 기존의 노선을 계승할 것이라 생각했지만 새 사장은 전혀 다른 노선을 내걸었고, 프로젝트는 유야무야 무산되고 말았다. 새 사장은 현장력을 강화할 프로젝트에 힘을 쏟지 않았고 이에 대해 깊이 생각하지도 않았던 것이다. 그로부터 5년 정도가 지났다. 사장은 또 교체되었다. 지난 5년간 X사와 교류가 뜸했는데, 신임 사장이 갑자기 만나고 싶다고 연락해 왔다. X사를 다시 찾았더니 그의 말이 '현장력을 강화하고 싶으니 꼭 좀 도와 달라'는 것이었다. 나는 '8년 전, 전전 사장 때도 지원해 드린 적이 있다'고 말했으나 신임 사장은 그러한 사실조차 모르고 있었다. 전전 사장이 현장력 강화에 힘을 쏟고 있던 시절, 그는 해외 현지 법인의 책임자로 나가 있었고 그런 탓에 프로젝트의 존재조차 인식하지 못했다는 대답이 돌아왔다. 결국 필자는 신임 사장의 요청을 거절했다. 이 회사에는 현장력이 뿌리내리지 못할 것이라는 판단이 섰기 때문이다. 그 후 X사의 현장력이 높아졌다는 이야기는 아쉽게도 들은 바가 없다.

사장의 변덕이나 즉흥적인 발상 덕에 활동이 시작될 경우, 사장이 바뀜과 동시에 완전히 다른 방침이 설 가능성이 크다. 그런 상태에서 현장력이라는 조직 능력이 확립될 리는 없다. 방침 전환이 언제나 나쁜 것은 아니지만 적어도 현장력이라는 조직 능력을 확립한다는 경영방침이 한번 정해지면 사장이 교체되더라도 그 방침은 계속 이어져 경영 차원에서 지속적으로 몰입해야 한다. 경영자의 변덕은 현장에 크나큰 악영향을 미친다. 열심히 일하고 싶다가도 방침이 이랬다저랬다 변하면 아무도 열성을 다하지 않게 된다. 그래서는 활동이 능력으로 승화되지 않는다. 새로운 능력을 구축하는 무대는 현장이지만, 현장의 힘만으로는 불가능하기 때문이다. 결국 경영 차원의 몰입 없이 현장의 헌신을 이끌어낼 수는 없다는 말이다.

네 가지 기본 인식이란 무엇인가?

비범한 현장을 만들기 위해 경영이 지속적으로 몰입한다는 것은 비범한 현장을 만들기가 얼마나 어려운지를 경영진이 올바로 인식하고 설사 장벽이 높다 하더라도 흔들림 없이 노력하겠다는 각오를 다진다는 의미다. 여기서 비범한 현장을 만들기 위한 기본 인식을 정리해 보자. 당연한 이야기겠지만 올바른 인식이 바탕에 있어야 굳건한 체제가 세워질 수 있다. 생각이 제대로 박혀 있어야 체제가 제대로 기능을 하는 것이다. 또 비범한 현장을 만든다는 것이 어떤 것인지, 어떤 생각을 바탕으로 합리적 시스템을 구축해야 하는지를 명확히 밝혀야 효과적인 시스템을 설계, 구축, 운영할 수 있다. 다음 4가지 기본 인식은 모두 기본적인 사항이지만 현장력이라는 조직 능력을 끌어올리기 위한 노력을 도중에 좌절시키지 않기 위해서는 최고 경영진부터 현장 관리자에 이르는 전원이 이 인식들을 납득하고 이해하는 것이 중요하다.

기본 인식 ① : 자율분산형 조직을 구축하려면 시간과 힘이 든다

현장력이라는 조직 능력을 구축한다는 것은 보텀업형, 자율분산형 조직을 만드는 일이다. 그런데 이렇게 현장에서 일하는 사람들이 모두 스스로 생각하고 행동하는 조직은 어떤 의미에서 이상적이지만, 그런 조직을 만들기란 상당한 시간과 힘을 들여야 하는 귀찮은 일이기도 하다. 세상의 여러 조직은 참으로 다양한 모습을 하고 있다. 그중에는 톱다운(top-down)형, 관리집중형 조직도 있으며 그런 조직에는 그 나름의 장점, 이점이 있다. 게다가 관리집중형 조직을 만들기는 자율분산형 조직 구축에 비해 비교적 용이하다. 관리집중형 조직에서는 최고 경영진이 커다란 방침과 방향성을 제시하고 본사, 본부에서는 현장이 방침과 방향성을 실천하고 실현하기 위해 어떤 노력을 하는지 철저한 관리가 이루어진다. 문제가 있을 때는 본사가 주도해 해결책을 강구하고, 실행을 맡는 현장의 근로자 한 사람, 한 사람은 본사, 본부가 제시한 목표를 수행하는 데 전념한다. 어찌 보면 관료 조직과도 닮았는데 중앙집권적으로 모든 일을 결정, 추진하기 때문에 경영의 속도는 빨라진다. 이렇게 경영자와 본사, 본부에 모든 권한을 집중시켜 경영을 맡기는 것이 관리집중형 조직이다. 이런 관료적 조직의 장점과 결점에 관해 노나카 교수는 이렇게 지적한다.[3]

---

3 노나카 이쿠지로 · 다케우치 히로타카(竹内弘高) (1996).

> "관료적 조직 구조는 개개의 기능을 제어함으로써 결과의 예측 가능성을 중시하기 때문에 상황이 안정적일 때 제대로 기능을 발휘한다. 이 조직 구조는 대단히 형식화, 전문화, 중앙집권화되어 있다. 또 업무 프로세스를 조직적으로 조정하기 위한 표준화에 크게 의존하며 대규모 정형 업무를 효율적으로 수행하는 데 적합하다. (중략) 하지만 그러한 제어는 개인의 자발성을 꺾을 뿐 아니라 급격하게 변화하는 불확실한 시대에는 역기능으로 인한 비용이 발생한다."

따라서 관리집중형인지, 자율분산형인지에 관한 기본 사고를 확실히 정해 놓아야 한다. 다르게 표현하면 '구심력'이 돋보이는 경영을 지향할 것인지, '원심력'을 살릴 것인지를 정해야 한다는 말이다. 물론 모든 조직에는 정도의 차이가 있을 뿐 두 가지 요소가 모두 존재한다. 예를 들어 원심력을 중시하는 경영에도 구심력은 필요하다. 원심력이 너무 강하면 끈 떨어진 연처럼 조직의 힘이 뿔뿔이 흩어지고 말기 때문이다. 그럼에도 불구하고 원심력을 믿고 키워서 활용하겠다는 판단을 했다면 그것은 대단히 큰 경영판단이다. 사실 말로는 '자율분산형 조직을 만들자'고 하면서도 실제로는 현장에 아무런 권한도 주지 않은 채 관리 강화에만 치중하는 기업이 많다. 그래서는 아무리 시간이 흘러도 자율분산형 조직을 만들 수 없다. 캐주얼 의류 브랜드 '유니클로(UNIQLO)'로 유명한 패스트 리테일링(Fast Retailing) 그룹은 2014년 3월, 국내 점포에 근무하는 시급직과 아르바이트 약 만 6천 명을 정사원으로 고용하겠다고 발표해 세간의 눈길을 끌었다. 인재 확보가 심각한 문제로 부상한 가운데 이러한 경영 방침의 전환은 '비정규직에서 정규직으로'라는 일반적 흐름과 부합하는 것으로 받아들여지기도 했다. 하지만 실제로는 단순한 인사제도 변경 따위와는 거리가 멀다. 그 본질은 본부 주도라는 '구심력 경영'을 추진해 온 유니클로가 '개별 점포 경영'이라는 자율분산형 조직으로 방향을 전환한다는 지극히 큰 노선의 전환이다.[4] 문제는 개별 점포 경영을 추진할 수 있는 현장력을 구축할 수 있는지 여부다. 신분을 비정규직에서 정규직으로 바꿈으로써 단기적으로 현장에 동기를 부여할 수는 있겠지만, 그것만으로는 개별 점포 경영에 반드시 필요한 개선, 창조라는 조직 능력으로 이어지지는 않는다. 현장력을 활용한 자율분산형 조직을 만드는 작업은 시간과 노력이 필요한 귀찮은 일임을 자각하고 무엇보다 경영 차원에서 각오를 다지는 것이 중요하다.

기본 인식 ② : 유지 능력과 개선 능력은 전혀 다른 능력이다

현장력을 주축으로 하는 자율분산형 조직을 구축하는 데 시간과 노력이 필요한 가장 큰 이유는 유지 능력과 개선 능력이 전혀 다른 능력이기 때문이다. 여기서 말하는 자율분산형 조직이란 현장이 스스로 전략을 실현하기 위해 환경의 변화를 읽어내면서 항상 개선 능력을 실천하는 조직이다. 앞서 말했다시피 유지와 개선의 사이에는 큰 간극이 존재한다. 그리고 현장의 본분은 가치 창출을 위한 업무를 수행하는 것이다. 그런데 대부분의 현장은 유지하는 데에만 집착하고, 직접 지식을 창조해 내고 개선 능력을 단련하는 일은 이차적으로 생각한다. 개선 능력을 핵심 능력으로서 확립하려면 조직적이면서도 지속적인 단련이 반드시 필요한데 이때 높은 신체 능력과 더불어 끈질긴 사고 능력이 그 바탕이 된다. 그런데 대부분 기업의 최고경영진과 본사, 본부는 그에 대한 인식이 매우 부족하다. 뿐만 아니라 개선이라는 활동을 아주 안이하게 생각한다. 그래서는 개선을 핵심 능력으로

4 출처: 니혼게이자이신문, 2014년 4월 12일자.

끌어올릴 수 없다.

다시 한 번 강조하건대 유지 능력과 개선 능력은 전혀 다른 능력이다. 개선 능력을 핵심 능력으로 끌어올린다는 것은 새로운 조직 능력 개발에 대한 도전이라는 의식을 가져야 한다.

미니 사례 ❹

개선이 별개의 능력임을 인식하지 못하는 Y사

IT 기업인 Y사는 사장의 지시로 전사개선운동을 시작했다. Y사는 원래 시스템 구축이 주요 사업인데 품질 문제가 빈발했고, 생산성도 낮았으며, 수익이 저조했다. 본사 주도로 다양한 활동도 펼쳤지만 사태는 호전되지 않았다. 그래서 현장 주도 개선을 통해 생산성을 높이고 품질 문제를 줄이겠다는 생각으로 개선운동을 생각해 낸 것이었다. 필자는 첫해 사례발표회에 게스트로 초대받았다. 여러 현장의 우수 사례 발표가 있었다. 솔직히 말해 그 내용은 대부분 초보적인지라 깊이가 부족했지만 그 전까지 개선에 관해 전혀 생각하지 않던 현장이 '더 나아지겠다'는 생각으로 열심히 뛰었다는 것 자체만으로도 가치가 있다는 느낌을 받았다. 그런데 사례 발표를 듣던 담당 전무는 마무리 인사로 이런 말을 했다. "개선 내용의 수준이 아직 낮다. 경영에 더 큰 영향을 줄 수 있는 개선을 기대한다." 전무는 직원들의 결기를 북돋우기 위해 그런 말을 했을지 모르나 역효과가 컸다. 개선 능력은 가장 가까운 데서 벌어지는 일들에 대한 개선을 끈질기게 반복해야 높아진다. 전무는 먼저 현장의 노고를 치하하고 개선의 의미와 깊이를 언급하면서 '우리 주변부터 바꾸어 나가자'는 방식으로 직원들을 이끌어야 했다. 개선운동을 지시한 사장이 발표회에 불참한 것만 봐도 회사의 자세가 어떠한지 알 수 있었다. 예상대로 Y사의 개선운동은 어느새 흐지부지되고 말았다.

기본 인식 ③ : 최소 10년을 바라보고 시간 축을 길게 잡아야 한다

기본 인식 ①(자율분산형 조직을 구축하려면 시간과 힘이 든다)과 기본 인식 ②(유지 능력과 개선 능력은 전혀 다른 능력이다)로부터 도출한 결론은 개선 능력, 창조 능력을 핵심 능력으로 끌어올리려면 상당한 시간이 걸린다는 내용이었다. 필자는 '현장력 구축을 지원해 달라'는 의뢰를 자주 받는데 그때마다 맨 먼저 '10년 동안 계속할 의사가 있습니까?'라고 꼭 묻는다. 대기업의 경우 '최소 10년은 걸린다'는 말과 함께 말이다. 즉흥적으로 시작할 거라면 아예 시작하지 않는 편이 낫다고도 일러준다. 최초의 점 만들기는 그리 어렵지 않다. 그런데 그 점을 면으로 만들고 입체로 진화시켜 핵심 능력으로 발전시키려면 그에 상응하는 시간이 반드시 필요하다. 도요타 자동차 명예회장인 도요타 쇼이치로(豊田章一郎)는 니혼게이자이신문의 연재물 '나의 이력서'에서 다음과 같이 회상한 바 있다.

> "창의적 궁리 제안 활동과 QC 서클 활동에 회사 전체가 매달린 결과, 1974년 당시 창의적 궁리를 통한 1인당 제안 건수는 전년의 6.8건에서 9.1건으로 늘었으며, 10년 후인 1984년에는 40건을 넘었다."

1인당 40건이나 개선점을 제안했다니 참으로 대단하다. 하지만 아무리 도요타라 해도 처음부터 현장이 그렇게 많은 제안을 내놓았던 것은 아니다. 최강의 현장력을 자랑하는 도요타 제조부문의 개선 능력도 이렇게 오랜 시간을 거쳐 서서히 단련되었으며, 꾸준히 향상되었다. 개선 능력, 창조 능력을 처음부터 갖추고 있는 현장은 없다. 현장력을 강화하겠다는 결단을 내렸다면 '중기 3개년 계획'을 최소 3회(합계 9년)는 거치겠다는 중점적이고 지속적인 방침을 내세워야 한다. 또 그 사이에 최고 경영진이 교체되더라도 흔들림 없이 몰입해야 한다.

기본 인식 ④ : 본사가 먼저 변해야 한다

현장력은 현장에서 나오는 것이지만 그것은 현장의 자구 노력에 의해 자연발생적으로 만들어지는 것이 아니다. 현장력은 경영 의사와 본사의 지원 위에 만들어진 조직 능력이라는 의미다. 현장력 강화에는 본사의 간여가 반드시 필요하다. 이때 간여란 '환경 조성'과 '지원'을 말한다. 현장에서 이루어지는 활동이 추진되기 쉬운 환경을 만들고 현장의 노력을 다양한 각도에서 지원하는 것 말이다. 그러지 않고는 현장에서 이루어지는 활동은 반드시 암초에 부딪혀 좌절하게 된다. 그런 의미에서 본사가 먼저 변해야 한다. 현장에만 개선을 미루고 자신들은 제도와 시스템을 개선하려 들지 않는 본사 밑에서 비범한 현장은 만들어지지 않는다. 본사야말로 개선을 실천하고 모범을 보여야 한다. 현장력을 끌어올리기 위해 본사는 무엇을 해야 하는지, 본사와 현장의 역할 분담은 어떠해야 하는지를 직시하고 현장의 소리에 진지하게 귀를 기울여야 한다. 그리고 본사는 현장을 주역으로 만들고 철저하게 측면 지원을 해 주는 역할을 맡아야 한다. 고속철도 신칸센(新幹線)의 차량 내 청소를 담당하는 회사 텟세이(TESSEI)는 세계에서 가장 빠른 속도로 펼쳐지는 청소 쇼인 '7분간의 신칸센 극장'으로 유명하다. 오늘날의 텟세이를 키운 야베 데루오(矢部輝夫) 전 전무는 이렇게 말한다.[5]

5 출처: 야베 데루오 著, 《신칸센 버라이어티 쇼》 (2013) (2014년에 국내에 출간된 제목임 - 역자). 텟세이社의 현장력에 관해서는 필자의 저서 《신칸센의 청소하는 천사들(新幹線お掃除の天使たち)》(국내에 출간되지 않음 - 역자)에서도 다룬 바 있다.

"원래 관리직은 '이렇게 하면 좋겠다', '저렇게 하면 좋겠다' 라는 다양한 생각을 하고 있었지만 억눌려 있었다. 그런데 본사는 그런 사실을 몰랐다. 사실 보려고도 하지 않았다. 하지만 지금은 어떤가? 활기차게 일하지 않나? 이 모습이 원래 그들의 모습이다. 이건 관리직이 바뀌어서 얻어진 결과가 아니라 매니지먼트가 바뀐 결과다. 즉 본사가 바뀐 것이다."

업무에 메스를 가하라

이상과 같은 네 가지 기본 인식을 바탕으로 현장은 구체적으로 무엇을 개선해야 하는 것일까? 그 주된 대상은 '업무' 다. 업무 수행의 주체인 현장이 스스로 업무에 메스를 가하고, 업무의 방식, 순서, 진행의 틀을 바꾸어야 한다는 말이다. 그 결과 업무가 늘 개선되고, 진화되어야 한다. 현장이 업무 개선에 힘을 쏟아야 하는 이유는 업무 속에 현장의 팽창을 초래하는 세 가지 특성이 있기 때문이다.

① 업무는 비대해진다

조직의 성장, 발전과 함께 업무는 늘어나고, 눈덩이처럼 불어난다. 자연스레 업무가 소멸되기란 애초에 기대할 수 없다. 그렇기 때문에 불필요한 업무, 쓸데없는 업무, 부가가치가 낮은 업무를 모조리 찾아내 효율화하는 데 늘 힘써야 한다.

② 업무는 개별적이다

현장의 담당자들은 자신에게 맞는 방식으로 업무를 진행하고 싶어한다. 더 나은 방식이 있어도 자신의 방식만을 고집하는 탓에 업무는 속인적 성격을 띠게 된다. 그래서 업무의 표준화는 반드시 필요하다.

③ 업무는 진부해진다

가장 효율적인 업무 방식을 찾았다 한들 그것이 내일도 최적일 거라는 보장은 없다. 외부 환경은 언제나 변한다. 그래서 업무도 항상 진화해야 한다.

현장에 개선 능력이 없다면 효율성, 생산성은 눈에 띄게 떨어지고 결국 기업은 경쟁력을 잃게 된다. 그러니 유지 능력만 갖춘 현장은 불어나는 비용 탓에 치열한 경쟁에서 패배하고 말 것이다. 하지만 개선 자체가 익숙지 않은 현장은 애초에 어떤 관점과 접근법으로 개선의 주제를 설정해야 할지조차 알지 못한다. 유지에 전념해 온 현장은 무엇이 문제인지 꿰뚫어보고 무엇을 개선할지에 관한 주제 설정 단계에서부터 좌절하기 일쑤다. 결과적으로 표면적 노력에 그친 채 적당선에서 멈추는 현장도 많다. 그럼 이번에는 업무에 메스를 가해 현장의 문제 해결력을 강화하기 위해 오랫동안 애써온 기업의 사례를 소개하겠다.

미니 사례 ❺

그룹 전체의 문제해결력 강화를 위해 노력하는 닛폰유센

필자는 2004년부터 닛폰유센(日本郵船)[6]이 실시하는 문제해결력 워크숍의 퍼실리테이터(facilitator, 조력자)를 맡고 있다. 문제해결력 워크숍이란 기업, 직장 내 문제를 찾아내 실제로 그 문제를 해결함으로써 문제해결력을 양성하는 액션러닝 형식

---

6 일본의 3대 해운회사 중 하나로 미쓰비시 그룹의 주요 기업이다. NIPPON YUSEN KAISHA라는 영어명을 줄여 NYK라고 부르기도 한다.

의 인재 육성 프로그램이다. 매년 스무 명 이상이 참가해 약 9개월 동안 자신의 기업 및 직장에 대한 분석, 주제 설정, 진짜 원인 탐구, 해결책 검토, 실시, 효과 검증을 한다. 2014년에 10년째를 맞았으니 상당히 오래된 프로그램이라 하겠다. 이미 250명 가까운 인원이 이 워크숍을 졸업했고, 그간 쌓은 문제해결력을 각 현장에서 활용 중이다. 이 프로그램을 시작했을 당시 수강생이 설정한 주제는 하나같이 무난한 것뿐이었다. 예를 들어 '직장의 파일 수납장 정리 상태가 불량하다'거나 '회의용 자료 등 종이 사용량이 많다'는 내용이었다. 물론 그런 문제가 대수롭지 않다는 것은 아니지만 9개월을 들여 힘을 쏟을 주제로는 너무 작은 감이 있었다. 주제를 바꿔보라는 요구를 접한 수강생들은 그제야 어떤 문제를 주제로 설정해야 할지 고민에 빠졌다. 그런데 10년이 지난 지금 수강생들은 경영에 큰 영향을 주는 문제에 정면으로 부딪치려 한다. '근본적인 비용 절감을 이룰 수 있는 방법은 무엇일까?', '고객만족도를 높이기 위해서는 서비스를 어떻게 개신해야 할까?', '무사고를 실현하기 위해서는 어떤 안전대책을 강구해야 할까?' 등 경쟁력 강화로 직결되는 주제를 스스로 고를 수 있게 된 것이다. 수강생들이 이렇게 바뀐 계기는 바로 어드바이저(Advisor) 임명이었다. 본질적인 문제를 발견해 적절한 주제를 도출하려면 훈련이 쌓이고 또 쌓여야 한다. 그래서 워크숍에서 문제해결력을 길러 성과를 내고 우수상을 획득한 수강생 몇 명을 다음해 어드바이저로 임명해 주제 설정 단계부터 여러 가지 조언을 하게 한 것이다. 그렇게 하자 노하우가 전승됨과 동시에 자연히 수강생들의 문제의식도 높아져 보다 본질적인 주제에 도전하게 되었다. 최근에는 중국 현지 법인에서 오는 참가자도 늘고 있다. 문제해결력은 바다 건너 타국까지 확산되고 있다.

개선 능력을 핵심 능력으로 끌어올리는 길은 끝이 없는 여정이다. 눈앞의 성과에 일희일비하지 말고 천천히 조직 능력을 높여가는 것이 무엇보다 중요하다.

4 철저히 파고드는 현장을 목표로
— 사례 ④ 샌드빅 세미네 공장 —

같은 활동이라도 절대적 깊이가 다르다

점에서 면으로, 나아가 면에서 입체로 이어지는 조직 능력 개발 과정은 단순히 조직 내 확산 정도나 시간적 계속성만을 의미하지는 않는다. 그것은 '깊이'에 대한 도전이기도 하다. 깊이 있는 개선이 이루어져 아예 차원이 달라질 때 현장력이라는 조직 능력의 진면목이 발휘된다. 같은 활동을 하더라도 절대적 깊이의 차이가 존재한다. 적당히, 하는 둥 마는 둥 끝내는 현장과 철저하게 파고드는 현장 사이에는 엄연한 차이가 있다. 5S 같은 기본적 활동만 봐도 수준의 차이가 현저하게 나타난다. 기본이기 때문에 더욱 큰 차이가 난다고도 할 수 있다. 깊이란 무엇인지, 끝까지 파고든다는 것은 무엇인지가 잘 드러난 사례를 소개하겠다. 샌드빅(Sandvik)은 스웨덴에 본사가 있는 산업용 공작기계 제조사다. 그 샌드빅의 일본 법인은 5S 활동을 철저히 파고들어 글로벌 기업의 주력 공장으로서의 위치를 다진 바 있다. 일본 법인의 개혁과 강화를 이끈 샌드빅 주식회사의 후지이 히로유키(藤井裕幸) 사장이 쓴 《파고드는 힘》[7]이라는 책에는 살아있는 현장 개혁의 지혜가 담겨 있다. '끝까지 파고든다는 것'이 무엇인지를 보여주는 책이다.

---

7 출처: 후지이 히로유키 著, 《파고드는 힘(究める力)》(2013) (국내에 출간되지 않은 책임 – 역자).

세계 3대 공장

스웨덴에 본사가 있는 샌드빅 그룹은 세계 130개국에서 사업을 펼치는 하이테크 엔지니어링 분야의 최고 기업이라 할 수 있다. 2012년도 그룹 연결매출은 985억 스웨덴 크로나(약 13조 원), 그룹 전체의 종업원 수는 약 4만8천 명이다. 샌드빅의 주요 사업 분야 중 하나는 초경(超硬) 절삭공구 공급이다. 샌드빅의 제품은 자동차와 항공기, 조선, 공작기계, 정밀기계, 에너지 산업 등의 정밀 가공에 빠질 수 없는 절삭공구로, 이들 공구를 이용하면 미크론(천 분의 일) 단위의 정밀도로 작업을 할 수 있다. 샌드빅은 이 분야의 세계 최대 업체로 압도적 시장 점유율을 차지한다. '초경'이란 지구상에서 가장 단단한 물질인 다이아몬드에 버금가는 경도라는 의미다. 철보다 단단하고 내구성이 뛰어난 초경합금(탄화텅스텐과 탄화티탄)이 원료로 쓰이며 그 원료 취급 공장이 1976년에 설립된 미야기현(宮城縣) 구리하라시(栗原市)에 있는 세미네(瀨峰) 공장이다. 샌드빅 그룹의 절삭공구 부문의 생산 공장은 전 세계 50개 지역에 퍼져 있다. 그중에서 세미네 공장은 스웨덴 지모(Gimo)의 본사 공장, 미국의 웨스트민스터(Westminster) 공장과 더불어 '세계 3대 공장'으로 꼽힌다. 품질, 비용, 리드 타임 등 모든 면에서 세계 최고 수준의 경쟁력을 자랑하는 세미네 공장은 샌드빅 그룹뿐 아니라 일본이라는 선진국의 제조업이 어떠해야 하는지를 가르쳐주는 롤 모델이라 할 수 있는 공장이다.

5S 끝까지 파고들기

필자는 세미네 공장을 처음 방문했을 때 받은 충격을 아직도 기억한다.

샌드빅 세미네 공장이 실천 중인 다양한 5s

지금까지 셀 수 없을 정도로 많은 공장을 보아왔지만 그렇게 깨끗한 생산재 공장은 본 적이 없다. 엄청난 양의 기름을 쓰고, 원료와 제작 중인 물품이 끊임없이 공장 안을 이동하는 생산재 공장의 경우, 청결을 추구한다 해도 자연히 한계가 따르기 마련이다. 하지만 세미네 공장의 경우는 기름 냄새가 전혀 나지 않았다. 그리고 기계에서 기름이 새지 않기 때문에 바닥도 반짝반짝 윤이 날 정도로 깨끗했다. 공장장은 '고급 백화점으로 통하는 미쓰코시(三越) 백화점보다 깨끗한 환경을 만들겠다!' 고 선언했고 이를 실현했다. 생산재 공장이 그렇게까지 청결한 환경을 만들어낼 수 있다는 사실은 눈으로 보면서도 믿을 수 없을 정도였다. 그 청결함은 철저한 5S 활동의 결과였다. 5S는 일본 기업이라면 실시하지 않는 기업을 찾기가 어려울 정도로 대부분의 사업장에 도입되어 있는 활동이다. 하지만 그 실행 수준은 천차만별이다. 세미네 공장의 5S는 '궁극의 5S' 라 불릴 정도로 높은 수준이다. 원자재와 지그(jig)들은 마치 가게의 상품 진열대에 진열된 것처럼 반듯하고 깔끔하게 정리되어 있었다. 공구류는 찾는 수고와 분실 등을 방지할 수 있도록 모양별로 관리하고 있었다. 이 공구 관리 방식은 문구 정리에도 적용되어 어느 책상의 서랍을 열어도 모든 문구가 있어야 할 장소에 질서정연하게 들어 있음을 확인할 수 있었다. 기계와 설비는 마치 신품처럼 깨끗한 상태를 유지했다. 외관뿐 아니라 내부까지 잘 닦아놓는 것이다. 그중에서도 특히 놀라운 점은 '부품 관리 5S' 였다. 작은 소모부품은 한 번에 사용할 개수만큼만 비닐봉지에 넣어 전용 걸이에 매달아 두었다. 언뜻 보면 시판되는 소모부품을 그대로 옮겨놓은 느낌이 들지만 직원들이 직접 걸이를 만들고 작은 봉지에 나눠 담아 세세하게 관리하는 것이었다. 전용 걸이에는 발주 누락을 방지할 수 있는 아이디어도 눈에 띄었다. 공장 내 통로 벽에는 현장이 자발적으로 실시한 5S 사례에 관해 실시 전후를 비교한 사진을 전시했다. 그 숫자만 해도 족히 100건은 넘었다. 그들이 펼친 5S 활동의 깊이는 타 기업의 현장과 비교할 때 하늘과 땅 만큼의 차이가 났다. 그야말로 5S를 철저하게 파고드는 데 도전하고 있는 것이었다.

돈이 되는 5S

세미네 공장이 실천한 5S의 최대 특징은 '돈이 되는 5S' 라는 점이다. '돈이 되는 5S' 란 그저 공장 내부를 깨끗하게 하는 데만 신경을 쓰는 것이 아니라 경쟁력 강화로 이어지는 5S를 의식적으로 전개하는 것이다. 실제로 부품 관리 5S를 통해 재고의 낭비 및 발주 누락으로 인한 손실을 없앤 결과, 공장 전체가 천만 엔 가까운 비용 절감을 이루어냈다. 한 개에 겨우 수백 엔 하는 소모부품이라도 공장 전체가 손실을 줄이기 위한 노력을 하면 그만큼 크게 절약된다. 후지이 사장은 이렇게 지적했다.[8]

"중요한 것은 공장 내 모든 작업의 속도를 끌어올려 아웃풋을 늘림으로써 실제 현금으로 직결시키는 것이다. 필요한 물건을 찾아내는 데 걸리는 수고와 시간을 줄이면 속도가 올라갈 것이고, 청소와 청결을 철저히 해 설비와 기계의 고장과 이상을 줄이거나 조기 발견할 수 있게 되면 일시적 기계 정지 같은 일도 줄어 생산 중단이 사라질 것이다."

5S가 요란한 구호로 그치는 현장이 많은 가운데, 세미네 공장은 5S를 끝까지 파고듦으로써 탁월한 경쟁력을 가진 비범한 현장을 만들고 있었다.

공장 폐쇄의 위기에서 탈출하기

세미네 공장도 처음부터 5S가 철저하게 이루어지고 청결한 환경을 확보할 수 있었던 것은 아니다. 후지이 사장도 저서를 통해 밝혔다시피 '개혁 전의 세미네 공장은 벽이며 바닥이 온통 원자재 가루 범벅에, 대단히 무거운 분위기였다' 고 한다. 당시 세미네 공장은 폐쇄의 위기에 직면해 있었다. 후지이 사장은 지난 2000년에 샌드빅에 입사했는데 그때 스웨덴 본사는 세미네 공장의 폐쇄와 중국 공장의 확대, 강화를 결정해 둔 상황이었다. 후지이 사장은 '딱 한 번만 더 기회를 달라' 고 본사에 읍소했고, '추가 투자는 일체 없다' , '2년 동안에 목표를 달성하지 못하면 공장은 즉시 폐쇄' 라는 어려운 조건하에서 마지막 도전을 했다. 후지이 사장은 처음부터 5S에 힘을 기울였다. 공장에서 5S는 기본 중의 기본이지만 그 기본이 제대로 지켜지지 않는다고 판단한 후지이 사장은 직원들이 당장 자신의 주위부터 다시 살펴보고, 스스로 모든 것을 변화시킬 수 있다는 실제 체험을 쌓아야

8 후지이 히로유키 (2013).

한다고 생각했다. 하지만 통상적 수준의 5S 활동으로는 어림도 없었다. 그래서 공장 폐쇄라는 위기에서 다시 일어설 만큼의 수익을 개선시킬 수 있는 '돈이 되는 5S 운동'을 펼치기로 마음을 먹었다. 5S를 통해 눈에 보이는 성과가 나타나기 시작하자 후지이 사장은 곧이어 다양한 시책을 내놓았다. 리드 타임 반감(LT10), 제조비용 30% 삭감(CR30)이라는 높은 목표를 내걸고 공장의 경쟁력 강화에 정력적으로 매달린 것이다. 그리하여 1년 후에는 21일 걸리던 리드 타임을 10일로 단축시키고, 기계 가동률 향상, 금형 교환 시간 단축 등을 통해 비용 삭감 목표를 달성하여 중국 공장을 앞지르기에 이르렀다. 이 정도 실적을 냈으니 본사도 그 힘을 인정하지 않을 수 없었다. 본사는 세미네 공장의 존속을 결정했다. 세미네 공장에서는 제안을 통한 개선 활동이 정착되어 있다. 제안 건수는 연간 3천 건을 넘는다. 후지이 사장은 '세미네 공장은 종업원들의 개선 제안으로 굴러간다고 해도 과언이 아닐 정도의 제안 백화점'이라 자부한다. 5S와 개선을 축으로 새로운 능력을 구축함으로써 세미네 공장은 샌드빅 그룹의 세계 3대 공장으로 거듭날 수 있었던 것이다.

'섀도 5S'로의 진화

세미네 공장의 5S는 한 단계 더 진화했다. 그 일례가 '섀도 5S'다. 이는 '아무도 보지 않는 곳', '아무도 가지 않는 곳' 등 '숨은 장소(shadow)'에 주목해 그곳에서도 5S를 철저히 실천하려는 활동이다. 이 활동은 세미네 공장의 공장장이 독일의 어느 자동차 공장을 견학했을 때 일이 계기가 되어 시작되었다. 독일의 제조 현장이었으니 정리정돈이 오죽 완벽했겠는가? 그런데 우연히 발견한 진열대의 먼지를 보고 공장장은 깨달았다. 표면적으로는 5S가 잘 실천되고 있는 것처럼 보여도 사람 눈에 띄지 않는 곳이나 평소에 사람이 잘 다니지 않는 곳은 5S가 소홀해지기 마련이라는 것이었다. 그때 '우리 공장은 어떤가?' 라는 궁금증이 발동한 공장장은 귀국 후 즉시 곳곳에 존재하는 '섀도' 를 살폈고, 이내 '섀도 5S' 를 시작하기에 이르렀다. 기계와 설비의 상부, 천장과 배관, 사람이 거의 드나들지 않는 기계실……. 그렇게 아무도 신경 쓰지 않는 곳에까지 5S의 손길을 뻗쳐 반짝반짝 윤이 나게 닦았다. 당시 공장장은 이렇게 말했다.

> "눈에 잘 띄는 곳만 깨끗하게 관리한다는 것은 시켜서 하는 활동, 잘 보이기 위한 활동밖에 안 된다. 누가 보건, 안 보건 모든 곳을 청결하게 관리하기. 세미네 공장에서는 그것을 당연시한다."

5S는 기본적 활동이다. 하지만 이 정도까지 철저하게 파고들 수 있다. 그리고 그 활동이 현장의 의식과 각오를 확실히 바꾸고, 새로운 능력을 구축하는 토대가 되었다. 세미네 공장의 통로에는 한 여성 종업원이 생각해 낸 표어가 붙어 있었다.

> "마음을 닦고 기계를 닦고 기술을 닦자."

이 말에 세미네 공장의 모든 것이 응축되어 있다.

제7장

'합리적 시스템' 이란 무엇인가?

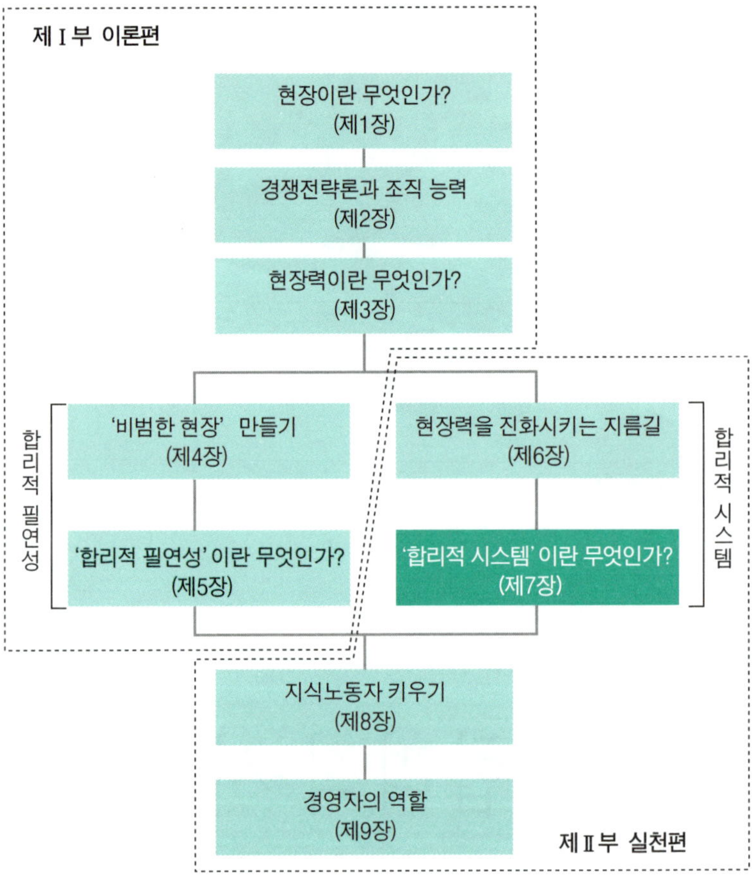
제Ⅰ부 이론편
현장이란 무엇인가?
(제1장)
경쟁전략론과 조직 능력
(제2장)
현장력이란 무엇인가?
(제3장)
합리적 필연성
'비범한 현장' 만들기
(제4장)
'합리적 필연성' 이란 무엇인가?
(제5장)
현장력을 진화시키는 지름길
(제6장)
'합리적 시스템' 이란 무엇인가?
(제7장)
합리적 시스템
지식노동자 키우기
(제8장)
경영자의 역할
(제9장)
제Ⅱ부 실천편

1 점을 면으로 — 사례 ⑤ 양품계획 —

개선의 능력화

앞 장에서는 현장력이라는 조직 능력을 끌어올리는 진화의 길, 실천할 때 잊어서는 안 되는 기본 인식을 생각해 보고, 어디까지 깊이 파고들어야 하는지에 관해 언급했다. 이제 7장에서는 실천을 할 때 반드시 있어야 하는 '합리적 시스템'이란 어떤 것인지를 구체적으로 살펴보고자 한다. 아주 좋은 힌트를 제공해 주는 사례가 있다. 일본 국내에서는 무인양품(無印良品)을, 해외에서는 'MUJI'라는 브랜드를 선보여 높은 인기를 누리는 양품계획(良品計劃)이 바로 그 사례의 주인공이다. 비범한 현장이라 하면 덴소 같은 제조업을 떠올리는 사람이 많지만 최근 일본의 서비스업, 소매업도 현장력 강화에 힘을 쏟아 꾸준히 성과를 올리고 있다. 제 I 부에서 소개한 야마토 운수처럼 양품계획도 최고 경영진과 현장이 똘똘 뭉친 끈질긴 활동으로 현장력을 경쟁력으로까지 끌어올렸다. 지금은 전사적으로 업무 개선이 정착되어 개선 능력을 핵심 능력으로 확립시킨 상태지만, 양품계획도 이전에는 그렇지 않았다. 10년 이상 최고 경영진과 본사, 현장이 하나가 되어 노력한 끝에 개선 능력을 점에서 면으로 넓히고, 활동을 능력으로 전환하는 데 성공한 것이다. 현재는 투스타급 이상의 높은 현장력을 자랑하고 있다. 양품계획의 현장에는 개선 능력을 핵심 능력으로 바꾸기 위해 필요한 합리적 시스템이란 무엇인지를 가르쳐주는 힌트가 숨어 있다. 점을 면으로 만들기 위해 반드시 요구되는 합리적 시스템이란 무엇인가? 양품계획의 활동을 하나하나 살피며 고민해 보자.

'양품 집회'는 무슨 일을 하는가?

2014년 2월 어느 날 새벽, 도쿄 히가시이케부쿠로(東池袋)에 위치한 본사 부근의 강당에 양품계획의 전국 점장, 그리고 본부 관리직 3백 명 이상이 집결했다. 6개월에 한 번 열리는 '양품 집회'에 참석하기 위해서다. 강당 앞줄 좌석에는 판매 현장 책임자인 점장들이 진을 쳤고, 임원들과 본부 관리직들은 뒤쪽에 자리를 잡았다. 그날의 주인공은 어디까지나 점장들이었다. 양품 집회는 최고 경영진인 회장 마쓰이 다다미쓰(松井忠三) 씨, 사장인 가나이 마사아키(金井政明) 씨로부터 직접 회사의 방침과 계획에 관해 듣고 의사를 통일할 수 있는 절호의 장이다.[1] 또 매회 외부에서 초빙 연사를 불러 환경의 변화와 사외 동향을 주시하며 학습하는 자리이기도 하다. 이날은 중국 최대의 부동산 개발업체 완커(萬科集團)의 창업자인 왕스(王石) 이사회 회장이 참석해 중국 기업의 역동성도 엿볼 수 있었다. 오후에는 판매 부문과 상품 부문 모임도 있었다. 양품 집회에서는 전체 회사 차원에서 펼치는 개선 제안 활동에 대한 시상도 이루어진다. 업무 개선을 위해 적극적으로 노력하고 성과를 올린 점포가 수상 대상이다. 2013년도 하반기의 개선 제안은 약 2천2백 건이었고 그중 168건이 도입되어 실제로 업무 개선으로 이어졌다. 이날 수상한 점포는 '사장상'을 받은 점포가 5개 점포, '우수점포상'을 받은 점포가 1개 점포, '개선제안상'을 받은 점포가 4개 점포, '사무국 특별상'을 받은 점포가 5개 점포로 총 11개 점포였다. 각 점

1 양품계획에서는 사장 이하 모든 임직원에게 직위가 아니라 '씨'를 붙여서 부르는 관계로 여기서도 '씨'로 부르기로 한다.

장은 단상에 올라 사장인 가나이 씨로부터 표창장과 금일봉을 받았다. 이날 시상식에서는 별도 활동에 대한 시상도 있었다. 본부 주도로 이루어진 'WH운동'에 대한 것이었다. 'WH'란 '좋은 것은 2배로, 낭비는 반으로'라는 의미를 일본어 발음과 연관시켜 만든 말로 본부의 각 부문이 주제를 정해 점포와의 연계하에 펼치는 업무 개선 활동이다. 2013년 하반기에는 27개 부문에서 47개 주제를 정한 바 있는데, 17개 주제가 회장인 마쓰이 씨로부터 표창을 받았다. 상의 명칭도 '최고타자상', '타점왕상', '홈런상', '팀플레이상', '골든글러브상' 등 독특했다. '최고타자상'을 수상한 업무개혁부와 정보시스템 담당 공동 팀은 '피킹[2] 업무 반으로 줄이기'에 도전했다. 매상에 대한 기여도가 큰 아이템부터 효율적으로 피킹하는 방식으로 데이터를 이용한 효율적 작업 방식을 구축해 점포 내 상품 구비를 도왔다. 연간 5천만 엔 가까운 개선 효과가 예상된다고 한다. 양품계획이 보텀업 식으로 업무 개선 제안을 시작한 지 10년 이상이 흘렀다. 처음에는 감에만 의존한 활동이었지만 지금은 사내에 제대로 뿌리를 내려 개선이 핵심 능력으로 자리 잡았다.

국내, 해외 모두 순조로운 실적

양품계획에서는 어떻게 업무 개선 활동을 정착시켜 경쟁력의 주축으로 삼을 수 있었을까? 이에 관해 올바르게 이해하려면 이 회사의 역사를 살펴볼 필요가 있다. 양품계획은 무인양품을 운영하는 제조 소매 업체다. 해외에서도 MUJI라는 이름으로 인기를 누린다. 설립연도는 1980년. 대형 슈퍼마켓 체인인 세이유(西友)의 PB(자체 브랜드)로서 가정용품 9개 품목, 식

2 적재된 물품을 정해진 수량만큼 꺼내는 작업(picking).

품 31개 품목으로 사업을 시작했다. 기존 브랜드에 대한 안티테제를 기본 콘셉트로 삼아 노브랜드(No-Brand) 상품 개발을 내세워 탄생한 회사였다. 1989년에는 주식회사 양품계획이라는 이름으로 세이유에서 독립했다. 양품계획은 '이유 있는 저렴함' 을 캐치프레이즈로 내세워 심플한 디자인, 군더더기 배제, 간소한 포장 등을 추구하는 방침이 시대적 흐름과 부합해 소비자들의 뜨거운 호응을 얻었다. 현재는 의류부터 가정용품, 식품 등 일상생활 전반에 걸친 상품군을 선보이고 있으며, 품목 수는 7천 개를 넘는다. 최근 양품계획은 탁월한 실적을 올리는 중이다. 2014년도 영업수익은 전기 대비 17.1% 증가한 2206억 엔이었다. 경상이익 230억 엔, 당기순이익 171억 엔이라는 수치는 사상 최고 기록이다. 소매업에서 두 자릿수 영업이익률을 올린다는 것은 경이적인 일이다. 양품계획은 일본 국내에서는 '생활미학 전문점' 으로서 '느낌 좋은 삶' 을 제안한다. 의식주 합동 프로모션 등을 통해 국내 직영점의 매출은 전기 대비 6.7% 상승했다. 성숙시장에서도 가치 소구에 성공하면 충분히 성장할 수 있다는 것을 증명해 보인 것이다. 뿐만 아니라 해외에서는 영업수익, 영업이익 모두 큰 신장세를 보였다. 2014년 2월 말 현재의 해외 직영점포 수는 220개이며 중국에서는 100호점을 개점한 상태로 앞으로도 매년 30개 정도 신규 출점을 계획 중이다. 또 미국 서해안과 호주에도 1호점을 내는 등 해외 점포가 성장의 큰 견인차 역할을 하고 있다. 가까운 미래에 해외 점포수가 국내 직영점포 수(287개)를 뛰어넘을 것이 틀림없다. 국내 종업원 수는 약 천4백 명(촉탁사원, 세일즈 엑스퍼트 사원 등 포함)이며, 그 외에 약 4천4백 명(하루 8시간 환산)의 시급직 사원과 아르바이트가 근무 중이다. 국내외를 합산할 경우 종업원 수 약 4천백 명, 시급직과 아르바이트 등 임시 종업원 수는 약 7천 명에 이른다. 해외 전개로 인해 총 종업원은 이미 만 명을 돌파했다.

적자로 전락한 요인

양품계획은 1989년 독립 이후 순조롭게 성장했지만, 2001년에 커다란 전환점을 맞게 된다. '무인 신화' 로 불릴 정도로 지속적인 성장을 이루다가 2001년 8월 중간기에 38억 엔이나 되는 적자를 기록한 것이었다. 적자는 설립 이래 처음 맞는 사태였다. 그때 사장에 취임해 회생을 진두지휘한 사람이 현 회장인 마쓰이 씨다. 마쓰이 씨의 저서 《무인양품은 90%가 구조다》는 기업회생의 구체적 예와 방법을 제시한 양서다. (2014년 국내에 출간된 제목임 – 역자) 마쓰이 씨의 생각은 '시스템' 을 중심축으로 삼는 풍토를 만들자는 것이었다. 마쓰이 씨는 양품계획이 적자의 나락에 떨어진 큰 요인 중 하나가 '경험 지상주의' 에 있다고 생각했다. 경험과 감에 의존하는 세종 그룹(Saison Group)이 모체[3]였던 탓인지 직원들은 상사나 선배의 경험이 최고라 여기고 따라하는 경험 지상주의에 젖어 있었다. 그와 관련해 신규 점포의 개점 전날 상황을 보여주는 일화가 마쓰이 씨의 저서에 소개되어 있다.[4]

> "그때 다른 점포 점장이 응원 차 달려와 주었다. 그런데 그는 매장을 한번 쓱 훑어보더니 무인양품답지 않다며 걱정을 했고, 갑자기 일동은 상품의 진열을 뒤엎기 시작했다. 새 점장은 당황했지만 베테랑 점장에게 불평을 할 수도 없고 해서 현장에 있던 직원 전원이 진열을 바꾸기 시작한 것이었다. 겨우 작업이 끝나갈 무렵, 이번에는 또 다른 점장이 방문했고 '이건 이렇게 하는 게 좋다, 저건 저렇게 하는 게 좋다.' 는 조언을 했다. 직원들은 또 진열을 바꾸어야 했다. 그렇게 응원하러 온 점장들이 하나씩 지적해대는 바람에 밤 열두 시를 넘기고도 작업은 끝날 줄을 몰랐다."

3 양품계획의 모기업인 세이유는 1960년대 세종 그룹의 핵심기업이었다.

4 출처: 마쓰이 다다미쓰 著, 《무인양품은 90%가 구조다》 (2013) (2014년에 국내 출간된 제목임 – 역자).

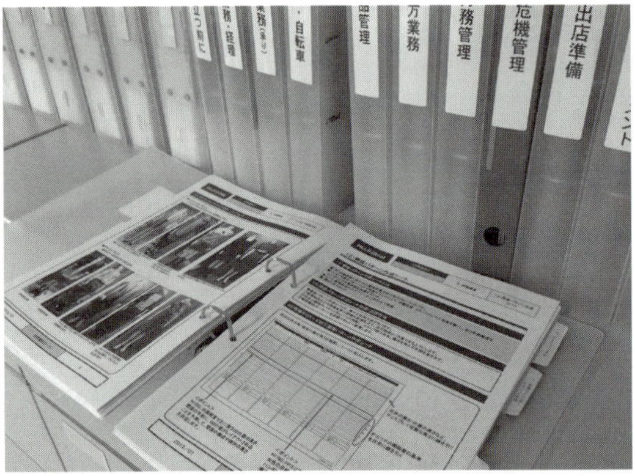

양품계획의 점포 운영용 매뉴얼 'MUJIGRAM'

그런 모습에 마쓰이 씨는 '이건 아니다. 이러다가는 무인양품에 미래는 없다!'는 강한 위기감을 느꼈다고 한다. 개인의 감각, 경험에만 의존하면 조직력은 향상되지 않고 각 점포 간 불균형만 커질 뿐이라는 것이었다. 누가 점장으로 오더라도 '80~90점'은 얻을 수 있는 점포를 만들어야 회사의 회생이 가능하다는 것이 그의 판단이었다.

매뉴얼에 집중하다

그래서 마쓰이 씨는 철저하게 '매뉴얼'에 치중하기 시작했다. 개인의 경험과 감에 의존하던 업무를 시스템화하여 조직의 노하우로 축적시키기 위해서는 매뉴얼이라는 '표준'부터 마련해야 했다. 그는 무인양품의 점포는 어떠해야 하는지를 '표준'으로 확립시키고 누구나가 그것을 지키는 것으로 개혁을 시작했다. 사실 과거에도 점포 운영용 매뉴얼은 존재했다. 하지만 그 내용이 불충분해 아무도 보지 않는 규정집에 불과했다. 결국 모든 관계자가 준거해야 하는 기준이 없는 채로 점포 출점이 이루어지고 있었던 것이다. 새로 만든 점포 운영용 매뉴얼은 'MUJIGRAM' 이라 불린다. 매장 디스플레이부터 접객, 발주에 이르기까지 점포 운영에 관한 모든 방법이 나열되어 있다. 점포 꾸미기와 계산대 업무 및 경리 등 업무별로 13권으로 구성된 이 매뉴얼은 총 2천 페이지를 넘는다. 신입사원도 읽기만 하면 쉽게 이해하고 바로 적용할 수 있도록 평이한 말로 구체적으로 설명되어 있으며, 사진과 삽화도 다양하게 실려 있다. 예를 들어 셔츠 개는 방법은 분해 사진을 넣어 설명했다. 이렇게 하지 않고 '깔끔하게 접는다' 고 표현할 경우 설명이 모호해 결과적으로는 각기 다른 방식으로 개게 된다. '깔끔하다' 는 가치 기준은 사람에 따라 다르기 때문이다. 반면 무인양품식의 개는 방식을 순서대로 분해해 제시하여 모호함을 없앰으로써 누구나가 동일한 작업을 하게 되면 모든 점포에서 통일된 디스플레이를 할 수 있다. 마쓰이 씨는 매뉴얼 작성에 관해 이렇게 지적한 바 있다.[5]

> "매뉴얼의 기본은 읽는 사람에 따라 판단축이 흔들릴 수 있는 방식을 피하는 것이다. 백 명이면 백 명이 같은 작업을 할 수 있게 하는 것이 인간미 있는 시스템을 정착시키기 위해서도 중요한 것이다."

이 밖에 사실 양품계획에는 또 하나의 매뉴얼이 존재한다. 바로 점포개발부와 기획실 등 본부 업무를 매뉴얼화한 '업무기준서' 다. 페이지 수는 MUJIGRAM의 3배인 6천 페이지 이상이다. 일반적으로 본부 업무는 매뉴얼화하기 어렵다고 생각하기 쉽지만 매뉴얼의 목적 중 하나가 '업무 내용을 누구라도 인계할 수 있도록 한다' 는 것임을 생각하면 본부에서도 매뉴얼화할 부분이 얼마든지 있다고 마쓰이 씨는 지적한다. 양품계획 회생의

---

5 마쓰이 다다미쓰 (2013).

첫걸음은 이렇게 철저한 표준화에서 시작된 것이다.

현장의 지혜를 살리다

그런데 매뉴얼은 시스템화의 커다란 축이기는 하지만 하나의 요소에 불과한 것도 사실이다. 점포라는 현장은 생물이다. 환경의 변화 속에서 현장은 시시각각 변화하지 않을 수 없다. 또 각 점포는 입지와 규모, 고객층이 모두 다르다. 표준은 중요하지만 개중에는 표준에 맞지 않는 점포도 있을 수 있다. 따라서 매뉴얼과 표준이 신격화되어 매뉴얼 지상주의, 표준 지상주의에 빠져 버린다면 본말전도다. 중요한 것은 매뉴얼을 현장의 지혜로 진화시키는 것이다. 양품계획의 시스템이 탁월한 이유는 매뉴얼을 더 낫게 만드는 사이클이 돌아가고, 그것이 조직 능력으로서 확립된 데 있다. 마쓰이 씨는 이렇게 지적한다.[6]

> "무인양품에서도 최초의 매뉴얼은 본부 주도로 만들어졌다. 하지만 이는 현장에서 자주 쓰고 모든 점포 업무를 통일하는 수준까지는 이르지 못했다. 왜냐하면 '현장을 모르는 사람'이 만들었기 때문이다. 현장의 문제점은 현장 사람들이 제일 잘 안다. 먼지가 잘 쌓이는 장소가 있다, 진열장이 각지면 작업에 방해가 된다……. 본부 사람들이 잠깐 시찰하는 정도로는 이런 작은 문제점을 발견할 수 없다. 매뉴얼을 만들 때는 그런 현장의 지혜를 수렴하는, 즉 보텀업 시스템을 마련하는 것이 중요하다. 매뉴얼은 그것을 쓰는 사람이 만들어야 한다."

이런 맥락에서 현장의 깨달음과 지혜를 수렴하기 위한 도구로 쓰이는 것

---

6 마쓰이 다다미쓰 (2013).

이 바로 '개선 제안' 과 '고객 눈높이 시트' 다. '개선 제안' 은 매장에서 실제 업무에 종사하는 직원들의 개선 요망을 수렴해 MUJIGRAM에 반영시킨 것이다. 연간 5천 건 가까운 개선 제안이 현장에서 나오고, 매달 20~30건 정도가 도입된다. 그만큼 MUJIGRAM은 수시로 갱신된다고 보면 된다. 개선 제안은 복잡한 과정 없이 PC에 올리기만 하면 된다. 그러면 기획이나 홍보, 판매 등 본부의 해당 부문에 그 제안 내용이 올라가고, 거기서 MUJIGRAM에 반영할지 여부를 검토한다. 반영하기로 결정되면 MUJIGRAM을 유지, 관리하는 업무개혁부로 이관된다. 여기서는 기본적으로는 전 점포에 도입할 수 있는 개선 제안만을 MUJIGRAM에 반영한다. 아무리 좋은 제안이라 할지라도 실현하기 어렵거나 일부 점포에만 적용 가능한 것은 싣지 않는다. MUJIGRAM이라는 표준을 진화시키고자 하는 것이 개선 제안의 목적이기 때문이다. 또 '고객 눈높이 시트' 는 매장에서 수집한 고객의 의견 또는 고객들을 관찰하다가 필요하다고 생각되는 점들을 현장 직원들이 입력하는 시스템이다. 연간 만 건 가까운 시트가 모이며 업무 개선과 서비스 개선에 활용된다. 업무개혁부 점포지원과의 미쓰타케 슈이치(光武秀一) 씨는 이렇게 말한다.[7]

> "매뉴얼에 현장의 현재를 반영하기 위해서는 늘 새로운 내용을 담아야 한다. 그 갱신 작업은 힘들기는 하지만 힘든 갱신 작업까지 포함해 모든 것을 시스템화해야 한다. 매뉴얼은 '거기에 따라야 제일 좋은 결과를 낼 수 있다' 고 현장이 판단하고 적극적으로 활용하는 내용이어야 한다."

이렇게 양품계획에서는 연간 5천 건 가까운 개선 제안, 연간 만 건이나

---

7 출처: 닛케이BP넷, '현장의 저력' 인터뷰.

되는 고객 눈높이 시트가 현장에서 올라오고, 그 지혜를 살려 매뉴얼을 항상 진화시킨다. 개인의 힘이 아니라 집단의 힘, 조직의 힘을 최대한 활용해 경쟁력으로 끌어올리는 것이다. 하지만 그 길은 결코 쉽지 않았다. 마쓰이 씨도 'MUJIGRAM이 궤도에 오르기까지 5년 정도 걸렸다' 고 토로한다. 꾸준한 활동을 10년 이상 지속함으로써 양품계획은 개선을 능력으로 바꾸는 데 성공했다.

현장이기에 깨달을 수 있다

실제 현장에서 이루어지는 활동을 알기 위해 사이타마현 가와구치시(川口市)의 큐폴라 가와구치점을 방문했다. 2013년도 하반기에 '사장상' 을 수상한 점포다. 이 점포는 JR 가와구치역 동쪽 출구에 있는 쇼핑센터 큐폴라 안에 있다. 2001년에 개점해 4명의 정사원, 21명의 시급직, 아르바이트로 꾸려가고 있다. 사이타마 지역 매니저인 고모리야 다이스케(小森谷大輔) 씨, 점장인 하시무카이 미호(橋向美穗) 씨, 그리고 세타 마사노리(瀬田雅紀) 씨를 만나 이야기를 들었다. 본부 자료에는 이 점포가 사장상을 수상한 이유에 대해 이렇게 설명하고 있었다.

> "피킹 목록과 새 근무관리시스템 등 판매 부문 정책에 대해 개선 제안이 우수하고, 점포가 직면한 어떤 문제에도 다 긍정적으로 업무 개선 제안을 했다. 점포 전체가 개선 제안을 위해 노력한 점을 높이 샀다."

큐폴라 가와구치점이 낸 업무 개선 제안의 일례를 소개하겠다. 각 점포에서는 직원들의 근무관리시트를 PC상에서 승인한다. 그런데 PC상에서는 '스캔-시프트-승인' 의 순으로 진행되는데 실제로 현장에서 작업을 할 때는 '시프트-스캔-승인' 의 순으로 체크하게 된다. 실제 작업 순서와 화면상에 설정된 순서가 맞지 않는 것이다. 그래서 일일이 화면상에서 입력 위치를 찾아다녀야 했기 때문에 효율이 나빴고 스트레스도 받기 일쑤였다. 게다가 이는 큐폴라 가와구치점만의 문제가 아니라 전 점포에서 공통적으로 매달 발생하는 비효율이었다. 그래서 큐폴라 가와구치점은 이 부분에 대해 개선 제안을 했다. 이는 실제 업무에 종사하는 현장이기 때문에 깨달을 수 있었던 부분이었다. 이 같은 개선 제안에 따라 본사 인사과는 당장 시스템 수정에 나섰으며, 그 결과 현장의 비효율과 스트레스는 사라졌다. 현장의 눈높이에서 이루어진 꾸준한 업무 개선 제안이 전체 업무 시스템의 질을 높이고 점포의 효율화, 활성화까지 이끌어낸 것이다.

현장의 깨달음을 살리지 못하는 이유

큐폴라 가와구치점이 본격적으로 업무 개선에 나설 수 있었던 데는 세타 씨의 공이 크다. 일상 업무를 소화하느라 점포 활성화가 미비하다고 느낀 세타 씨는 업무 개선을 잘 활용해 직원들에게 활기를 불어넣자고 생각했다. 예전에 근무하던 점포에서도 업무 개선을 잘 활용해 현장을 활성화한 경험이 있었다. 사실 현장에서 매일 업무를 보는 직원들은 업무를 개선할 수 있는 소소한 깨달음과 힌트를 쥐고 있었다. '이렇게 하면 더 좋을 텐데…….' 라는 아이디어도 현장에 있었다. 그래서 세타 씨는 현장의 지혜가 드러나지 못하고 잠들어 있는 이유, 개선하기 위한 깨달음이 있는데도 그 깨달음을 살리지 못하는 이유가 무엇인지 밝혀내려 했다. 무언가 장벽이 있다면 그 장벽만 제거하면 충분히 업무를 개선할 수 있다고 생각한 것이다. 그 결과 세 가지 이유가 떠올랐다.

① 깨달은 바를 지적할 수 있는 시스템이 없다

첫 번째 이유는 직원들이 개선을 위한 힌트를 얻었다고 해도 그것을 지적할 만한 시스템이 없다는 점이었다. 아무리 반짝이는 깨달음을 얻었다 해도 그것을 표면화시키지 못한다면 흐지부지 없던 일이 되고 만다. 세타 씨는 무언가 깨달은 바가 있다면 쉽게 기입할 수 있도록 용지를 준비했다. '고객의 눈높이', '개선 제안', '점포 내 개선' 이라는 세 가지 관점에서 의견이나 문제점, 개선책을 기입하는 용지다. 직원들이 무언가를 깨달았을 때 용지에 쉽게 기입만 한다면 현장의 깨달음을 헛되이 버리지 않아도 되도록 말이다.

② 깨달음을 PC에 입력할 시간이 없다

두 번째 이유는 그러한 현장의 깨달음을 PC에 입력할 시간을 확보할 수 없다는 점이었다. 아무리 용지가 모였다 해도 그것을 PC에 입력해 본사의 관련 부서에 보내지 않는다면 현장의 깨달음을 본사에 알릴 방법이 없었다. 적절한 타이밍을 놓치고 나면 결국은 유야무야될 것이 뻔했다. 그래서 세타 씨는 비교적 여유가 있는 시간대를 미리 달력에 표시해 두었다가 집중적으로 입력할 시간을 확보했다. 그렇게 해서 현장의 깨달음은 본사로 전달되었다.

③ 직원들의 열의와 관심은 제각각 다르다

세 번째 이유는 직원들의 열성이 똑같지 않다는 점이었다. 일부 직원들은 열심히 업무 개선을 위해 노력하지만 전혀 관심을 보이지 않는 직원들도 있었다. 그래서는 점포 전체의 노력으로 이어질 리가 없었다. 세타 씨는 직원별 업무 개선 제안 건수를 그래프로 만들어 벽에 붙여 두었다. 그는 그러한 가시화를 통해 직원들의 경쟁의식을 부채질했다.

이 같은 대책을 꾸준히 실시함으로써 큐폴라 가와구치점의 업무 개선은 조금씩 속도가 붙었다. 처음에는 '숫자 늘리기' 에 주력했다. 소소한 깨달음이라도 좋으니 뭐든 적극적으로 의견을 개진하도록 독려했다. 그 결과 모두가 수긍할 수 있는 질 높은 제안도 나올 수 있었다. 큐폴라 가와구치점이 2013년 하반기에 제안한 업무 개선 제안은 74건, 본사가 실제 채택한 건수는 7건으로 모두 전국 2위였다. 이처럼 자신이 서 있는 현장에 제대로 발을 붙이고 제안한 내용들은 사상상 수상이라는 결실로 이어졌다.

2 순환을 인정하는 시스템

개선의 순환을 만들다

양품계획의 사례를 보면 매뉴얼이라는 표준을 기점으로 삼아 개선이 순환되고 있으며, 개선이 지속적으로 이루어질 수 있는 시스템을 통해 활동을 능력으로 바꾸고 있음을 알 수 있다. I 부에서 보았듯이 현장력을 높이려면 합리적 필연성이 필요한데, 그와 더불어 합리적 시스템이 갖추어져 있어야만 활동이 능력으로 바뀔 수 있다. 합리적 필연성과 합리적 시스템은 현장력을 강화하는 양대 축인 것이다. 개선은 '표준 깨달음 지혜 개선' 이라는 단계를 거쳐 순환된다. (도표 7.1) 양품계획의 사례를 토대로 순환의 각 단계를 살펴보자.

도표 7.1 ▸ 개선의 순환

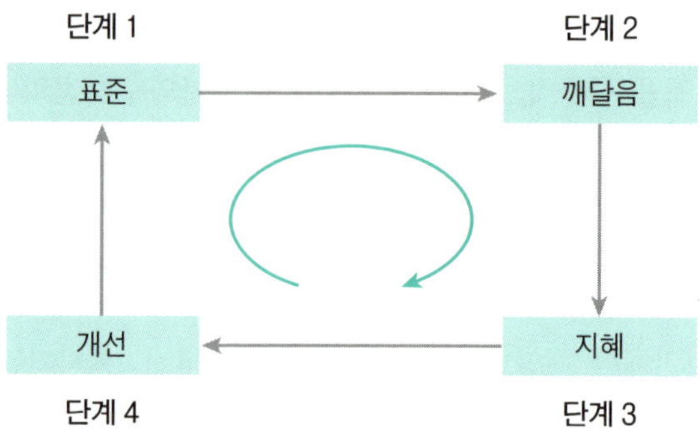

[단계 1] 표준

현장에는 표준이 반드시 필요하다. 표준 없는 현장은 법률 없는 사회와 같다. 공통의 준거점이 없으면 무질서와 혼란을 부르기 때문이다. 표준화된 업무 순서, 규칙, 가이드라인 등을 마련하여 전원이 이해하고 철저하게 지켜야 개선을 실현할 수 있다. 마쓰이 씨가 매뉴얼을 중시하며 2천 페이지가 넘는 MUJIGRAM을 만든 것은 속인적 업무 방식이 만연하던 현장에 공통의 순서, 방법을 보여줄 필요가 있다고 느꼈기 때문이다. 매뉴얼이 있어도 무시하고 그대로 시행하지 않는 현장이 많은데 그것은 표준이 없는 현장이나 마찬가지다. 표준을 만들고 철저하게 지키는 데서부터 개선의 순환은 시작된다.

[단계 2] 깨달음

표준은 현장의 준거점이지만 사실 100% 완벽하지는 않다. 또 현장을 둘러싼 환경은 시시각각 변화한다. 각 현장이 처한 상황도 다 다르다. 이런 상황 속에서 표준과 현실 사이에 괴리가 생기면 비효율 및 품질 악화를 초래한다. 그 괴리를 깨닫는 것이 현장의 중요한 임무다. 왜냐하면 표준을 수행하는 당사자인 현장만이 괴리와 모순을 알아차릴 수 있기 때문이다. 큐폴라 가와구치점의 직원들은 근태기록표의 입력 순서에서도 문제점을 찾아냈다. MUJIGRAM에 규정된 표준 작업이 현장의 실태와는 거리가 멀었던 것이다. 흐르는 강물처럼 설계된 표준이 어딘가에서 막혀 흐르지 않는다는 것을 깨닫는 것. 깨달음이란 문제가 있음을 알아차린다는 의미다. 이런 현장의 깨달음에 바로 개선의 힌트가 숨어 있다.

[단계 3] 지혜

그런데 아무리 문제가 있다고 느낄지라도 그것을 방치해 둔다면 진화할 수 없다. 직원들이 눈여겨본다는 것은 문제가 있다는 증거다. 문제를 직접 느끼지 못하는 본부는 그 문제를 해소할 수도 없다. 따라서 문제를 체감하는 현장이 직접 지혜를 짜내야 한다. 입력 순서에서 문제를 느낀 큐폴라 가와구치점의 직원들은 어떻게 하면 그 문제를 해소할 수 있을지를 생각했다. 지혜를 짜낸다는 것은 '생각한다' 는 의미다. 문제가 왜 발생했는지, 어떻게 하면 해결할 수 있는지를 생각하고 고민하는 일이야말로 지식 창조다. 사고하는 현장이야말로 지혜를 탄생시킬 수 있다.

[단계 4] 개선

지혜는 실천하고 실현시키지 않으면 무의미하다. 지혜가 구체적 개선으로 이어지고 눈에 보이는 성과를 올리는 것이 중요하다는 말이다. 그런데 각자의 업무 범위 내라면 자신의 지혜를 바로 활용하기 쉽겠지만 회사 전체의 개선으로 연결시키려면 깨달음과 지혜를 제안해 개선을 이끌어내는 과정이 필요하다. '입력 순서의 개선' 이라는 직원들의 제안은 본부에서 채택되어 MUJIGRAM의 내용 변경이라는 개선으로 이어졌다. 그로 인해 매장이 느낀 문제점은 해소되었고 회사 전체에 좋은 영향을 끼치는 업무 개선이 이루어졌다.

업무라는 행위 자체는 그 내용에 따라 현장 스스로 실천하는 경우와 본부가 실행하는 경우가 있다. 큐폴라 가와구치점의 직원들이 한 제안은 어느 점포에서나 공통적으로 느끼는 문제를 해결하려는 것이었기에 MUJIGRAM을 관리하는 본부가 표준을 개정했고, 또 그렇게 함으로써 회사 전체의 개선 효과를 가져왔다. 반면 개별 점포 고유의 개선의 경우는 제안자가 곧 실천자가 되어야 한다. 스스로 몸을 움직여 시행착오를 거치면서 실천함으로써 직접 개선을 이룰 수 있음을 체감하는 것은 매우 중요하다.

합리적 시스템의 네 가지 요소

양품계획의 현장에서는 '표준 → 깨달음 → 지혜 → 개선' 이라는 순환이 지속적으로 이루어진다. 개선에는 끝이 없다. 각각의 개선은 작아도 전원이 참가해 매일 개선을 이루어간다면 엄청나게 큰 성과를 낼 수 있다. 미세한 차이를 쌓다 보면 결정적 차이가 되듯이 말이다. '표준 → 깨달음 → 지혜 → 개선' 이라는 순환 시스템만을 설명하면 지극히 평범하고 흔해 보일 수 있다. '그 정도는 말하지 않아도 다 아는 내용 아닌가?' 라고 생각하는 사람도 있을 것이다. 하지만 실제로는 그 당연한 순환이 멈춰선 채 제 기능을 못하는 기업이 참으로 많다. 순환은 어찌 보면 당연해 보이지만 개선 능력, 창조 능력이 핵심 능력이 된 기업을 보면 그러한 순환을 만들고 지속시키기 위한 온갖 아이디어를 내고 있으며, 그 아이디어가 순환을 뒷받침하는 토대로 작용한다는 사실을 알 수 있다. 바로 그런 토대와 순환으로 이루어진 합리적 시스템이 제 기능을 다해야만 순환이 지속적으로 이루어지고

도표 7.2 ▸ 합리적 시스템

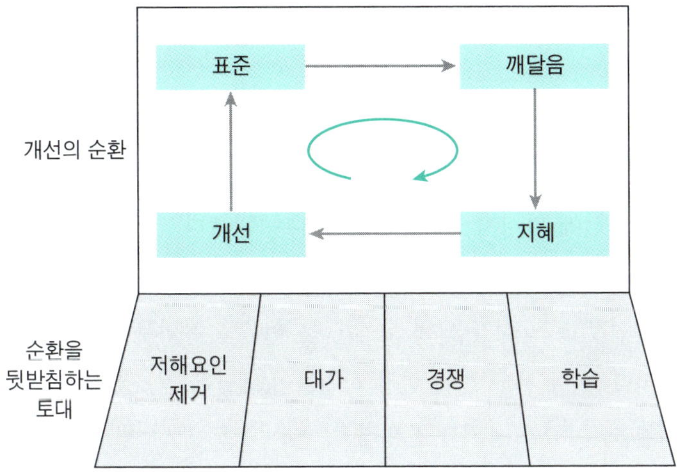

활동이 능력으로 전환된다. 그럼 이번에는 순환을 뒷받침하는 토대는 어떤 요소를 갖추어야 하는지를 살펴보자. (도표 7.2)

요소 1 : 저해요인 제거

현장에는 순환을 방해하는 다양한 저해요인이 존재한다. 유지 능력이 핵심 능력인 현장에서는 개선을 불필요한 일, 이차적인 부분으로 여긴다. 바로 그런 인식이 저해요인이다. 각각의 저해요인은 작을지 모르나 현장에서 못 하는 이유, 안 하는 이유로 작용한다. 그런데 현장은 그런 작은 부분들 때문에 좌절한다. 그래서 우리는 저해요인을 하나씩 세심하게 제거해 순환이 이루어지게 하고 활동을 능력으로 전환시켜야 한다. 양품계획의 현장에서도 저해요인을 제거하는 꾸준한 노력이 이루어지고 있다. 특별할 것 없더라도 일상적으로 이루어지는 작은 궁리는 순환을 만들어내는 핵심이다. 저해요인은 크게 시간적 저해요인과 의식적 저해요인 두 가지로 나눌 수 있다.

① 시간적 저해요인

현장이 개선에 나서지 않는 최대 핑계는 '바쁘다', '시간이 없다'이다. 모처럼 개선할 문제점을 찾아내더라도 그것을 용지에 기입하거나 PC에 입력하기가 귀찮고 그 시간을 낼 수 없다는 이유로 유야무야되는 일이 실로 많은 것이다. 이에 세타 씨는 현장 직원들이 깨달은 점, 생각해 낸 점을 쉽게 적어놓을 수 있는 용지를 준비하고, 어느 정도 모인 용지의 내용을 PC에 입력할 시간을 미리 확보해 집중적으로 처리할 환경을 마련했다. 그러한 궁리를 통해 현장의 지혜가 묻히지 않게 된 것이다.

② 의식적 저해요인

현장이 개선할 문제점을 깨닫고 제안을 하더라도 그것이 채택되지 못해 성과로 이어지지 못하거나 검토하는 데 너무 많은 시간이 걸리면 현장의 의욕은 식기 마련이다. '제안을 해도 채택해 주지 않거나 피드백이 없거나 시간이 너무 걸리는' 등의 저해요인은 '열심히 해도 의미가 없다'는 의식을 현장에 확산시킨다. 양품계획에서는 이 같은 저해요인을 제거하기 위해 개선 제안을 받은 본부 측의 대응을 강화하고 있다. 제안을 받은 본부 부서는 일주일 이내에 제안자에게 피드백을 주고, 채택 여부와 향후 대응 등을 알려준다. 물론 모든 제안이 채택되지는 않지만 본부에서 신속한 피드백을 주게 되면 '또 제안해 보자'라는 현장의 의욕을 유지할 수 있다. 신속한 피드백은 현장의 의식을 고취하고 순환이 제 기능을 할 수 있게 하는 중요한 윤활유인 것이다.

요소 2 : 대가

개선 능력을 핵심 능력으로 확립하는 과정에서 기업은 그러한 활동을 장려하고 이에 대해 대가를 지불할 필요가 있다. 성과로 이어질 만한 제안을 한 팀과 개인을 알아주고 대가를 지불하면 그 활동의 중요성이 널리 인식됨과 동시에 경쟁의식이 싹트게 된다. 양품계획에서는 개선 제안을 엄정하게 심사하고 6개월마다 열리는 양품 집회를 통해 사장, 회장이 직접 표창하는 방법을 쓴다. 이렇게 표창을 받으면 현장으로서는 영예로운 일이다. 대가에는 '비일상형' 과 '일상형' 두 종류가 있다. '비일상형 대가' 는 양품 집회의 표창처럼 반 년, 일 년마다 이벤트 형식으로 대가를 지불하는 방식이다. 비일상형 대가가 주어진다면 현장은 그 대가를 받기 위해 노력하게 되고, 결국 고차원적 조직 능력을 구축하는 데 효과를 볼 수 있다. 그런데 그보다 더 중요한 것은 '일상형 대가' 다. 현장의 작은 노력이나 아이디어를 빠짐없이 칭찬하고 관심을 나타내는 것이 정말 중요하다는 말이다. 개선은 인지(recognition)와 대가(reward)를 통해 습관화된다. 특히 '고맙다', '참 좋다' 는 아주 작은 일상적 인사야말로 현장에는 힘이 된다. '지켜보고 있다', '알고 있다' 는 사인을 보내면 현장은 그 어떤 대가 못지않은 상을 받은 기분을 느끼게 된다. 현장에서는 '100－1＝0' 이라는 말을 자주 한다. 백 명 중 누군가 한 사람이라도 실수를 하거나 사고를 일으키면 전체 평가에 영향을 주어 결과적으로는 0이 된다는 뜻이다. 그렇기 때문에 실수하지 않게 모두가 철저를 기해야 한다는 의미이기도 하다. 하지만 이는 어떤 의미에서는 옳지만, 현장의 눈높이에서 보면 틀린 말이다. 설사 누군가가 실수를 했다 해도 나머지 99명은 제대로 자기 책임을 다했고 현장을 위해 기여했다. 따라서 '마이너스 1' 에 주목하는 것도 중요하지만 '나머지 99' 도 잊어서는 안 된다. 작은 개선 활동 하나하나를 빠짐없이 알아주고,

일상적으로 칭찬한다면 개선은 습관이 되고, 조직의 문화가 된다. 물론 개선 능력이 핵심 능력으로 확립된 현장에서는 개선이 당연하기 때문에 대가의 중요성은 상대적으로 떨어진다. 하지만 활동을 능력으로 바꾸는 과정에 있는 현장에서는 현장의 노력을 가시화하고 일상적, 비일상적 대가를 반드시 지불해야 한다.

요소 3 : 경쟁

경쟁이란 현장과 현장 사이에 경쟁의식을 북돋아 절차탁마하게 하고, 각 현장의 능력을 더욱 끌어올리게 하는 요소를 말한다. 양품 집회에서 우수 점포를 표창해 가시화하면 다른 점포의 점장들에게 큰 자극이 된다. 전국 차원뿐 아니라 같은 지역 내의 경쟁의식도 중요하다. 양품계획에서는 동일 지역 내 복수 점포끼리 블록을 형성해 정기적으로 점장 회의를 개최한다. 큐폴라 가와구치점과 같은 블록에는 우라와 파르코(浦和 PARCO)점, 마루히로 미나미우라와(丸廣 南浦和)점, 우라와미소노(浦和美園)점까지 총 네 개 점포가 있다. 그들이 점장 회의를 엶으로써 큐폴라 가와구치점의 개선 활동은 공유되었고 비슷한 활동은 서서히 확산되었다. 지역 매니저인 고모리야 씨와 세타 씨가 적극적으로 다른 점포를 돌며 지도도 했다. 이렇게 블록 내 네 개 점포는 서로 자극을 주고, 경쟁하면서 가르치고 배우는 관계를 쌓는 데 성공했다. 이들은 블록 단위 제안 건수에서 전국 1위를 차지했고, 그 결과 큐폴라 가와구치점이 '사장상'을 수상한 2013년도 하반기에는 우라와 파르코점이 '개선제안상', 마루히로 미나미우라와점이 '사무국 특별상'을 수상했다. 개선 활동이 블록 내로 확산되어 개별 능력의 향상이 블록 내 능력 향상으로 이어진 것이다. 각 점포 안에서도 직원들의 개선 제안 건수를 가시화하면 경쟁의식을 북돋울 수 있다. 건전한 경쟁은 잠자던 현장의 잠재 능력을 깨우고 이끌어내는 중요한 요소다.

요소 4 : 학습

학습이란 탁월한 능력이 있는 사내외의 현장으로부터 배우고, 자기 현장에 응용할 방법을 연구함으로써 자신들의 활동을 더욱 갈고 닦는 것을 말한다. 롤 모델인 현장을 알게 되면 '우리도 더 잘할 수 있다' 는 의식이 솟아난다. 마쓰이 씨는 표준화를 위해 제대로 된 매뉴얼을 만들어야겠다고 결심한 순간, 본보기가 될 만한 타사의 사례부터 공부하기로 했다고 한다. 마쓰이 씨가 본보기로 삼은 기업은 같은 소매업 세계에서 매뉴얼을 잘 활용하기로 유명한 패션기업인 시마무라(SHIMAMURA)였다. 시마무라의 경우 현장에서 매년 5만 건 이상의 개선 제안이 나오고, 3년이면 매뉴얼이 완전히 바뀐다고 할 정도로 개선 능력이 확립되어 있었다. 마쓰이 씨가 택한 방식은 맨땅에 헤딩하듯 맨손으로 시작하는 것이 아니라 본보기를 찾아 그로부터 힌트를 얻는 방식이었던 것이다. 결국 좋은 것을 흡수하기 위해 부린 욕심은 능력의 구축을 가속화했다. 양품계획은 사내외의 모범적 사례를 학습, 연구함으로써 그만큼 유리한 출발지점에서 시작할 수 있었다. 하지만 학습과 흉내는 다르다. 아무리 뛰어난 사례가 있어도 그것을 복사하듯 똑같이 따라하기만 해서는 성과를 낼 수 없다. 비즈니스의 특성 및 현장이 처한 상황이 전혀 다른 사내외의 사례를 도입하면 오히려 현장의 혼란까지도 초래할 수 있다. 마쓰이 씨는 이렇게 말한다.[8]

8 마쓰이 다다미쓰 (2013).

> "당연한 애기지만 회사가 다르면 모든 것이 다르다. 취급하는 상품과 그 수, 직원 수, 거래처, 점포 크기 등 무엇 하나 같을 수가 없다. 그리고 그런 요인들이 다르면 매뉴얼도 달라지는 것이 자연스런 이치다."

밖을 향해 눈을 크게 뜨고 밖으로부터 배워오려는 자세는 참으로 중요하다. 안을 향해 눈을 감고 있으면 새로운 발상, 아이디어는 좀처럼 떠오르지 않는 법이니까 말이다. 그런데 밖을 바라볼 때는 정답이 아니라 힌트를 얻으려는 자세가 중요하다. 답을 도출하는 주체는 어디까지나 자신들이라는 사실을 자각하고 실천하는 조직이 되어야만 진짜 학습하는 조직인 것이다.

주의 깊게, 세심하게, 차분하게

개선 능력을 핵심 능력으로 만들기 위한 합리적 시스템이란 무엇인지를 양품계획의 사례를 들어 고찰해 보았다. 사실 모든 기업이 비슷한 활동을 한다. 하지만 그것이 진짜 능력이 되고 경쟁력의 주축이 되는 기업이 있는가 하면 도중에 좌절을 경험하고 오히려 현장의 의욕을 꺾는 결과를 낳는 기업도 많다. 그 차이는 개선의 순환과 그것을 뒷받침하는 토대로 구성되는 합리적 시스템이 있는지 여부에서 나타난다. 그런데 점을 면으로 만들고 면을 입체로 발전시키기 위해 중요한 점은 다음 세 가지로 집약할 수 있다. 모두 지극히 상식적인 이야기지만 그 세 가지를 확실히 담보하는 것이야말로 비범한 현장으로 진화하기 위한 관건이다.

① 주의 깊게

활동의 목적과 배경을 최고 경영진이 직접 끈질기게 현장에 설명하고,

수긍시키려는 노력은 주의 깊게 이루어져야 한다. 양품계획에서는 6개월마다 열리는 양품 집회를 통해 마쓰이 씨, 가나이 씨가 충분히 시간을 들여 점장들과 본부 관리직에게 회사의 방침과 활동의 발자취에 관해 이야기한다. 현장도 빈번하게 방문한다. 현장의 수장인 팀장과 경영진이 한 몸이 되는 과정에 시간을 들이고 주의 깊게 노력해야 한다는 것이다.

② 세심하게

이는 현장의 활동을 저해하는 다양한 요인들을 현장 눈높이에서 세심하게 살펴 제기하는 노력에 관한 지적이다. 여러 번 언급했지만 현장은 소소한 것들 때문에 좌절한다. 자율적이지 못한 현장은 작은 일에도 주저앉아 전진하지 못한다. 큐폴라 가와구치점의 세타 씨가 현장의 저해요인을 밝혀내 세심하게 대응하는 것처럼 현장의 리더와 본부 관리직이 '안 하는 이유', '못 하는 이유'를 직시하고 저해요인을 제거하려는 세심한 노력은 반드시 필요하다.

③ 차분하게

초조해하지 않고 시간을 들이는 자세가 중요하다. 임계점에 달할 때까지 한 걸음씩 꾸준히 앞으로 나아가는 자세 말이다. 능력을 구축하는 데에는 시간이 드는 법이다.

합리적 시스템은 주의 깊고 세심하고 차분한 자세가 담보되는 시스템이어야 한다. 표면적으로는 비슷한 활동을 하더라도 그 성과에 엄연한 차이가 나타나는 것은 그 세 가지가 얼마나 충족되느냐의 차이가 있기 때문이다.

타의가 아닌 자의에 의한 노력

지금까지 살펴보았다시피 활동을 능력으로 전환시키고 개선 능력, 창조 능력을 핵심 능력으로 끌어올리려면 두 가지 조건을 갖추어야 한다. 다시 한 번 확인해 보자. (도표 7.3)

도표 7.3 ▸ 합리적 필연성과 합리적 시스템

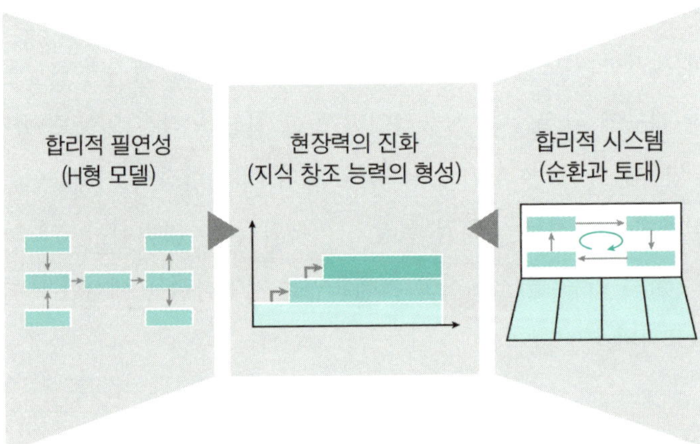

① 합리적 필연성(필요조건)

무엇을 위해, 무엇을 중시해 이 활동을 하는지를 각자가 이해하고, 납득하며, 수긍해야 한다는 것이다.(H형 모델)

② 합리적 시스템(충분조건)

활동을 능력으로 전환하는 과정에서 능력 형성에 필요한 요소를 갖추어 순환적인 시스템을 형성해야 한다는 것이다.(개선의 순환과 그것을 뒷받침하는 토대)

합리적 필연성과 합리적 시스템이 갖추어지면 활동은 능력으로 전환되고 비범한 현장이 탄생한다. 이때 현장력을 강화하려면 이치에 맞게 논리적으로 접근해야 한다. 그런데 진정한 자율에 의해 움직이는 현장을 만들려면 고압적인 접근으로 현장에 강요하는 형태가 되어서는 안 된다. 타의가 강하게 작용하면 현장의 반발을 살 뿐이다. 타의가 아니라 자의로 굴러가도록 하는 것이 중요하다. 여건을 조성하고 현장의 눈높이에서 저해요인을 제거하여 현장이 자신들의 의지로 해야 한다는 것, 그럴 수밖에 없다는 것을 알 수 있는 상황을 펼쳐야 한다. 멀리 돌아가는 것 같지만 시간을 들여 조심스럽게 축적한 능력이 진짜 능력이다.

제8장

지식노동자 키우기

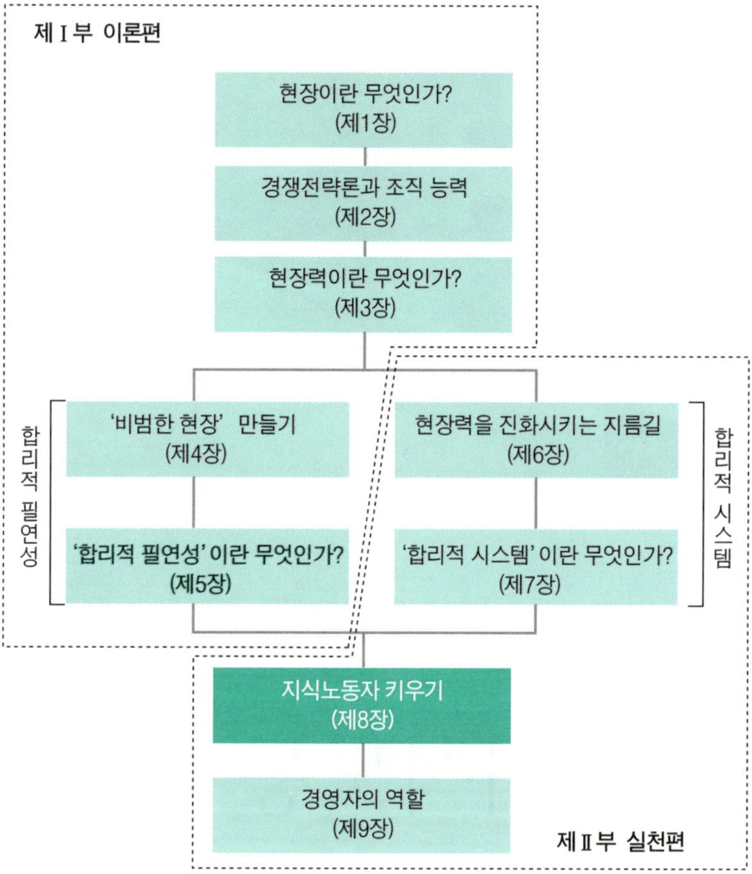
제 I 부 이론편
현장이란 무엇인가?
(제1장)
경쟁전략론과 조직 능력
(제2장)
현장력이란 무엇인가?
(제3장)
합리적 필연성
'비범한 현장' 만들기
(제4장)
'합리적 필연성' 이란 무엇인가?
(제5장)
현장력을 진화시키는 지름길
(제6장)
'합리적 시스템' 이란 무엇인가?
(제7장)
합리적 시스템
지식노동자 키우기
(제8장)
경영자의 역할
(제9장)
제 II 부 실천편

1 무명씨(無名氏)의 지식을 활용하라

매뉴얼노동자에서 지식노동자로

현장력이라는 조직 능력은 지식노동자가 존재해야만 진화할 수 있다. 현장에서 업무에 종사하는 사람들이 각자 업무를 수행하는 데 그치지 않고 지식 창조를 위해 애를 쓸 때 조직 능력은 고차원으로 발전할 수 있다. 현장에서 지식 창조 능력을 형성하려면 점을 면으로 만들고, 면을 입체로 진화시켜야 한다. 그리고 그 작업은 지식노동자를 공들여 키우고 그 숫자를 늘리는 작업이다. 8장에서는 지식노동자를 키우는 데 대해 생각해 보고자 한다. 현장력은 한 사람의 천재에 의해 만들어지는 것이 아니다. 직원 한 사람, 한 사람이 특출한 재능을 가지고 있지 않아도 현장에서 깨달은 바와 발견한 바를 바탕으로 사고하고, 지혜를 짜내며, 창의적 고민을 할 때 현장력은 단련된다. 현장에서 땀을 흘리는 이름 없는 노동자들의 지혜, 이름하여 무명씨의 지식을 최대한 활용하는 것이 우수한 현장력의 원천인 것이다. 하지만 사람이라는 자산을 활용하기가 쉽지만은 않다. 드러커는 이렇게 지적한 바 있다.[1]

> "대부분의 매니저는 온갖 자원 중 사람이 가장 활용되지 못하고, 잠재 능력이 개발되어 있지 않다는 사실을 알고 있다. 그런데 현실적으로 사람을 매니지먼트할 때 기존 접근의 대부분은 사람을 자원이 아니라 문제, 잡일, 비용으로 취급하고 있다."

---

1 출처: 피터 드러커 著, 《피터 드러커, 매니지먼트》 (2001) (2007년에 국내 출간된 제목임 - 역자).

개선 능력, 창조 능력을 핵심 능력으로 끌어올리려면 기본적인 업무 수행 단계에 머무는 매뉴얼노동자를 지식을 창조할 수 있는 지식노동자로 변신시켜야 한다. 현장력을 이야기할 때 가장 가치 있는 개선이란 바로 매뉴얼노동자를 지식노동자로 변신시키는 일이다. 도요타 자동차에서 '개선의 신' 이라 불리는 사람들로부터 이런 이야기를 들은 적이 있다.

> "무엇을 위해 개선을 하는지가 중요하다. 우리는 개선을 통해 비용 절감이나 품질 개량 등 눈앞의 효과를 얻을 수 있다. 이것도 중요하다. 하지만 더 중요한 것은 개선을 통해 개선을 하려는 인간, 개선을 할 수 있는 인간을 키우는 일이다."

이 말에는 무척 깊은 의미가 숨어 있다. 다시 말해 이 말은 본질적인 지적이다. 많은 기업이 눈앞의 효과만을 노리고 개선에 도전하지만 경영에서 보다 중요한 것은 조직 차원에서 지속적으로 개선을 실천할 수 있는 인재를 키워 조직 능력을 구축하는 일이다. 우직한 실천을 통해 활동은 능력으로 부화한다. 그리고 그 과정에서 현장력을 만들어내는 지식노동자가 탄생한다. 평범한 현장과 비범한 현장의 차이는 바로 거기에 있다고 해도 과언이 아니다.

현장을 연구하라

지식노동자는 현장에서 자란다. 아니, 현장만이 지식노동자를 키워낼 수 있다. 방법론과 기법, 수단은 책상에 앉아서도 배울 수 있지만, 현장은 지식을 초월한 존재다. 배운 지식을 각 현장의 실태에 맞추고 시행착오를 거쳐 가며 개선, 창조를 실천해야 한다. 현장에서 흙투성이가 되어 문제와 정면으로 부딪치고 지혜를 짜내기, 실패를 거듭하며 그로부터 배우면서 개선이란 무엇인지를 몸으로 체득하기. 그렇게 얻은 경험이 진짜 경험이다. 그것이 바로 실천지(實踐知)다. 도요타 자동차의 제조 현장에서는 '자주연(自主硏)'이라는 활동을 오랫동안 펼쳐 왔다. 자주연구회의 약어인데, 현장에서는 '자주 연구'와 '자주 연수' 두 가지 의미를 담아 사용한다고 한다. 그들의 제조 현장은 베테랑 지식노동자에게는 또 다른 진화와 심화를 목표로 '연구'하는 장이며, 경험이 일천한 사람들에게는 베테랑과 함께 연구에 참여함으로써 고도의 '연수'를 받는 장이기도 하다. 연구는 기초 연구와 연구개발을 담당하는 일부 기술자들만의 전유물이 아니다. 각 현장의 업무와 설비, 시스템이 연구 대상인 만큼 현장 종업원들은 연구 마인드를 가져야 한다. 도요타의 제조 현장에서 일하는 사람들은 단순한 작업자가 아니다. 그들은 연구자이며 실천자이기도 하다. 그들은 '더 나은 방법은 없을까?', '조금 더 고민할 수는 없을까?'를 항상 생각하고, 업무 처리 방법, 설비와 시스템, 관리의 바람직한 형태를 연구하며 스스로 분석하고 창의적 고민을 한다. 도요타가 자랑하는 경쟁력의 본질은 현장에 지식노동자라는 연구자 겸 실천자가 존재하는 데 있다.

신분의 차이가 의미하는 바

일본 국내 현장에 비정규직이 늘고 있다. 2013년 현재 비정규직의 숫자는 1906만 명으로 10년 전보다 약 400만 명이 늘어났다.[2] 이는 전체 피고

---

2 출처: 총무성, '노동력 조사'.

용자 중 36.6%에 달하는 수치로 세 명 중 한 명 이상은 비정규직인 셈이다. 비정규직의 월 임금은 20만 엔에 못 미치는데, 이는 정규직보다 약 12만 엔 낮은 금액이다. 이렇게 신분, 고용 여건 등이 크게 다른 사람들을 하나로 묶어야 하는 현장 매니지먼트는 정규직이 중심이던 시대와 비교해 훨씬 복잡하며 난이도가 높다. 그런 가운데 현장에서 일하는 비정규직을 정규직으로 전환하는 움직임이 일기 시작했다. 이미 언급한 바대로 패스트리테일링은 국내 약 850개 유니클로 점포에서 일하는 시급직, 아르바이트의 반을 넘는 만 6천 명을 일정 지역 내에서만 근무하는 정규직으로 전환하는 방침을 정했다. 또 홋카이도의 3대 식품 슈퍼마켓 중 하나인 생활협동조합 코프삿포로(COOP SAPPORO)는 계약직 사원 천 명 이상을 지역 한정 정규직으로 채용한다고 발표했다. 이케아 재팬(IKEA JAPAN)은 시급직에 대한 처우를 개선해 정규직과 같은 직무라면 정규직과 동등한 시급으로 환산하겠다고 발표하기도 했다. 이 같은 '정규직 전환'의 배경에는 심각한 일손 부족 현상이 있다. 2014년 3월의 유효구인배율[3]은 전월 대비 0.02포인트 증가한 1.07배로 6년 9개월 만의 높은 기록이었다. 유효구인배율은 2013년 11월부터 1.0을 넘는 수준이 유지되고 있다. 코프삿포로의 오미 히데아키(大見英明) 이사장은 이렇게 말한다.[4]

> "소매 업장은 접객을 얼마나 세심하게 잘 하느냐가 관건인지라 종업원들의 의욕이 모든 것을 좌우한다고 해도 과언이 아니다. 그런 의미에서 크게 기여한 시급직, 계약직 사원들을 다른 회사가 빼가지 못하도록 잘 관리할 필요가 있다."

정규직 전환은 현장에 일정한 효과를 불러올 것이다. 비정규직은 반 년

---

3 유효구인배율 = 월간 유효구인 수/월간 유효구직자 수.

4 출처: 니혼게이자이신문, 2014년 2월 27일자.

또는 일 년마다 고용계약을 회사와 갱신하는 경우가 많아 계약 만료로 인한 고용계약 해지 통보를 받을까 봐 항상 불안감에 시달렸다. 하지만 한정 정규직은 고용기간이 정해져 있지 않기 때문에 장기 고용을 기대할 수 있다. 이러한 고용 안정은 지식노동자 육성을 저해하는 한 가지 요인을 제거한 것이나 다름없다. 그렇지만 '정규직 전환 = 지식노동자화'는 틀린 말이라는 것도 사실이다. 신분을 보장했다고 해서 그만큼 당장 새로운 능력이 개발되는 것은 아니니까 말이다. 정규직 입장에서는 정규직에서 한정 정규직으로 일종의 강등을 당하거나 임금은 비정규직과 차이가 없는 허울뿐인 정규직을 유지하는 데 만족해야 하는 상황에 대한 걱정도 있다. 또 '정규직 vs. 비정규직'이라는 기존 구도가 '정규직 vs. 한정 정규직 vs. 비정규직'이라는 보다 복잡한 신분 제도로 변해 현장이 혼란을 겪는다는 지적도 나온다.

다양한 신분과 조직 능력은 반비례하지 않는다

정규직, 비정규직의 차이뿐 아니라 현장에서는 다양한 신분의 사람들이 함께 업무를 수행한다. 하청기업, 협력회사, 납품회사 등 소속이 다르고 처우가 다른 사람들도 함께 일한다. 사실 그들의 노동 조건을 똑같이 만들기란 비현실적이다. 리먼 사태의 영향으로 일거리가 급감해 모든 파견직 사원에게 계약 해지를 통보한 어느 제조업체의 현장을 방문했을 때, 현장의 한 반장은 눈물을 흘리며 이렇게 말했다.[5]

5 2009년 여름, 중견 자동차 부품 업체를 견학한 후 간담회에서 들은 이야기. 리먼 사태의 여파로 업무량이 반 이하로 줄었다고 했다.

"본사는 현장에서 누가 가치 있는 일을 하는지 전혀 모릅니다. 신분은 파견직 사원이라도 '이 사람이 없으면 현장이 안 돌아간다' 고 말할 수 있는 사람들이 있어요. 그런 사람은 현장의 보석입니다. 반대로 정규직이라는 입장에 있다고 편하게 앉아서 아무런 기여도 하지 않는 사람도 있습니다. 그러니 현장은 신분의 차이를 넘어 팀으로 일해야 해요."

정규직 전환이라는 흐름은 경기 회복, 일손 부족이라는 외형적 여건에 기인한다. 이러다 환경이 변하면 또 다른 경영상의 판단이 내려지고 비정규직에게 그 여파가 미칠 수도 있다. 현장은 다양한 신분의 사람들이 모인 집합체다. 이런 현장에서 '비정규직이라서, 협력회사 사원이라서 지식노동자가 될 수 없다' 고 생각하면서 현장력을 운운하는 것은 몽상이다. 아동복 업체 미키하우스(MIKI HOUSE)를 운영하는 미키쇼쿄(三起商行)의 경우 약 천4백 명에 이르는 판매원 중 8백 명가량이 시급직 또는 아르바이트다. 출산 때문에 회사를 그만두고 출산 후 시급직으로 직장에 복귀한 사람도 많다. 개중에는 유아용품 판매 실적이 정규직으로 일하던 시절의 두 배에 이르는 사람도 있다고 한다.[6] 신분은 비록 시급직이라도 현장에서 드러나는 존재 가치는 매우 큰 경우다. 이 경우만 보더라도 신분이 다를지언정 현장이 하나가 되어 모두가 지식노동자가 되도록 해야 한다는 것을 알 수 있다. 이 목표는 현실적이다. 다양한 신분과 조직 능력은 결코 반비례하지 않기 때문이다.

6 출처: 니혼게이자이신문, 2014년 2월 4일자.

2 지식노동자를 키우는 여덟 가지 관건

환경을 갖추고 조건을 부여하라

지식노동자를 키워 비범한 현장을 만들려면 몇 가지 원리원칙을 감안해야 한다. 지식노동자는 자연적으로 만들어지지 않는다. 지식노동자가 탄생할 환경을 만들고 조건을 부여해야 하는 것이다. 환경이란 지식노동자가 클 수 있는 토양을 말하고 조건은 지식노동자를 키우기 위한 씨 뿌리기를 말한다. 앞서 언급한 몇 가지 원리원칙이란 다음 여덟 가지 항목이다. (도표 8.1).

도표 8.1 ▸ 지식노동자 육성의 두 가지 측면

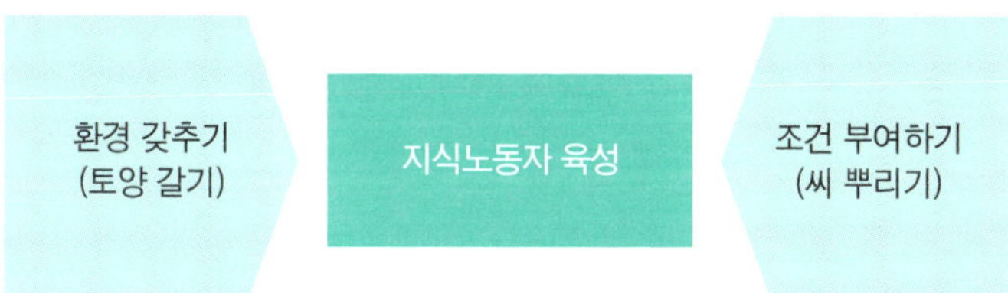

【환경 갖추기】

[첫 번째 원칙] 전원 지식노동자로 키워라

[두 번째 원칙] 핵심 인재를 키워라

[세 번째 원칙] 팀 차원에서 키워라

[네 번째 원칙] 규율을 지키되 자유를 줘라

【조건 부여하기】

[다섯 번째 원칙] 의도적인 제약을 가하라

[여섯 번째 원칙] 세부에 주목하라

[일곱 번째 원칙] 현장의 대전제는 고객이다

[여덟 번째 원칙] 미션(사명)을 수행하라

위와 같은 여덟 가지 원칙에 관해 사례를 섞어가며 하나씩 살펴보자.

첫 번째 원칙 : 전원 지식노동자로 키워라

현장력은 조직 능력이며 집단지성이다. 그래서 현장에서 업무를 수행하는 모든 사람들을 지식노동자로 키우겠다는 생각은 정말 중요하다. 한 사람이라도 매뉴얼노동자에 머물러서는 안 된다. '말도 안 된다. 의욕적인 사람도 있겠지만 그렇지 않은 사람도 있다. 모두를 지식노동자로 키운다는

미니 사례 ❻

전 점포에서 개선을 추진하고 성공사례를 공유하는 코프삿포로

코프삿포로는 홋카이도 전역에서 슈퍼마켓을 운영하는 생활협동조합이다. 도내 150만 명의 조합원이 출자해 운영에 참가한다. 2013년도 매출은 2627억 엔, 경영잉여금(영업이익)은 43억 엔이었다. 특히 경영잉여금은 사상 최고 기록이었다. 2014년 4월 25일 시점의 점포수는 총 109개. 홋카이도 전역을 소화하는 슈퍼마켓의 택배사업은 매주 30만 명이 이용한다. 하지만 경영은 결코 순조로운 길을 걸어왔다고 할 수 없었다. 장기간 지속된 1인 경영 방식, 사업다각화의 실패, 거액의 은행차입금 등으로 인해 1996년에 심각한 경영위기를 맞았던 것이다. 코프삿포로는

구조조정을 단행했고 '남아도 지옥, 나가도 지옥'이라 할 정도로 고통스런 경영개혁에 나섰다. 코프삿포로가 현재의 실적을 회복할 수 있었던 요인 중 하나는 조직 전체가 현장력 향상에 나섰다는 점이었다. 본부가 주도하는 획일적 활동만으로는 새로운 수요를 발굴해 낼 수 없었다. 그래서 각 점포는 각자의 입지, 고객층, 경쟁 상황을 고려한 자체 판촉활동을 벌였고 주로 주력 상품 판매에 매달렸다. 2006년부터는 '카이젠 카드'라는 활동을 시작했다. 매해 1월 1일에 전체 직원과 시급직이 개선 제안을 써내는 것이었다. 그러면 만 장 이상의 카드가 모였다. 본부는 그 카드를 모아 현장이 깨달은 바와 아이디어를 어떻게 활용할 것인지를 검토했다. 그리고 결과는 '카이젠 신문'을 만들어 피드백을 주었다. 각 점포의 독자적 매장 개선 활동도 적극적으로 펼쳤다. 효과적인 활동은 '점포 성공 사례집'으로 엮어 매주 인트라넷으로 공유했다. 예를 들어 한 점포의 식육가공 코너에서는 직원 두 사람이 새로운 도시락을 하나씩 고인해 매출경쟁을 벌였다. 지체 POP 광고[7]도 적극 활용함으로써 동료의식과 경쟁의식을 총동원해 매출 활성화에 기여한 것이다. 현재 월간 성공사례 투고 건수는 백 건을 넘는다. 그리고 모든 점포가 참여해 서로에게 배움으로써 더 나은 점포를 꾸리기 위해 노력하다 보니 이제는 점포뿐 아니라 택배사업 본부와 물류부문도 현장의 개선 활동과 성공사례를 공유하게 되었다. 각 점포는 고객 설문조사를 바탕으로 한 개선 활동도 펼친다. 어떤 의견이 있었고, 어떤 활동으로 이어졌는지는 매월 점포에 붙이는 '점포 카이젠 신문'에 사진과 함께 실어 전체 점포가 공유할 수 있게 한다. 코프삿포로는 1인 경영으로 인한 실패를 우직한 전원 경영으로 극복하며 새로운 미래를 구축하는 중이다.

건 불가능하다'는 불만도 자주 듣는다. 하지만 그런 말은 현장의 가능성을 믿지 않는 사람들의 체념에 불과하다. 현장을 존중하고 그 잠재력을 믿는다면 전원을 지식노동자로 키울 수 있다. 물론 개인별 기여도는 다 다르다. 하지만 인간은 누구나 잠재의식적으로 '더 나아지고 싶다'는 생각을 한다. 그런 생각을 실천하기만 한다면 기여도에 차이가 있다 하더라도 그들은 모두 지식노동자다.

7 point of purchase advertisement: 구매시점광고. 판매점 안팎에서 벌이는 광고, 디스플레이 광고를 말한다.

두 번째 원칙 : 핵심 인재를 키워라

전원을 지식노동자로 키운다 하더라도 핵심적 인재가 없을 수는 없다. 지식노동자의 롤 모델 역할을 하고 경험이 모자란 사람들을 지도, 육성하는 핵심 인재가 있어야만 현장력이라는 조직 능력은 형성된다. 필자는 오래 전부터 '5-20-100' 이론을 주장해 왔다. (도표 8.2) 이는 수많은 현장력 강화 프로젝트에 간여해 온 필자의 독자적인 경험칙이다. 비범한 현장을 만들려면 20%의 인재를 핵심 인재로 만들 필요가 있다. 다섯 명 중 한 사람이 개선 활동을 자발적으로 시작하면 조직 내에 확고한 흐름이 생기고, 머지않아 나머지 80%도 그 흐름에 동참하게 된다. 핵심 인재가 20% 정도 되는지 여부가 비범과 평범이 나뉘는 분기점인 것이다. 하지만 처음부터 20%의 핵심 인재가 존재하는 기업은 드물다. 통상적 조직에서는 5% 정도의 '슈퍼 핵심 인재'로 시작하는 것이 현실적이다. 그 5%의 슈퍼 핵심 인재가 개선 활동을 시작하고, 성과를 쌓음으로써 20% 정도의 인원에게 확산시키는 것이 중요하다. 5%의 슈퍼 핵심 인재, 20%의 핵심 인재를 키

도표 8.2 ▸ '5-20-100' 이론

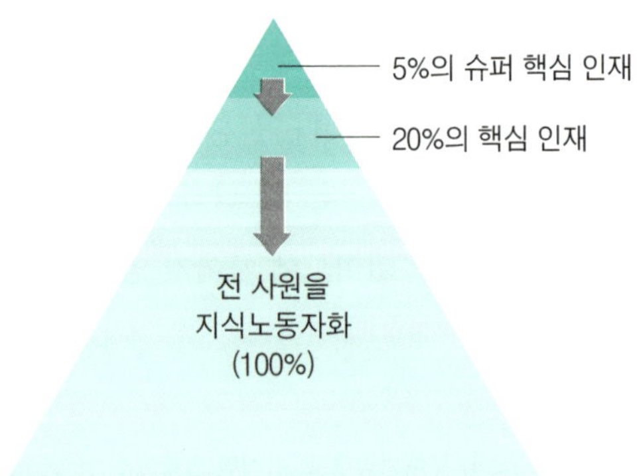

울 때는 후보자를 정확히 추출해 명단을 만들어 놓는 것이 좋다. 그렇게 해서 그 인재들에게 동기를 부여하고 집중적인 교육과 지원을 하는 것이다. 5%가 시작하고 20%가 확산시켜 100%가 참여하게 하라. 이렇게 하면 현장력이 조직 능력으로 진화하게 된다.

미니 사례 ❼

열성을 다해 현장장을 키우는 JR 히가시니혼

JR 히가시니혼은 역사(驛舍) 내에 적극적으로 상업시설을 유치하고, 전자 결제가 가능한 승차카드인 스이카(Suica)를 선보여 세간의 주목을 받았지만 본업은 어디까지나 철도 사업이다. 운영 중인 70개 노선 구간의 총영업거리는 약 7500km, 역 수는 화물역 5개 역을 포함해 1699개, 하루 수송인원은 약 1680만 명(2012년도)에 달한다. 수도권 주요 사철(私鐵) 중 하나인 도큐전철(東急電鐵)의 경우 영업거리가 약 100km, 하루 수송인원은 약 280만 명인 점을 고려하면 이 철도 사업의 규모가 얼마나 거대한지 알 수 있다. 두말할 필요 없이 철도 사업의 최대 사명은 '안전'이다. 대단히 광범위한 지역에서 사업을 전개하는 JR 히가시니혼에게 안전 확보는 최대 사명이자 경영상 최우선 사항이다. JR 히가시니혼은 이를 위해 기존에도 다양한 노력을 했고 ATS(Automatic Train Stop: 자동정지장치) 등의 안전기술에도 거액을 투자했다. 현재는 그룹 차원에서 전개 중인 '그룹 경영구상 V'를 통해 '궁극의 안전'을 위해 총액 3천억 엔의 내진보강대책 등을 추진 중이다. 하지만 기술에 대한 투자만으로는 진정한 안전을 확보할 수 없다. 예상 밖의 자연재해나 휴먼에러에 의한 실수도 사고의 원인이 될 수 있기 때문이다. JR 히가시니혼에는 현재 차량센터, 기술센터 등 726개 현업 기관이 있고, 직원 수는 4만4천 명에 이른다. 운전사, 차장, 검수 등을 관장하는 운수차량부문만 해도 125개 현장에서 총 2만1천7백 명의 직원이 업무에 종사 중이다. 이만큼 거대한 조직에서 노동자 한 사람, 한 사람이 늘 긴장감을 유지하며 할 일을 하면서도 안전 확보를 위해 얼마나 능동적, 자율적으로 움직일 수 있을지는 참으로 중요하다. 안전 확보의 관건은 첨단 안전기술에 대한 투자와 더불어 안전을 직접 관리하는 사람들에 대한 투자다. 사고의 재발을 방지하는 데에는 안전 기술과 시스템 확립이 효과적이지만 미연에 방지할 수 있는 것은 사람밖에는 못하는 일이기 때문이다. 현장에서 업무에 종사하는 사람들이 사고의 징후를 미리 알아차리지 못하면 궁극의 안전 확보는 실현할 수 없다. 현장의 일상 업무에 '안전을 심어 넣는 사람' 즉 '안전의 파수꾼'을 육성하는 것만이 진정한 안전대책이다. 그래서 JR 히가시니혼에서는 2005년도부터 '현장장(現場長) 단련 학원'을 개설했다. 2014년에 퇴임한 세키지 쓰기오(石司次男, 현재 그룹 산하 아트레(atre) 사장) 전 부사장의 머리에서 탄생한 프로그램이다. 현장장 단련 학원에서는 전체 현장장 약 130명을 대상으로 4회에 걸쳐 1박 2일 동안 합숙하면서 안전에 관해 철저히 논의하며 현장장의 의식 개혁, 행동 개혁을 이끌어낸다. 현장에서 안전을 확보하는 핵심 인재는 현장을 통솔하는 현장장이다. 현장장이 안전을 지키는 통솔력을 갖추지 못하면 현장 사원들이 '안전의 파수꾼'이라는 이름의 지식노동자로 거듭날 수 없다. 다른 철도회사들도 비슷한 연수를 실시하지만 현장장 단련 학원은 몰입도가 높고 열성적이라는 점에서 다르다. 일반 연수의 경우 경영 간부의 강의를 듣더라도 고작 1시간이면 집중도가 떨어지는데, 현장장 단련 학원에서는 중역인 세키지 쓰기오 전 부사장이 직접 1박 2일 동안 함께 프로그램을 소화하면서 합계 5시간 이상을 직접 강의해도 몰입도가 유지된다. '현장장으로서 당신은 무엇을 해야 하나?'를 주제로 소그룹 토의를 벌이고 마지막에는 각자가 결의를 발표한다. 때로는 날카로운 비판과 지적도 따른다. 경영 간부와 현장장이 같은 시간을 공유하며 농밀한 논의를 거듭하는 현장장 단련학원은 단순한 연수가 아니라 참석자들이 안전에 대해 똑같은 열의를 보이고 익히기 위한 장인 것이다. 안전 확보가 절실한 경영 간부가 자신들의 '분신'과도 같은 현장장을 육성하고, 현장장은 또 그들의 '분신'과도 같은 현장을 키운다. 시간과 노력이 들고 멀리 돌아가는 느낌이 들지 모르지만, 그러한 과정을 거쳐야 핵심 인재를 키울 수 있다. 인재 육성을 위한 투자는 결코 금전적 투자만 가리키는 것이 아니다. 경영 간부가 얼마나 자신들의 시간을 투자했는지까지 포함되는 이야기다.

세 번째 원칙 : 팀 차원에서 키워라

현장력을 높이는 활동은 핵심 인재를 중심으로 한 팀, 즉 소집단이 추진해야 한다. 드러커는 그의 저서를 통해 '지식노동은 팀을 이루어 추진하는 것'이라 지적한 바 있다.[8] 팀으로 추진하는 데에는 두 가지 의의가 있다.

8 피터 드러커 (1969).

하나는 '상호자극성'이다. 서로의 의견을 교환하고, 자극을 주고받음으로써 아이디어는 선순환을 이루게 된다. 그렇게 팀으로 파고들면 혼자서는 떠올리지 못하는 참신한 아이디어가 나온다. 덴소의 '천 개의 아이디어 타진'이 그 좋은 예다. 현장의 창조성은 '건전한 대립관계'에 의해 탄생한다. 의견과 발상이 다른 대립축을 가진 사람들이 격렬하게 의견을 주고받으면 충돌이 생기는데 바로 거기서 돌파구가 찾아지는 것이다. 두 번째 의의는 '차세대 핵심 인재의 육성'이다. 지식노동자는 현장에서 육성되듯이 차세대를 짊어질 핵심 인재는 팀으로 접근할 때 육성된다고 할 수 있다. 팀은 새로운 핵심 인재를 탄생시킨 뒤, 핵분열을 일으켜 또 다른 팀을 형성하게 된다. 따라서 핵심 인재의 DNA를 이식해 모두가 지식노동자로 거듭나기 위해서는 팀으로 접근해야 한다.

미니 사례 ❽

견고한 팀워크로 신칸센 극장을 선보인 텟세이

JR 히가시니혼 그룹의 청소회사 텟세이는 신칸센 청소업무를 팀으로 수행한다. 한 팀의 구성원 수는 22명이며, 각 팀에는 '업무총괄주사'라 불리는 관리자가 한 명씩 배치되고 그 외에 주임, 팀 어시스턴트, 일반 사원이 편성된다. 텟세이가 자랑하는 세계에서 가장 빠른 속도로 펼쳐지는 청소 쇼를 성공적으로 수행하려면 팀워크는 필수적이다. 각자의 역할을 수행하기만 하는 것이 아니라 상황에 맞춰 상부상조하고 협력하지 않으면 7분 안에 완벽하게 청소를 끝낼 수 없기 때문이다. 팀이 현장에서 팀으로서의 기능을 다하려면 현장 밖에서부터 작은 궁리를 할 필요가 있다. 텟세이에서는 구성원끼리의 의사소통 속도를 높이기 위한 다양한 궁리를 한다. 팀의 리더인 업무총괄주사는 매일 구성원 한 사람, 한 사람에게 반드시 말을 건다. 설사 한마디에 그칠지라도 대화를 나누는 것이다. 그렇게 함으로써 구성원들의 컨디션과 정서 상태 등을 확인할 수 있다. 짧은 대화를 통해 얻는 바는 결코 적지 않다. 또 청소작업을 하러 가기 전에 전원이 대기하는 대기실에 의자와 테이블이 있는데,

누가 어떤 의자에 앉을지를 그날의 담당이 정하고 담당은 매일 바뀐다. 이는 같은 구성원들끼리만 모이는 것을 방지하고 다양한 구성원들과 이야기를 나누며 서로를 알아가는 기회를 만들기 위해서다. 예전에는 사이좋은 구성원들끼리만 뭉쳐 파벌 같은 분위기도 형성되곤 했다. 그런데 그래서는 정보 전달과 의사소통에도 지장을 초래하게 된다. 팀으로서 일체감을 양성할 수도 없다. 그래서 앉는 자리를 고정시키지 않고 변화를 주어 구성원들끼리 차별대우 없이 의사소통할 수 있도록 배려하는 것이다. 그리고 팀 리더는 '스몰 미팅'을 자주 연다. 5분만이라도 모여 구성원들에게 방침을 철저히 주지시키고, 현장의 의견에 귀를 기울이기 위해서다. 이 같은 꾸준한 노력이 '최강의 팀'을 만든다. 사람들이 모이기만 한다고 팀이 형성되는 것은 아니다. 공통의 목표를 공유하고 구성원들끼리 관계성이 구축되어야 팀이다. 작은 궁리, 반복적 노력에 의해 팀은 힘을 발휘하고 굳건해질 수 있다.

네 번째 원칙 : 규율을 지키되 자유를 줘라

자유는 창조의 어머니다. 그리고 더 나아지고 새로운 것을 만들어내는 활동이야말로 현장에서 시작되는 창조다. 그러한 창조를 실현하려면 현장의 자유도를 높여야 한다. 자유도를 높인다는 것은 권한을 넘긴다는 뜻이다. 현장에 대한 권한 위임은 현장의 판단에 맡겨야 더 좋은 결과를 낳을 수 있다는 생각에서 비롯되며, 이것이 바로 자율이다. 물론 경영을 하는 이상 관리(control)는 피할 수 없다. 하지만 관리를 강화하기만 해서는 창조가 있을 수 없다. 그래서 우리가 지향해야 하는 모습은 '자율 관리(self-control)'가 가능한 현장이다. 누군가에 의해 관리를 받는 것이 아니라 스스로가 주도적으로 관리하면서 창조를 이루어가는 것이다. 자주성, 자발성, 자율성이 높은 현장을 만들어야 관리 강화라는 덫에서 벗어날 수 있다. 그런데 현장에 얼마만큼의 자유를 부여해야 하는지는 현장의 조직 능력에 따라 달라진다. 유지도 제대로 안 되는 현장, 규율이 부족한 현장에 자유를 준다는 것은 자살행위나 다름없다. 반대로 개선 능력을 확립한 현장은 자유도를 높임으로써 더 고차원적인 능력으로 진화할 것으로 기대할 수 있다. 따라서 얼마만큼의 자유를 줄 것인지 정하기 위해서는 우선 현장력의 수준을 냉정하게 판단해야 한다.

미니 사례 ⑨

평가를 가시화해 자율적으로 진화하는 야마토 운수

야마토 운수 택배 사업의 최전선인 각 센터에서는 배송원 개인별로 '마이 UP 시트'라 불리는 개인 평가 용지를 사용해 업무수행을 가시화한다. 이 용지는 약 15개 평가 항목에 대해 전날의 업무와 목표와의 차이, 업적 수행 관련 내용들을 수치화해 레이더 차트(radar chart)로 표시하는 것이다. 예를 들어 출근 후 출고까지 걸리는 시간(출근-출고), 센터에 돌아와서 퇴근하기까지 걸리는 시간(귀고-퇴근), 오전 8시대에 배달을 완료한 비율(8시대 배송완료율), 오전 중에 배달을 완료한 비율(AM 배송완료율) 등의 항목을 수치화하여 종합 순위를 내고 종합판정(S, A, B 등)을 한다. 이렇게 하면 각 배송원의 약점과 과제가 일목요연하게 드러나게 된다. 그런데 이 시스템의 목적은 배송원 개인의 실적에 순위를 매겨 단순히 줄 세우기를 하려는 것이 아니다. '마이 UP 시트'는 센터 내 조직 능력을 평가하고 높이기 위한 지원 도구다. 야마토 운수의 실적 평가는 센터 단위로도 이루어진다. 전국 약 6천 개 센터에 대한 평가 결과를 매일 눈에 보이는 형태로 공개하는 것이다. 그러면 그 순위를 끌어올리기 위해 각 센터가 자율적으로 창의적 궁리를 하고, 센터 구성원들이 모두 지혜를 짜낸다. 직원들 입장에서는 점내 순위가 특히 신경 쓰일 수밖에 없다. 그래서 바로 옆 경쟁 상대를 이기겠다는 경쟁의식이 자연히 나타나게 되는데, 이것이 현장의 사기 진작으로도 이어진다. 해결 과제가 있는 배송원에게는 그 과제를 해결할 수 있도록 센터장과 부센터장이 중심이 되어 업무 개선을 위한 조언을 해준다. 때로는 배송원과 차량에 동승해 현장 지도를 하기도 한다. 이상을 종합해 볼 때 '마이 UP 시트'는 본사가 현장을 관리하기 위한 도구가 아니다. 센터장을 중심으로 뭉친 현장이 자주적, 자율적으로 자신들의 생산성과 품질, 서비스를 높이기 위한 인프라인 것이다.

다섯 번째 원칙 : 의도적인 제약을 가하라

현장에는 온갖 제약이 흘러넘친다. 한정된 경영 자원, 한정된 공간, 한정된 정보……. 그런 제약들 속에서 개선과 창조를 실현해야 하는 곳이 현장이다. 그런데 그런 제약들이 현장을 강하게 단련시키는 것도 사실이다. 도요타 자동차의 오노 다이이치 부사장은 '지혜라는 녀석은 힘들 때만 나타난다'고 했다.[9] 제약이 있기 때문에 현장은 지혜를 짜내고 창의적 궁리를 한다. 그리고 그 과정에서 지식노동자가 탄생한다. 반대로 제약이 없는 현장에서는 지식노동자가 탄생하기 어렵다. 따라서 일부러 제약을 가함으로써 생각하는 현장, 창의적으로 고민하는 현장이 만들어질 수 있다. 비범한 현장은 제약을 양식으로 삼는 법이다.

미니 사례 ⑩

연속적 프로모션 캠페인으로 국민적 아이스캔디를 만들어낸 아카기 유업

'가리가리군(ガリガリ君)'은 어린아이부터 노인까지 폭넓은 층에게 사랑받는 일본의 국민적 아이스캔디다. 2013년도에만 4억 8천만 개가 팔렸다. 2007년에 2억 개를 뛰어넘은 후 불과 6년 만에 2배로 늘어난 것이다. 원조 격인 소다 맛과 배 맛에 콘 포타주 맛, 스튜 맛, 나폴리탄 맛 등 참신한 맛이 하나둘 더해지며 돌풍을 일으킨 덕이었다. 이에 제조판매사인 아카기(赤城) 유업의 매출도 2003년에 185억 엔이었던 것이 2013년에는 377억 엔으로 뛰어올랐다. 가리가리군의 인기를 뒷받침하는 것은 독특한 판촉 전략이다. 다양한 프로모션 캠페인을 쉬지 않고 펼쳐 화젯거리를 만들고, SNS 등을 활용해 입소문을 유발, 확산시키는 것이 이들의 전략이다. 또 여러 기업과의 협업을 기획해 가리가리군의 홍보에 활용하기도 한다. 아카기 유업의 프로모션 캠페인은 연간 백 개가 넘는다. 이런 전략을 구사하게 된 계기는 판촉 예

---

9 오노 다이이치 (2001).

산이 빠듯하다는 제약에 있었다. 역사상 손꼽히는 무더위로 기록된 2004년에 가리가리군의 매출은 사상 최고를 기록했다. 하지만 사상 최고를 기록한 다음해의 매출은 떨어지는 것이 경험상 당연했다. 마케팅부, 영업부는 한정된 판촉 예산을 활용해 매출 하락을 막아야 했다. 그래서 현장이 지혜를 짜냈고 돈이 안 드는 프로모션 캠페인을 닥치는 대로 펼쳤다. 매장에서 직접 가리가리군의 다양한 종류, 제품의 스토리를 알리기 위해 '레인보우 매장'[10]이라는 아이디어를 냈고, 가리가리군의 팬클럽인 '가리가리부'를 창설했으며, 인형 탈, 제비뽑기, 휴대폰 게임, 만화 등과의 협업을 기획하는 등 떠오르는 아이디어를 하나씩 실행했다. 그 결과 1억 5천만 개 정도에서 수준을 유지하던 판매 개수는 급기야 2007년에 이르러 2억 2천만 개를 뛰어넘었다. 현장발 프로모션 캠페인이 돌파구를 만들었던 것이다. 아카기 유업의 현장은 그 이후에도 지속적으로 프로모션 캠페인을 펼쳤다. 효과는 엄청났다. 가리가리군은 판매 개수 1억 개를 돌파하는 데 19년이 걸렸고, 2억 개 돌파에는 7년이 걸렸다. 이후 3억 개 돌파에는 3년, 4억 개 돌파에는 불과 2년밖에 걸리지 않았다. 만약 당시의 아카기 유업에 풍부한 판촉 예산이 있었다면 가리가리군은 지금과 같은 국민적 아이스캔디가 되지 못했을 수도 있다. 제약에서 시작된 연속적 프로모션 캠페인이 아카기 유업의 독자적인 성공 방정식을 만들어낸 것이다.

여섯 번째 원칙 : 세부에 주목하라

현장력은 자기 주변을 개선하는 활동을 통해 단련된다. 현장에는 무수히 많은 문제가 존재한다. 문제없는 현장은 존재하지 않는다. 그런 문제를 직접 발견하고, 해결하는 노력을 통해 지식노동자는 탄생한다. 현장의 생산성과 효율성은 작은 아이디로도 개선된다. 오히려 자기 주변의 세부를 주목한 개선이야말로 극적인 효과를 거둘 수 있다. 덴소의 금형 교환 시간 단축이나 양품계획의 업무 개선 사례만 봐도 알 수 있다. 하나하나의 개선은

10 가리가리군의 발매 25주년을 기념해 열 가지 맛의 가리가리군을 모두 전시해 판매하는 매장을 가리킨다.

작게 느껴지지만 알고 보면 실제 업무에 종사하는 현장 사람들만이 할 수 있는 본질적인 개선이었던 것이다. 경쟁이라는 관점에서 볼 때 미세한 차이는 결정적인 차이가 될 수 있다. '작다(small)'는 것과 '세밀하다(subtle)'는 것은 전혀 다른 개념이다. 비범한 현장은 결코 작은 일을 하는 것이 아니다. 그들은 세밀한 부분에 주목하며 문제를 뿌리부터 해결하려 한다. 그렇다고 작은 일이 나쁘다는 이야기가 아니다. 지식노동자는 자기 주변의 작은 개선을 통해 단련된다. 작은 개선도 못하면서 큰 개선을 할 수는 없는 노릇이라는 말이다. 중요한 것은 설사 작다 하더라도 세부에 주목하는 자세다. 표면적인 노력이 아니라 본질을 간파해 어떻게 하면 더 나아질 수 있을지를 생각하고, 핵심이 되는 세부를 철저히 파고들어야 한다. 깊이는 세부를 파고들 때 비로소 얻어진다. '전략은 세부에 깃든다'고 한다. 표면적으로는 비슷하게 보이지만 사소한 궁리, 집착이 세부에 접목되는지 여부가 전략의 우열을 결정한다. 세부에 주목해 미세한 차이를 낳는 지식노동자가 탄생해야 진정으로 차별화된 전략도 세울 수 있다.

미니 사례 ⑪

현장의 창의적 고민 덕에 인기 동물원으로 거듭난 아사히야마 동물원

홋카이도의 대표적 관광지로 손꼽히는 아사히야마(旭山) 동물원. 연간 170만 명 가까운 입장객이 몰리는 이 동물원은 현장력 덕에 수렁에서 탈출한 역사가 있다. 때는 바야흐로 동물원 입장객이 줄어들고 1994년에 유행한 포충증[11]에 관한 소문으로 인해 동물원 입장객 수가 더욱 줄어든 시기였다. 1996년의 입장객 수는 사상 최저인 26만 명까지 곤두박질쳐 아사히야마 동물원은 폐원의 위기에 직면해 있었다.

---

11 단방조충(Echinococcus granulosus)의 유충에 의해 발생하는 기생충성 질병. 목축업이 발달한 지역의 목장에서 유행하는 경우가 많다.

그런데 그 작은 지방 동물원이 기적적으로 부활했다. 2004년에 문을 연 바다표범관은 심지어 언론에도 대대적으로 보도되면서 이곳은 단숨에 전국구 동물원으로 부상했다. 동물 본래의 움직임을 이끌어내 보여주는 '행동전시'라는 전시 방법이 동물원 업계의 혁신이라는 호평이 이어진 것이다. 박력 넘치는 다이빙을 보여주는 북극곰, 물속을 총알처럼 빨리 헤엄치는 펭귄 등 '생명의 힘'을 보여주는 다양한 아이디어는 현장 사육 담당자의 머리에서 나왔다. 행동전시의 원형이라 할 수 있는 것은 '원 포인트 가이드'다. 동물원이 적자의 수렁에 빠졌을 당시 동물들이 얼마나 멋진지를 알기 쉽게 알려주기 위해 동물의 행동에 주목해 입장객들에게 설명하기 시작한 것이 바로 이 원 포인트 가이드다. 한 사육 담당 직원이 조류에 관한 조사를 하다가 '연구자들이 새에게 모이를 주려고 과일을 놔뒀더니 야생 붉은 코 코아티(비슷한 종류의 동물들을 '코아티'라고 하고, 이 종은 인디언 말이라서 '붉은 코 코아티'라고 합니다. 인터넷에는 '코코아티'라고 나와 있는데 띄어쓰기가 잘못된 것입니다 – 역자)[12]가 와서 먹어버렸다. 그래서 연구원들은 과일을 나뭇가지에 매달아 놓는 등 온갖 수를 썼지만 그래도 매번 붉은 코 코아티에게 당하기 일쑤였다.'는 일화를 알게 되었다. 그 행동이야말로 붉은 코 코아티가 얼마나 영리한지를 보여줄 것이라 생각한 사육 직원은 전시 방법을 바꾸었다. 우선 공중에 철사를 가로로 매어 놓고 그 철사에 끈으로 묶은 바나나를 매달았다. 붉은 코 코아티가 못 올라갈 정도의 높이였다. 그런데 바나나의 향을 맡은 붉은 코 코아티는 벽을 타고 기어 올라가 외줄타기 하듯 철사 위를 건너가 바나나가 달린 끈을 끌어당겼고, 보란 듯이 바나나를 손에 넣었다. 야생이 아니라 동물원에서 사육한 붉은 코 코아티였지만 야생 상태와 똑같이 나무를 오르고 가지를 건너는 능력을 발휘하는 특유의 행동을 보여준 것이었다. 사육사가 붉은 코 코아티의 습성과 능력을 해설하자 입장객들의 호평이 쏟아졌다. 행동전시는 이때부터 진화하기 시작했다. 입장객들이 항상 많이 몰리는 곳은 바다표범관, 펭귄관, 북극곰관 같은 대규모 전시시설이지만 아사히야마 동물원의 진면목은 이런 작은 창의적 고민에 있다. 동물들에 관해 구석구석 잘 아는 사육사들의 지혜가 모든 전시시설에 묻어나기 때문이다. 예를 들어 기린의 긴 혀를 보여주기 위한 먹이통, 코끼리와 코뿔소들이 모래놀이를 할 수 있는 운동장, 북방여우가 경사면에 굴을 파고 숨는 습성을 이용한 관찰 터널 등 여기저기에 현장의 창의적 궁리가 활용되고 있다. 그 궁리들은 작은 아이디어로 이어졌지만 동물들의 습성과 특성을 모른다면 생각해 낼 수 없는 깊이 있는 궁리였다. 아사히야마 동물원이 대단한 진짜 이유는 세부에 주목하는 지식노동자들에게 있다.

12 학명은 Nasua nasua. 미국너구리과의 잡식성 동물. 몸 크기는 73～136cm, 무게는 3～6kg.

일곱 번째 원칙 : 현장의 대전제는 고객이다

서비스업과 소매업 현장처럼 고객과 직접 만나는 현장에서는 매일 이루어지는 고객과의 교류 그 자체가 개선을 가속화하고자 하는 자극으로 작용한다. 자신들의 지혜와 노력에 대한 고객의 반응이 직접적으로 돌아오기 때문이다. 그에 비해 제조현장 등은 고객과의 직접적인 교류가 없어 고객을 일상적으로 의식하기가 쉽지 않다. 그 결과 아무래도 안으로 닫힌 활동으로 흐르기 쉽다. 하지만 현장이 존재하는 이유가 무엇인지를 근본적으로 따져보면 고객을 위한 가치 창출이라는 데 이견이 없을 것이다. 현장이 담당하는 기능과 역할에 따라 고객과의 거리는 다르지만 모든 현장은 고객과 연결되어 있다. 모든 현장에는 고객이라는 대전제가 있다는 것이다. 고객과의 거리가 먼 현장이 개선 능력을 높이고 지식노동자를 키우려면 현장 사람들이 '현장의 대전제는 고객'이라는 사실을 자각하게 해야 한다.

미니 사례 ⑫

현장의 대전제가 고객임을 알고 품질을 극적으로 개선시킨 마더하우스

마더하우스(Motherhouse)는 2006년에 야마구치 에리코(山口繪理子) 사장이 설립한 벤처 기업이다. '전 세계에 통용되는 개도국발 브랜드를 만들겠다'는 어려운 목표를 걸고 방글라데시와 네팔에서 가방과 의류를 생산해 일본과 대만에서 판매하는 기업이다. 현재는 일본 국내에 11개 점포, 대만에 4개 점포를 열어 순조롭게 실적을 늘리는 중이다. 직원들도 일본, 대만, 방글라데시, 네팔을 합하면 2백 명이 넘는다. 야마구치 에리코 사장이 방글라데시라는 나라와 인연을 맺은 것은 대학교 4학년 때 미국 워싱턴의 국제원조기구인 미주개발은행(The Inter-American Development Bank)에서 인턴으로 근무하던 때였다. 당시 야마구치 사장은 현지에 직접 가보지도 않고 조직 내 승진에만 신경을 쓰는 사람들의 모습에 거부감을 느꼈다. 그래서 무작정 당시 아시아에서 가장 가난한 나라였던 방글라데시로 날아갔다. 수도 다카(Dacca)의 대학원에 다니면서 대형 상사의 현지법인에서 일하던 야마구치 사장은 쌀 포대로 쓰이는 황마(黃麻)라는 소재를 알게 되었다. '이 황마로 선진국 사람들이 사고 싶어할 가방을 만들자'고 생각한 그녀는 당장 회사를 차렸다. 하지만 사업은 고난의 연속이었다. 정정불안, 인프라 부족, 제휴공장의 배신……. 온갖 어려움을 하나씩 극복해야 했다. 그중 하나가 품질이었다. 싼 물건은 품질이 떨어져도 당연하다고 생각하는 직원들에게 선진국 고객들을 만족시킬 수 있는 품질을 철저히 주지시킨다는 것은 참으로 어려운 일이었다. 그 난문을 돌파하는 계기가 된 것이 여행사 에이치아이에스(H.I.S.)와의 제휴를 통한 관광 상품 기획이었다. 일본에서 방글라데시를 찾은 관광객들이 마더하우스의 공장을 견학하는 일정이 포함된 프로그램이었다. 이는 '개도국의 가능성을 실감하는 계기가 되었으면 좋겠다'는 생각에서 2009년부터 시작한 것이었다. 현재까지 15회, 연인원 2백 명 이상이 참가한 인기 프로그램이다. 결과적으로 이 프로그램은 방글라데시의 공장에서 일하는 사람들의 의식을 바꾸는 커다란 기폭제가 되었다. 공장에서는 일본에서 온 관광객 한 사람, 한 사람에게 공장 직원 한 사람씩을 붙여 2인 1조의 팀을 짜 오리지널 에코백을 제작했다. 어떤 가방을 만들고 싶은지 물은 후, 종이로 본을 뜨고 천을 자르고 붙이는 공동 작업을 하는 방식으로 함께 하나의 가방을 만든 것이었다. 가방이 완성되면 모두 모여 발표회를 열었다. 참석한 관광객과 공장 직원들은 각자의 소감을 들었다. 개중에는 감격한 나머지 눈물을 흘리는 관광객도 있었다. 이 프로그램을 시작하고 나서 상품의 품질은 극적으로 개선되었다. 한 공장 직원은 '고객과의 직접적인 만남을 통해 고객이 어떤 취향을 가졌는지, 어떤 물건을 원하는지, 또 어떤 품질이기를 바라는지 직접 들을 수 있었다'며 관광객들을 기다리게 되었다고 했다. 야마구치 사장은 이 프로그램의 효과를 이렇게 분석한다.[13]

> **"우리는 고객을 위해 물건을 만든다. 그런데 그 고객들이 실제로 눈앞에 있으면, '이 사람들이 상품을 쓰는구나'라는 느낌이 들기 때문에 '노력하는 의미, 노력한 결과'에 대해 진정한 깨달음을 얻게 된다."**

고객으로부터 멀리 떨어져 있는 현장이 '현장의 대전제는 고객'이라는 사실을 깨달을 때 현장은 틀림없이 변화를 일으킨다. 그리고 매뉴얼노동자는 지식노동자로 변신하게 된다.

---

13 야마구치 사장을 직접 인터뷰한 내용이다. 그녀는 이 인터뷰에서 방글라데시 현지 직원들의 반응을 일일이 전해 주기도 했다.

여덟 번째 원칙 : 미션(사명)을 수행하라

현장의 대전제는 고객이라는 사실이 지식노동자를 키우는 원천이라 한다면 '미션의 수행' 과정은 탄탄한 현장을 만든다. 비범한 현장의 예로 소개한 덴소의 현장의 뿌리에는 '일본에 제조업의 불씨를 살리겠다'는 강렬한 사명감이 흐르고 있다. 덴소뿐 아니라 도요타 그룹의 기업 현장이 강하고 탄탄한 이유 중 하나도 '제조업 공동화(空洞化)[14]를 막을 사람은 우리뿐이다'라는 강렬한 사명감으로 똘똘 뭉쳐 있기 때문이다. 하지만 대부분의 현장에는 '미션(mission)'이 아니라 '태스크(task: 작업)'만 주어진다. 그래서 주어진 작업만을 완수하는 작업기계가 되고 만다. 하지만 비범한 현장에는 미션이 제시되고 현장은 그 미션을 수행한다. 그리고 그 미션을 수행하기 위해 현장은 지혜를 짜내고 지식노동자를 탄생시킨다. JR 히가시니

미니 사례 ⑬

부모님께 드리는 마음으로 일하는 하가쿠레유신 급식 서비스

호텔사업, 육아지원사업, 자동차운행관리사업 등 다양한 사업을 전개하는 소시오크(Socioak) 그룹에서 급식 서비스사업을 맡고 있는 회사가 바로 하가쿠레유신(葉隱勇進) 주식회사다. 이곳은 초등학교, 중학교의 학교급식센터, 의료시설, 고령자·장애자 시설 등에서 직접 조리한 음식을 제공하는 회사다. 그런데 같은 '급식'이라는 말을 쓰지만 각 사업소에 따라 그 서비스 형태는 각양각색이다. 학교는 1일1식이지만 의료시설이나 고령자·장애자 시설은 1일3식에 연중무휴가 기본이다. 조리 내용도 크게 다르다. 예를 들어 특별요양노인홈, 케어하우스, 데이서비스를 복합적으로 운영하는 양호시설에서 제공하는 식사는 매회 약 250인분 정도 된다. 게다가 250

14 생산 거점의 해외 이전 등으로 인해 일본 국내에 제조공장의 수가 줄어드는 현상을 말한다. 기타 배경으로는 기계화의 진전, 중소기업 후계자 부족 등도 들 수 있다.

인분의 식단이 동일하지도 않다. 밥 종류만 해도 통상식, 죽, 미음 등 다섯 종류인데다 반찬은 한입 크기, 잘게 썰기, 꼬지에 끼우기 등 먹기 쉬운 여러 형태로 대응한다. 또한 알레르기나 편식 습관이 있는 사람들을 위한 식단, 신체 기능에 맞춘 접시나 숟가락까지 신경 써서 매회 식사를 즐길 수 있도록 배려한다. 또 연례행사용 음식도 직접 조리해 제공한다. 매월 생일파티용 케이크, 여름 축제와 가을 축제용 특별 메뉴, 떡국 등의 설날 음식까지 제공하는 것이다. 이런 서비스를 다섯 명 정도의 직원과 스무 명 정도의 시급직이 새벽부터 밤까지 교대 근무를 해 가며 제공한다. 이는 결코 만만한 작업이 아니다. 그럼에도 하가쿠레유신의 현장에서 직원들이 의욕적으로 일할 수 있는 이유는 자신들의 미션을 자각한 상태에서 그날의 작업을 수행하기 때문일 것이다. 사업소 소장은 필자에게 이런 말을 들려주었다.

> **"'부모님께 드린다는 생각으로 조리하라'고 가르쳐 왔습니다. 자기 부모라면 어떤 식사를 할지, 어느 정도 부드럽게 만들어야 하는지를 생각해 조리하라는 것이지요. 그런 마음으로 시설 이용자들을 대합니다."**

하가쿠레유신의 현장 사람들은 조리라는 작업을 완수하는 것이 아닌 "맛있다!"는 한마디를 듣기 위해 노력하고 궁리를 거듭하는 지식노동자들이다. 그렇게 미션을 수행하는 현장 사람들은 자긍심을 느낀다.

혼 텟세이의 현장이 비범한 현장으로 거듭날 수 있었던 것은 차량 청소라는 태스크만을 완수하는 현장에서 고객들이 기분 좋게 이용할 수 있도록 하는 미션 수행의 현장으로 변화했기 때문이다. 청소는 그 수단 중 하나이며, 그 외에도 스스로 할 수 있는 일을 찾아내기 위해 현장은 지혜를 모으기 시작했다. 미션을 수행하는 현장은 엄청난 힘을 발휘한다. 따라서 현상에 미션을 제시하는 것이 지식노동자의 육성을 가속화하는 것이다.

3 중간관리직의 역할은 지원
— 사례 ❻ 양덴류 세이키 —

미들업, 미들다운

지식노동자를 육성하는 데는 중간관리직의 간여가 필수적이다. 그들 자신이 지식노동자로서 모범을 보이고 부하 직원을 지식노동자로 키우기 위해 지원해야 지식 창조가 조직 내에 침투해 정착할 수 있다. '결절점' 으로서 중간관리직이 얼마나 중요한지에 관해 노나카 교수는 이렇게 강조한 바 있다.[15]

> "지식이라는 것은 팀이나 태스크포스의 리더를 맡는 경우가 많은 중간관리자에 의해 창조되고, 최고 경영진부터 말단 사원까지 모든 구성원이 관련되는 지식 창조의 나선이라는 과정을 통해 만들어진다. 그 과정을 거치면서 중간관리자는 지식 매니지먼트의 중심, 즉 사내 정보의 모든 흐름이 교차하는 위치가 된다."

비범한 현장의 예로 든 덴소에서는 1/N 활동에 관여하는 각 부 부장급이 최고 경영진의 뜻을 수용해 현장 활동을 진두지휘한다. 양품계획 큐폴라 가와구치점의 사례도 지역 매니저나 점장 같은 현장의 중간관리직, 그리고 본사 업무개혁부의 중간관리직이 최고 경영진의 뜻에 따라 현장 직원들의 리더인 세타 씨를 도움으로써 개선의 순환이 제대로 일어나도록 한다. 최고 경영진의 의사나 현장의 의욕만으로 개선의 순환이 지속적으로

15 노나카 이쿠지로 · 다케우치 히로타카(竹内弘高) (1996).

일어날 수는 없다. 아무리 최고 경영진이 열성적으로 호령한다 해도 그것을 받드는 중간관리직의 가슴이 식어 있다면 최고 경영진의 열기가 현장에 전달될 수 없다. 전달은커녕 현장에 찬물을 끼얹을 수도 있다. 경영구조개혁을 추진해 고마쓰의 기업회생을 성공시킨 사카네 마사히로(坂根正弘) 회장(현 상담역)은 구조개혁의 네 가지 테마 중 두 번째로 '미들업, 미들다운(Middle-up, Middle-down)'을 들었다. 최고 경영진의 방침을 중간관리직이 확실히 현장에서 펼치고 현장의 정보와 지혜를 시의적절하게 경영진에게 올림으로써 고마쓰는 V자형 회복[16]을 실현할 수 있었다. (도표 8.3) 조직에는 체온이 있는데 체온이 높은 조직도 있고 얼음처럼 냉기가 도는 조직도 있다. 그런데 조직의 체온은 조직이 지닌 열전도율에 따라 정해진다. 물질에는 고유의 열전도율이 있다. 뜨거워지기 쉬운 물질이 있는가 하면 그렇지 않은 물질도 있다. 은이나 동처럼 열이 단숨에 퍼져나가는 물질도 있고, 유리처럼 열전달이 잘 안 되는 물질도 있는 것이다. 그런데 이 조직의 열전

도표 8.3 ▸ 미들업, 미들다운

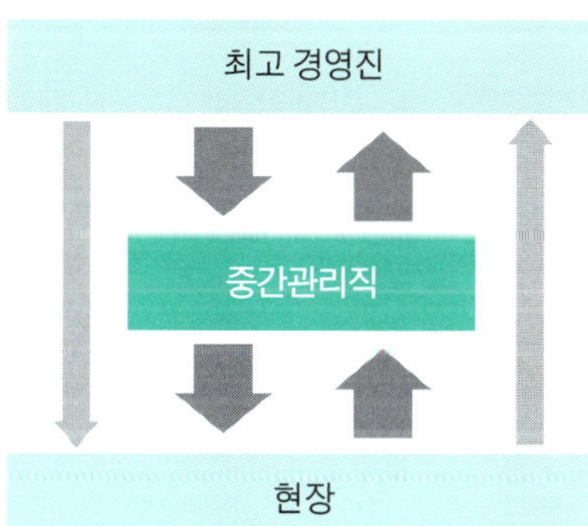

16 하락세를 보이던 실적 등이 급속히 회복되어 그래프가 V자 형태를 나타내는 데서 붙은 명칭이다.

도율은 중간관리직에 의해 결정된다. 따라서 열전도율이 높고 스스로 열을 낼 수 있는 중간관리직이 조직 안에 얼마나 존재하는지로 조직의 체온이 정해진다. 개선 능력, 창조 능력을 핵심 능력으로 끌어올리는 열쇠는 바로 중간관리직이 쥐고 있는 것이다.

중간관리직의 지원이 지식노동자를 키운다

중간관리직의 중요성을 인식하고 있어도 그들이 충분히 제 기능을 다하지 못하는 기업이 많다. 필자는 2010년에 《과장(課長)의 힘(課長力)》(국내 출간되지 않은 책임 – 역자)이라는 책을 출간했다. 조직 내에서 기관차 역할을 하는 '돌파하는 과장들' 여섯 명을 소개하고 중간관리직의 돌파력을 높이려면 어떻게 해야 하는지를 다룬 내용이었다. 그 책에서도 언급했다시피 중간관리직의 용감하고 과감한 돌파력은 매우 중요하지만 현장력이라는 관점에서 보면 중간관리직에게는 또 다른 역할이 요구된다. 바로 현장의 의욕을 북돋우고 잠재력을 이끌어내야 한다는 것이다. 그 역할은 '돌파'라고 하기보다는 '지원'에 가깝다. 현장이 당사자가 되어 돌파하기 위해 중간관리직은 어떠해야 하는가? 지식노동자를 키우기 위해서는 중간관리직의 지원이 반드시 뒷받침되어야 한다. 관리 업무에만 집중했던 중간관리직이 지원자로 변신해 현장의 활성화를 일구어내는 덴류 세이키(天龍精機)의 사례에 그 힌트가 숨어 있다.

도요타를 떠나 덴류 세이키로

일본의 알프스라 불리는 기소(木曾)산맥과 아카이시(赤石)산맥 사이에 있는 나가노현 고마가네시(長野縣 駒ケ根市). 덴류 세이키는 풍광이 아름답기로 유명한 이곳에 자리 잡고 있다. 1959년에 창업했고 직원 수는 약 백 명이다. 무선통신기기부품 하청업체로 출발해 지금은 전자제품에 사용되는 프린트 기판 조립 주변기기와 커넥터 자동조립기, 가공전용기 등을 설계 제조하고 있다. 캠(Cam)이라는 중요 구동부분을 자체 설계하는 독자적 기술을 보유한 덕에 사용자인 전자부품 대기업, 정밀기기 업체 등으로부터 엄청난 신뢰를 얻고 있다. 아시베 기이치(芦部喜一) 사장은 2004년 입사했다. 그 전에는 도요타 자동차에서 기술직으로 근무했는데 부친의 사망으로 인해 갑자기 회사를 물려받은 것이었다. 입사 시절의 회사 모습에 관해 아시베 사장은 이렇게 말했다.[17]

> "우리 회사의 현장은 예전부터 자율적으로 움직여 왔다. 스스로 생각하고 스스로 판단하며 스스로 행동한 것이다. 그런 자발성은 틀림없이 우리의 장점이다. 하지만 한편으로 우리는 배타적이기도 하다. 다른 사람의 의견을 잘 안 듣는다. 서로에게 관여하지 않고, 무관심하기도 하다. 그래서는 진정한 경쟁력으로 이어지지 않는다."

개인은 열심히 뛰지만 팀으로서는 제 기능을 못하기 때문에 더 큰 힘을 발휘할 수 없는 것을 보고 아시베 사장은 회사의 약점을 찾아냈다. 그래서 사장 자신이 경영에 관심을 가지고 팀 의식을 높이기 위해 다양한 노력을 시작했다. 구체적인 시도로 내방자에 대한 회사 설명과 공장 안내를 각 부

17 덴류 세이키를 방문해 진행했던 인터뷰 내용을 옮김.

문 사람들이 돌아가며 맡게 하고, 채용 활동을 젊은 사원에게 맡기며, '회사사(會社史)'를 편찬하는 등 자신의 업무에만 몰두하는 것이 아니라 회사 전체를 생각하며 직원들이 서로 관계를 가질 수 있는 '장'을 많이 만들어 낸 것이다.

중간관리직의 의식개혁

이러한 개혁의 핵심 내용으로 지목한 것이 관리직의 의식개혁, 행동개혁이었다. 아시베 사장은 종래의 나쁜 관행은 중간관리직의 마인드, 행동양식에서 비롯된 것이라고 생각했다. 그는 당시를 이렇게 회상했다.[18]

> "회사가 크지도 않은데 관리직은 현장에 나가려들지 않았다. 부서 간 연락도 직접 얼굴을 보지 않고 전화나 메일로 데이터를 주고받기만 했다. 함께 업무를 수행한다는 의미에서의 의사소통이 전혀 이루어지지 않아 회사에는 온갖 칸막이, 장벽이 존재했고 공통의 가치관이 없었다."

관리직이 변해야 회사가 변할 수 있다고 생각한 아시베 사장은 부장, 과장들에게 '자신이 어떻게 변해야 할지'를 고민하고 실천하도록 당부했다. 관리직들은 회사 밖에서 이루어지는 오프사이트 미팅(offsite meeting)을 반복해 개최했다. 미팅을 통해 그들은 평소 별로 생각하거나 논의한 적이 없는 주제에 관해 시간을 들여 의견을 나누었다. 처음에는 어떻게 논의를 해

18 출처: 《이념과 경영》, 2013년 10월호에 실린 아시베 사장 인터뷰 기사와 《닛케이 정보 Strategy》, 2011년 12월호와 2012년 1월호에 실린 시바타 마사하루(柴田昌治) 씨 기사(도요타를 뛰어넘는 직장의 '자기회생력') 등을 참조. 참고로 아시베 사장의 라쿠텐(樂天) 블로그 '좋은 회사는 어떠한가?'는 인기가 높다.

야 할지 당황스러워하거나 사장이 지적했던 나쁜 관행에 대해 납득하지 않는 사람도 있었지만 서서히 아시베 사장의 진심을 알게 되었다. 그리하여 '부장, 과장이란 어떤 자리인지', '관리직의 역할은 무엇인지' 등 근본적인 주제를 토의하기 시작했다. 그런 토의를 통해 나온 것이 '지원' 이라는 개념이었다. 자신들의 진짜 역할은 직원 한 사람, 한 사람이 '나도 이 회사 안에서 모두에게 도움을 주고 있다' 는 느낌을 가질 수 있도록 지원하는 것이라는 결론에 도달했다. 부하 직원이 잘 되도록 지원하기, 부하 직원이 성장할 수 있도록 지원하기, 회사의 분위기가 좋아지도록 지원하기. 이런 지원이야말로 자신들이 존재하는 가치라고 깊이 인식하게 되었다. 그렇게 관리에서 지원으로 중간관리직의 역할, 미션에 대한 정의가 다시 내려졌다. 2011년 7월부터 덴류 세이키는 부장, 과장이라는 직위을 폐지하고 '지원직' 으로 변경했다. 명함에서도 부장, 과장이라는 직함을 빼고 '지원직' 만 남겼다. 그 이후 지원직들은 현장에도 빈번히 나가게 되었고 직원들과 '진지한 잡담' 을 하게 되었다. 이제 지원직들은 직원 한 사람, 한 사람에게 관심을 가지고 어떻게 하면 그들을 성장시킬 수 있을지, 어떤 지원을 할 수 있을지 늘 연구한다. 이 같은 의식의 변화, 행동의 변화는 그대로 현장에 전달되어 현장의 의식과 행동까지 변화시키기 시작했다.

기계를 만들던 사람들이 인재를 만들게 되다

지금은 오프사이트 미팅에 참가하는 인원을 확대해 전 직원의 1/4에 해당하는 스물다섯 명이 참석하는 '확대판 오프사이트 미팅' 을 통해 경영의 근간에 관련된 주제에 관해 논의를 벌인다. 그 주제 중 하나가 회사의 미래 비전이다. 기존의 덴류 세이키는 자체 기술은 우수했지만 '주문받은 대로 기계를 만드는 회사'에 불과했다. 하지만 앞으로는 더 높은 목표를 향해 '생산 준비에 없어서는 안 될 오른팔 같은 기업'으로 변신하겠다는 것이 확대판 오프사이트 미팅에서 탄생한 현장의 결의다. 그 실현을 위한 구체적인 여섯 개 주제도 내걸었다. 그중에는 납기를 기존의 3개월에서 1개월로 단축하는 '챌린지 납기〈3 to 1〉'과 '초고속 머신의 개발' 등 야심찬 주제가 포함되어 있다. 확대판 오프사이트 미팅이 가능한 것은 지원직이 버티고 있기 때문이다. 아시베 사장은 지원직들의 웃는 얼굴을 보며 이렇게 말했다.

> "이제 슬슬 기계를 만드는 데서 벗어나 인재를 만드는 재미를 느꼈으면 좋겠다."

중간관리직이 변하면 기업은 틀림없이 변화한다. 아시베 사장은 '중간관리직이 반짝여야 부하 직원들도 빛을 발할 수 있다'고 말한다. 지원직이 '반짝이는 지원직'으로 변신했으니 덴류 세이키는 더욱 큰 경쟁력을 얻게 될 것이다.

4 현장의 글로벌화

해외에서 지식노동자 키우기

일본 기업의 글로벌화와 더불어 필연적으로 오퍼레이션이 해외로 확대되고 있다. 경제산업성(經濟産業省)에 따르면 2002년부터 2012년 사이에 일본 기업 해외 자회사의 매출은 거의 3배로 늘었고, 해외에서 고용한 고용자 수는 천5백만 명으로 약 2배로 늘었다. 일본국제협력은행(JBIC)의 조사에 따르면 일본 제조업체의 해외 생산 비율은 1989년에는 14% 정도였으나 2012년에는 32.9%에 달했고 2016년도 안에 38.6% 정도로 상승할 것으로 예측된다고 한다. 이것이 이른바 '공동화'라 불리는 현상이다. 공동화란 일본에서 현장이 사라지고 해외로 현장이 이전되는 것을 의미한다. 이런 경향은 비단 제조업만의 이야기가 아니다. 지금까지 내수형이라 불리던 서비스업, 소매업에서도 해외 이전의 속도가 빨라지고 있다. JETRO(일본무역진흥기구)의 자료를 보면 일본의 대외직접투자 중 업종별 비율은 2005년 말 시점에 제조업이 59.8%, 비제조업이 40.2%였으나, 2011년 말에는 제조업이 48.0%, 비제조업이 52.0%로 역전된 상황을 확인할 수 있다. 또한 2010년과 2012년의 해외진출 건수를 비교하면 외식업은 93건에서 257건으로, 유통 · 소매업은 92건에서 186건으로, 이미용업은 8건에서 23건으로, 교육업은 6건에서 22건으로 모두 급증했다. 업종을 초월해 해외 이전이 급속히 진전 중인 것이다. 이러한 해외 이전 현상이 진전되면서 오퍼레이션의 품질, 즉 해외 현장의 품질이 일본과 큰 격차를 보인다는 점이 커다란 경영 과제로 떠오르고 있다. 공장과 설비, 점포와 비품은 돈만 있으면 일본과 똑같이 갖출 수 있다. 하지만 일본과 같은 수준의 오퍼레이션 품질을 해외에서 확보하려 하면 인재의 육성이 목숨처럼 중요한 문제로 등장한다. 언어, 문화, 종교, 풍습 등 모든 것이 일본과 다른 해외에서 어떻게 지식노동자를 키우고 질 좋은 현장을 확립할 것인지가 해외 전략의 요체인 것이다.

나무에 대(竹)를 이을까?

해외 현장은 당연히 현지 인재가 중심이 된다. 이때 일본 기업의 고민은 일본적 가치관과 행동 양식을 어디까지 현지에 도입해야 하는지, 그리고 도입할 수 있는지에 관한 부분이다. 종신고용과 장기고용에 익숙하며 회사에 대한 충성심과 귀속의식을 기대할 수 있는 일본과 달리 쉽게 이직하고 일은 돈을 벌기 위한 수단일 뿐이라고 여기는 경향이 강한 해외에서 현장력이 통할지, 지식노동자를 육성할 수 있을지에 관한 근본적인 의문에 부딪히는 것이다. '로마에서는 로마의 법에 따르라' 는 격언도 있듯이 각 지역, 국가의 문화, 풍습에 맞는 오퍼레이션을 확립해야 한다는 주장도 있을 수 있다. 가치관이나 행동양식이 다른 사람들에게 억지로 자신들의 가치관이나 행동양식을 강요하다 보면 오히려 반발을 살 수도 있기 때문이다. 하지만 일본 기업들이 해외로 현장을 이전하는 최대 목적은 각 기업이 오랜 노하우를 통해 만들어낸 질 좋은 제품과 서비스를 해외에서 생산, 판매하는 데 있다. 그런데 기업이 노하우를 쌓을 수 있었던 바탕에는 일본이 중요시해 온 가치관과 행동양식이 있었던바, 그것 없이는 해외에서 동등한 가치를 낳기 어렵다는 점을 간과할 수는 없다. 도요타 자동차에서 오랫동안 해외 사업을 담당한 인사에게 '나무에 대(竹)를 이을까?' 라는 말을 들은 적이 있다. 나무와 대나무는 서로 다른 식물이다. 그 둘을 억지로 접붙인다고 성공하겠냐는 이야기였다. 이 말은 '그러니 해외에서는 도요타식 운영을 못한다' 는 이야기가 아니라 '시간과 힘이 들더라도 나무를 한 그루씩 키워야 한다' 는 것을 시사한다. 안이하게 현지에 맞출 것이 아니라 자신들이 믿는 바, 중시해 온 바가 현지에 잘 스며들도록 노력하고 인내해야 한다는 의미일 것이다.

재팬 스탠더드를 글로벌 스탠더드로

해외 전개로 크게 경영의 방향을 튼 야마토 운수도 같은 생각으로 임하고 있다. 완벽한 아시아 네트워크 확립을 내걸고 2010년에 단독으로 중국 상하이(上海)와 싱가포르에서 택배사업을 시작한 바 있는 야마토 운수는 2011년에는 홍콩, 말레이시아에도 성공적으로 진출했다. 이때 일본 방식, 일본식 시스템을 그대로 이식한다는 것이 야마토의 기본 방침이다. 서비스의 수준과 내용, 인재 교육 등과 같은 일본의 성공체험을 기본으로 삼아 야마토 특유의 서비스, 인재육성법을 해외에서도 펼쳐 보이겠다는 생각인 것이다. 인사나 승진 시스템도 일본의 제도를 그대로 이용 중이다. 모두가 현장 배송원부터 시작해 센터장, 부구역장, 구역장으로 단계를 밟아 올라가도록 하는 방식은 해외라고 예외가 없다. 현장력이라는 일본 기업 특유의 경쟁력을 무기로 해외에서 싸우려면 '재팬 스탠더드'를 '글로벌 스탠더드'로 승격시킬 필요가 있다. 일본의 현장이 당연하게 여기는 바를 세계도 당연하게 여겨야 일본 기업이 세계무대에서 약진할 수 있다. 한편 일본에 남은 현장은 그 역할과 위상이 크게 변화할 것이다. 규모 측면에서는 국내 현장의 상대적 위상은 작아질 수밖에 없다. 하지만 그렇다고 해서 일본 국내 현장의 가치가 떨어지는 것은 아니다. 오히려 해외 거점의 현장력을 갈고닦으려면 그 본보기가 되는 일본 현장의 품질, 경쟁력을 지금까지 해온 것 이상으로 끌어올려야 한다. 고마쓰의 사카네 마사히로 상담역은 '해외 생산 거점의 컨트롤 타워로서 단순한 마더 팩토리(mother factory)가 아니라 그레이트 마더 팩토리(great mother factory)가 되어야 한다'고 역설한다.[19] 고마쓰에서는 세계로 분산되는 해외 공장을 '칠드런(children)'이라

19 출처: 사카네 마사히로 著, 《단연 으뜸 경영(ダントツ経營)》(2011) (국내에는 출간되지 않음 – 역자).

부르는데 그 칠드런의 수준을 향상시키려면 일본의 마더 팩토리가 항상 최첨단을 달려야 한다. 해외 핵심 인재 육성 등 지식노동자를 키우는 일은 일본의 마더 팩토리가 해야 할 임무이기 때문이다. 현장력의 글로벌화는 일본의 현장이 '마더', '그레이트 마더'가 되어 진화를 거듭할 때 비로소 실현될 것이다.

'현장력'을 'Gemba-Ryoku'로

그런데 제조업 분야에서는 일본의 비범한 현장이 세계의 모범이 되는 경우가 많지만, 제조 이외의 기능을 보면 꼭 그렇다고 할 수도 없다. 이유는 영업과 마케팅, 서비스 등의 기능은 각 국가, 지역에 따라 상거래 관습이나 제도, 시스템이 크게 다르다는 데 있다. 바탕이 다르다 보니 일본 방식을 그대로 적용하려 해도 해외에 통용되기 어려운 것이다. 도요타도 생산은 '일본식'을 고집하지만 판매와 마케팅은 '세계 방식'을 쓴다. 그것은 곧 전 세계 도요타 판매점의 현장의 좋은 사례들을 모아 서로 배움으로써 현장력을 높이려는 움직임이다. 세계무대라는 관점에서 도요타 판매 방식을 추진해 온 이시자카 요시오(石坂芳男) 전 부사장은 자신의 저서를 통해 이런 말을 한 적이 있다.[20]

> "생산 방식은 일본 도요타의 우수한 사례를 정리해 세계에 알리는 '일본발'이었다. 일본 공장이 만들어낸 시스템과 노하우를 해외에 이식한 것이다. 그에 반해 판매 방식은 전 세계 도요타로부터 좋은 사례를 모아 함께 배우는 '세계발 벤치마킹'이었다."

---

20 출처: 이시자카 요시오 著, 《도요타 판매 전략》(2008) (2008년에 국내 출간된 제목임 – 역자).

판매, 마케팅 분야에서는 전 세계에 지식노동자가 존재하고 지식이 축적되어 있다. 따라서 분산된 지식을 집약하고 통합해 전개함으로써 각국 현장의 지식수준을 끌어올리고 새로운 지식노동자를 키우겠다는 것이 도요타 판매 방식의 기본 개념이다. 도요타는 미국에 '글로벌 지식 센터(GKC)'를 설립해 글로벌 허브로서의 기능을 맡겼다. 앞으로 제조 등의 분야에서도 해외 현장이 꾸준히 힘을 기르면 벤치마킹의 대상이 될 것이다. 그때는 '일본발'을 고집하는 것이 오히려 마이너스가 될지도 모른다. 글로벌 시장으로 뻗어가는 일본 기업의 현장이 더욱 경쟁력을 높이려면 '일본발'만으로는 한계가 따르기 마련이다. '현장력'을 'Gemba-Ryoku[21]'로! 전 세계에서 지식노동자를 키우기 위해서는 '일본발'과 '세계발'이 공존하는 하이브리드형 시스템을 구축해야 한다.

---

21 현장력의 일본어 발음을 영어로 표기한 것. 일본 국내에서 전개하던 '현장력'이라는 개념을 전 세계적으로도 통용되는 개념으로 한 단계 더 발전시키자는 의미일 것이다.

제9장

경영자의 역할

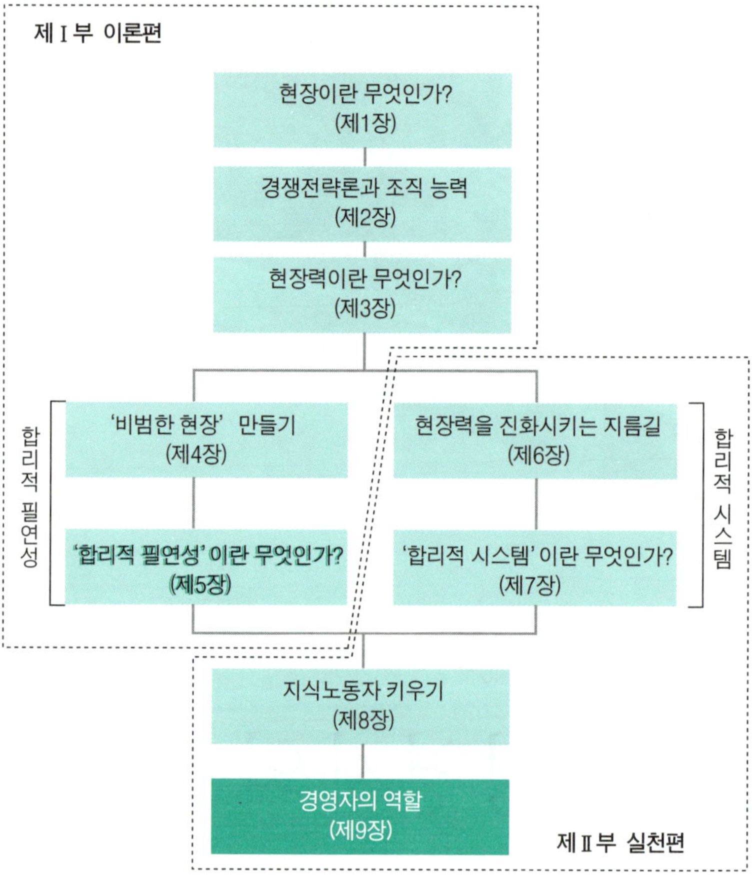

제 I 부 이론편
현장이란 무엇인가?
(제1장)
경쟁전략론과 조직 능력
(제2장)
현장력이란 무엇인가?
(제3장)
합리적 필연성
'비범한 현장' 만들기
(제4장)
'합리적 필연성'이란 무엇인가?
(제5장)
현장력을 진화시키는 지름길
(제6장)
'합리적 시스템'이란 무엇인가?
(제7장)
합리적 시스템
지식노동자 키우기
(제8장)
경영자의 역할
(제9장)
제 II 부 실천편

1 보텀업은 톱다운에서 비롯된다

현장은 경영자를 비추는 거울이다

새삼 언급할 필요도 없지만 경영은 현장만으로는 성립되지 않는다. 현장은 어떤 면에서는 경영의 일개 구성요소에 불과하다. 비전과 전략, 조직, 제도, 기술, 재무……. 경영을 잘하려면 그 같은 다양한 항목에 대한 넓은 시야를 가지고 다각적으로 경영 방법을 모색해야 한다. 한편 현장은 경영의 '축소판'이기도 하다. 전략을 실행하는 현장에는 온갖 가능성과 숙제가 뒤섞여 있다. 경영자는 확고한 현장력을 확립할 수 있을 때만 미래 창조에 전념할 수 있다. 만약 경영의 근간을 뒤흔들 수 있는 문제가 현장에 자리 잡고 있다면 미래 창조는 한낱 꿈으로 끝날 것이다. 유지도 못하는 현장을 방치하다가는 경영이 무너진다는 사실을 기억해야 한다. 사실 현장이라는 조직 능력의 수준을 규정하는 것은 현장이 아니다. 조직 능력의 수준은 경영자에 의해 결정된다. 샌드빅의 스즈키 공장장은 이렇게 말했다.[1]

> "최고 경영진이 흥미를 보이지 않은 내용은 현장에 절대 뿌리를 내릴 수 없다. 아무런 반응이 없으면 현장은 '이 상태로 충분하다' 고 생각한다."

현장은 경영자를 비추는 거울이다. 개선 능력, 장조 능력을 핵심 능력으로 만들려면 경영자가 열의를 보여야 한다. 경영자가 열의가 없는데 현장

---

1 세미네 공장을 방문했을 때 들은 이야기다. 세미네 공장은 스즈키 공장장의 우직함이 곳곳에 배어 있는 현장이다.

이 능동적으로 능력을 구축하는 일은 없다. 경영자가 유지 능력에 만족하면 현장은 그 이상을 추구하려 들지 않는다. 심지어 경영자가 유지에도 관심을 보이지 않는다면 그 현장은 유지 불가 상태에 빠지고 급기야 경영은 현장에서부터 와해된다. 와해되는 진짜 이유는 경영자에게 있다. 현장은 경영자의 말과 행동에 민감하게 반응한다. 경영자의 관심이 어디에 쏠려 있는지, 그 열의가 어느 정도인지를 즉각적으로 알아차린다. 그러니 숨길 수가 없다. 따라서 경영자는 현장을 진심으로 대할 필요가 있다. 개선 능력, 창조 능력을 핵심 능력으로 끌어올리려면 현장의 자발적, 자율적 지식 창조는 필수적이다. 그런데 이렇게 현장이 주도하는 이른바 보텀업 방식의 움직임을 이끌어내 지속적 조직 능력으로 끌어올리고 싶다면 경영자 스스로 강렬한 리더십을 발휘해 그들을 리드해야 한다. 보텀업은 탑다운에서 비롯된다.

경영자만이 할 수 있는 일

하지만 경영자는 실행의 당사자는 아니다. 현장에 따라붙어 함께 뛸 각오와 노력은 필요하지만 목표 지점까지 완주할 의사와 능력은 현장의 몫이다. 그런 의사와 능력이 현장에 없다면 현장력이라는 조직 능력은 구축할 수 없다. 사실 경영자는 항상 현장에 상주할 수도 없는 노릇이고, 또 그래서도 안 된다. 경영자에게는 경영자로서 해야 할 일이 있다. 대국적인 관점, 다각적 시야를 가지고 장기적 시간축으로 기업을 이끄는 것이 경영자의 최대 역할이다. 경영자가 현장과 똑같은 눈높이에 머문다면 발전은 기대할 수 없다. 물론 현장의 눈높이를 무시하거나 부정하는 것은 아니다. 현장감을 잃고 현장과 단절된 경영자는 잘못된 길로 들어서기 쉽다. 현장은 과거와 미래를 연결하는 '지금 여기'에 존재한다. 몽상이 아닌 실현 가능한 미래를 찾고자 한다면 경영자는 반드시 현장과의 적절한 거리를 확보하려는 노력을 해야 한다. 이처럼 경영자는 상반된 책무를 동시에 수행해야 하는 사람이다. 기업이 현장력이라는 조직 능력을 끌어올려 경쟁력의 주축으로 삼으려 할 때, 경영자만이 할 수 있는 일이 두 가지 있다.

① 현장이 미래를 바라보게 하라

첫 번째는 현장이 미래를 바라보게 하는 일이다. 방치하면 현장은 '지금 여기'에 존재하는 데만 급급하게 된다. 단면으로서의 '지금 여기'에 찰나적으로 존재하는 현장에는 매력이 없다. 현장은 과거와 미래를 연결하는 선상의 '지금 여기'에 존재해야 한다. 빛나는 미래를 손에 넣기 위해 '지금 여기'를 열심히 달리는 것이 현장의 사명이다. 현장이 미래를 바라보게 만들려면 경영자와 현장이 기업의 비전, 꿈, 포부를 공유해야 한다. 하나의 미래상을 공유함으로써 경영자와 현장은 한 몸이 된다. 그리고 실천 과정을 통해 공유는 공감으로 변하고, 이윽고 공진(共振)하게 된다. 바로 그때 현장은 엄청난 힘을 발휘한다.

② 현장이 가진 힘을 아낌없이 쓰게 하라

경영자만이 할 수 있는 일 두 번째는 현장이 가진 힘을 아낌없이 쓰게 하는 것이다. 필자의 경험에 비춰보면 대부분의 현장은 가진 잠재능력의 반도 발휘하지 못한다. 게다가 안타깝게도 그러한 사실을 깨닫지도 못하고 있다. '지금 여기'에 매몰되면 타성에 젖을 가능성이 커진다. 그래서 경영자는 현장에 힘을 북돋우고 구체적 목표를 제시하며 실현을 위해 모든 측면에서 지원을 아껴서는 안 된다. 가진 힘을 십분 발휘하도록 현장을 밀어붙여야 하는 것이다. 현장은 결과에 순종한다. 이는 좋은 결과가 도출되어야 비로소 자신들의 가능성, 잠재 능력을 깨닫는다는 말이기도 하다. 그렇게 해서 자신들의 능력에 눈뜬 현장은 자율적으로 움직이고 스스로 달리게 될 것이다.

2 이성적이되 감성적으로

이성과 감성의 매니지먼트

현장에는 '이성'와 '감성'이 복잡하게 얽혀 있다. 일반적으로 본사나 본부는 이상과 미래를 말하고 현장은 현실과 현재를 말한다. 그래서 본사와 현장 사이에 온도차가 생기는 것이다. 현장은 '지금 여기'라는 냉혹한 환경에 놓여 있다. 현실을 전제로 존재하며 현실의 지배를 받는 현장에서는 현실을 고려해야 하기 때문에 이성적이고 논리적으로 접근한다. 적어도 현장 사람들은 불합리하다고 느끼는 일에 진지하게 뛰어들려 하지 않는다. 그렇기 때문에 경영자는 합리적 필연성을 제시하고 합리적 시스템으로 현장을 뒷받침해야 한다. 해야 할 일에 관해 수긍이 가고 적절한 시스템의 뒷받침이 있을 때 현장은 움직이기 시작한다. 한편 현장은 사람에 의해 굴러가는 것도 사실이다. 현장에는 감정이 있고 사람들의 땀 냄새, 가치관이 배어 있다. 그래서 감성에 호소해 현장이 가진 힘을 최대한 이끌어내는 효과적 매니지먼트도 필요하다. 감성의 자극을 받아 일하는 즐거움을 실감하고 나면 현장은 논리적으로 산출할 수 없는 엄청난 에너지를 낳는다. 개선, 창조의 기쁨과 가치를 느낄 때 현장력이라는 조직 능력은 크게 진화한다. 그런 의미에서 경영자가 이해해야 할 현장의 역학은 다음 두 가지로 정리할 수 있다.

현장의 역학 ❶ 이성적으로 접근하라

현장을 움직일 때는 명확한 목적과 목표를 내건 뒤 현장에서 일하는 한 사람, 한 사람에게 그 목적과 목표를 이해시키고 침투시켜야 한다. 그리고 목표 달성을 위한 실천 도중에 발생하는 다양한 저해 요인을 꼼꼼하게 제거해야 현장이 스스로 움직인다. 현장의 힘을 이끌어내 경쟁력으로 활용하려면 그 접근법은 이성적이고 논리적이어야 한다.

현장의 역학 ❷ 이성만으로는 부족하다

그렇지만 이성적인 접근을 초월했을 때 현장은 더 큰 힘을 발휘한다. 동일본대지진의 예를 들 필요도 없이 자연재해나 대규모 사고 같은 유사시에 발휘되는 현장력은 참으로 엄청난 것이다. 그런 힘을 평상시에도 이끌어내고 싶다면 일상 속에서 이성을 뛰어넘어 감성을 활용해야 한다. 선배들의 뜨거운 열의와 미래에 대한 꿈, 그리고 가능성을 이야기하며 함께 현실을 짊어지라는 것이다. 논리를 뛰어넘은 곳에서 진짜 현장력이 나온다.

얼띤 내화로 소직 밀노 높이기

강한 조직을 이루려면 '조직 밀도'와 '조직 열량'을 높이는 데 대한 고민도 필요하다. 조직 밀도를 높인다는 것은 부문 간, 부서 간 연계를 촘촘하게 해서 조직의 결합성을 키운다는 의미다. 또 조직 열량을 높인다는 것은 일체감이 커진 조직으로부터 커다란 에너지를 이끌어낸다는 의미다. 경영자가 싸울 판을 정하고 비전과 전략을 책정했으면 그 다음에는 그 비전과 전략을 실현할 집단을 만드는 데 온 힘을 쏟아야 한다. 경영자의 가장 큰 책무는 조직의 밀도를 높이고 조직의 열량을 최대로 끌어올려 자신의 비전과 전략을 실현시키는 일이다. 그런데 이렇게 조직의 밀도를 높이는 데 부단한 노력을 해야 하는 이유는 무엇일까? 기업이 발전을 이루면 그 다음에는 더 이상 똘똘 뭉치기가 어렵기 때문이다. 조직은 성장과 더불어 기능이 분화하고 세분화된다. 물론 각자의 역할을 정해 그 임무를 확실히 수행하게 하려면 최적의 조직을 설계해 업무분장 규정을 명확히 제시해야 한다. 하지만 그 과정에서 부서, 부문 간 칸막이와 같은 폐해를 낳아 왕왕 우물 안 개구리가 되기도 한다. 그렇게 되면 최적의 부문, 부서는 만들어질지 몰라도 조직의 종합적 힘은 발휘하지 못한다. 때로는 공중 분해될 수도 있다. 경영진이 아무런 수를 쓰지 않으면 현장에서 이런 일은 반드시 일어난다. 그래서 경영자는 그러한 사태를 막고 조직의 밀도를 높이기 위한 시책을 항상 강구해야 한다. 조직 밀도를 높이기 위해 가장 중요한 요소는 의사소통 즉 대화다. 조직 밀도가 높은 조직은 사람과 사람을 잇는 의사소통의 망이 매우 촘촘하게 짜여 있다. 그중에서도 경영자와 현장의 직접적 대화는 아주 중요하다. 경영자가 직접 현장에 말을 걸면 조직의 일체감이 몰라보게 높아지는데, 그 결과 조직 밀도도 높아진다. 단, 경영자가 막연하게 현장 방문만 해서는 안 된다. 그런 경영자는 현장에 거추장스런 존재가 될 수도 있다. 필자는 덴류 세이키의 아시베 사장으로부터 도요타 시절에 경험한 도요타 부회장의 현장 방문 일화를 들은 적이 있다.[2]

"하늘 같이 높은 부회장이 현장을 방문해 현장의 개선 활동에 대해 열심히 묻고 들으셨다. 그러더니 '이 활동은 이전에도 여러 번 도전했지

---

2 와세다대학 경영대학원 특별 수업에서 들은 이야기.

만 실패로 끝났던 어려운 과제다. 그런데 여러분이 극복해 냈다. 정말 기쁘다!' 는 이야기를 했다. 현장을 떠나기 전 부회장의 마지막 말은 '다시 오마!' 였다. 그 말 한마디에 현장은 한층 더 분발했다."

좋아졌다는 것을 인정해 주는 '위로부터 내려다보는 수직적 시선' 이 아니라 '정말 기쁘다!' 라는 동료의식을 자극하는 '수평적 시선' 을 느끼게 한 것이 중요하다. 다시 오겠다는 약속도 그들 사이의 연결고리를 확신시켜 주는 말이다. 경영자의 의사소통은 이래야 한다. 때로는 푸근하고 때로는 뜨거운 의사소통을 기점으로 조직의 밀도는 높아진다.

공통의 꿈과 목표로 '조직 열량' 을 최대화하기

조직 밀도를 높여 일체감을 조성하는 것도 중요하지만 그것만으로는 경쟁력을 갖추었다고 할 수 없다. 경쟁력을 확보하려면 그 일체감을 한 방향으로 수렴시켜 하나로 뭉친 조직에서 커다란 에너지를 이끌어낼 필요가 있다. 조직 열량을 높이기 위해 필요한 요소는 '공통의 꿈과 목표' 다. 현장이 공감할 수 있는 꿈과 목표를 내세우면 조직은 열기를 띠게 된다.

미니 사례 ⑭

세계 속 혼다를 만든 초석은 혼다 소이치로의 꿈

혼다 소이치로는 1948년 시즈오카현(静岡縣) 하마마쓰(浜松)에서 혼다기연공업주식회사를 설립했다. 당시, 자본금은 백만 엔, 직원 수는 불과 34명이었다. 6년 후인 1954년, 소이치로는 영국 맨섬(Man Island)에서 열리는 세계 최고의 오토바이 레이스인 TT 레이스(International Tourist Trophy Race)에 출전하겠다고 선언하고 직원들에게 우승을 장담했다. 당시 혼다는 경영난에 빠져 있었다. 한국전쟁 휴전으로 전쟁특수가 사라져 자금난이 심각했기 때문이다. 혼다는 생산량을 줄여야 했고 직원들은 불안에 떨던 시기였으니 사실 레이스 출전은 말도 안 되는 상황이었다. 그런데도 혼다 소이치로는 어느 날 현장 직원들을 불러 모은 뒤 밀감 상자에 올라서 결연한 표정으로 레이스 출전을 선언했고 직원들을 다독였다. 하지만 직원들은 '겨우 동네 공장을 벗어난 수준밖에 안 되는데 도대체 무슨 소리냐?'는 눈초리였다. 그런데 혼다 소이치로는 진지했다. 사내 신문인 '혼다 사보'에 실린 선언문에는 이런 말이 나온다.[3]

> **"나는 나 스스로 현실에 구애받지 않고 세상을 보는 사람이라 생각했지만 그런 내가 현재 일본이 처한 상황에는 많이 얽매여 있었다는 것을 깨달았다. 그러나 바야흐로 세계는 엄청난 속도로 진보를 이루고 있다. 이제 나는 오래 전부터 품어온 꿈을 실현하려 한다. 내게는 반드시 이루어 낼 수 있다는 자신감이 있다. 내 안의 투지는 이대로 주저앉지 말라고 한다. 절대적 자신감을 가져도 될 만한 생산태세를 완비한 지금이야말로 기회다! 내년에는 반드시 TT 레이스에 출전하겠다는 결의를 이 자리를 빌려 밝힌다. (중략) 전 직원 여러분! 혼다기연의 온 힘을 결집시켜 영광스런 우승을 차지하자. 혼다기연의 장래는 오로지 여러분의 양 어깨에 달려 있다."**

소이치로는 '반드시 이루어낼 수 있다'는 자신감과 '이대로 주저앉을 수 없다'는 투지를 전면에 내세워 현장의 사기를 진작시켰다. 그리고 그 말이 조직 열량을 최대한으로 끌어올려 세계 속의 혼다를 만드는 초석을 쌓았다.

현장에는 마그마가 잠들어 있다. 잠든 마그마를 깨울 수 있는지 여부는 경영자의 의사와 행동에 달려 있다. 큰 가르침을 주시는 한 경영자 선배에게 이런 말을 들은 적이 있다.

---

3 출처: 가타야마 오사무(표기법대로 하면 '가타야마'입니다. 단, 국내에는 '카타야마 오사무'라는 이름으로 두 권이 나와 있습니다–역자)(片山修) 著, 《혼다 소이치로와 '쇼와의 사내들'(本田宗一郎と「昭和の男」たちの)》(2004) (국내에는 출간되지 않음 – 역자).

"경영에 있어 가장 합리적인 일은 인간의 감성에 불을 붙이는 일이라네."

이성적이되 이성을 뛰어넘기……. 현장이라는 일본 기업의 재산을 최대한 활용하는 경영의 요체가 이 말 안에 다 들어 있다.

3 현장은 보고 있다

경영자의 각오

현장은 경영자의 일거수일투족을 다 보고 있다. 경영자가 얼마나 진지한지, 얼마나 대단한 각오를 하고 있는지 말이다. 현장은 경영자의 각오를 보고 그를 평가한다. 경영자의 각오, 진심이 전해질 때 비로소 현장은 엄청난 힘을 발휘하고 기업은 뿌리부터 변화하게 된다. 그 예로 니혼덴시(日本電子)를 소개한다.

미니 사례 ⑮

경영자의 각오가 기업을 변화시킨 니혼덴시

세계 최고의 전자현미경 등 과학기기를 제조, 판매하는 니혼덴시라는 회사가 있다. 여기서 만든 전자현미경 없이는 노벨상을 수상할 수 없다고 할 정도의 최첨단 과학 계측기기를 만드는 회사다. 그런데 이 회사는 그만한 기술을 가지고 있으면서도 실적은 좋지 않았고 2008년도에는 적자를 기록했다. 그때 니혼덴시의 수장을 맡은 이가 구리하라 곤에몬(栗原權右衛門) 사장이다. 그런데 역대 사장들은 모두 기술 전문가였지만 구리하라 사장은 영업부문 출신이었다. 게다가 주력 제품인 전자현미경은 취급해 본 경험이 없었다. 이에 주위의 걱정이 이어졌다. 설상가상으로 사장 취임 직후 리먼 사태가 터졌다. 구조적 적자와 리먼 사태라는 이중고 속에서 구리하라 체제는 출범했다.[4] 구리하라 사장은 구조 개혁을 단행했다. 무엇을 해야 하는지는 모두 알고 있었지만 오랫동안 아무도 손대지 않았던 일을 그는 해냈다. 수백 명이나 되는 인원 감축, 퇴직자들의 낙하산 재취업을 위해 방만하게 운영되던 관계 회사들의 정리 및 통폐합, 그룹 전체의 임원 수 대폭 조정, 비핵심사업의 대담한 철수……. 그 모두가 고통을 동반한 구조 개혁이었지만 회사가 살기 위해서는 누군가 하지 않으면 안 되는 일이었다. 그런 사장의 뒷모습을 현장은 놓치지 않고 보고 있었다. 사장의 각오는 현장에 빠짐없이 전달되었다. 그 결과 부문 간 연계가 약해 일체감이 없었던 조직은 드디어 하나로 뭉치기 시작했고 연계의 움직임이 현장 곳곳에서 일어났다. 사실 역대 사장들은 대부분 사장실에 틀어박혀 현장에 내려올 생각을 하지 않았다. 반면 구리하라 사장은 조금이라도 시간이 나면 현장을 돌며 현장 직원들과 대화를 나눴다. 현장의 분위기를 몸으로 느끼고 현장의 의견을 경영에 반영하기 위해 노력한 것이었다. 이에 대해 구리하라 사장은 "사장은 'position(자리)'이 아니라 'function(기능)'이다. 그런 의미에서 나는 내 역할을 할 뿐."이라고 담담하게 말했다. 그거야말로 니혼덴시에 필요한 사장의 모습이었다. 4년 이상의 구조 개혁이 마무리되고 회사는 성장 궤도에 재진입했다. 니혼덴시는 높은 기술력을 가진 일류 현장으로 되돌아갔다. 구리하라 사장이 추진하는 'YOKOGUSHI 전략(横串, 부서 간 칸막이를 극복하기 위한 연계 전략)'과 독자적 솔루션도 세계적 인기를 끌고 있다. 5년 전 적자의 늪에서 허덕이던 니혼덴시는 2013년도에 사상 최고 이익을 기록했다. 경영자의 각오가 현장에 전해지면 경영자와 현장은 하나가 된다. 그리고 현장은 스스로 뛰기 시작한다.

4 출처: 《경제계》, 2012년 9월 18일호. 구리하라 사장에 대한 인터뷰 기사와 구리하라 사장의 와세다대학 경영대학원 특별강의 내용 중에서 발췌.

비범한 현장을 만드는 전체상

필자는 이 책의 머리말에서부터 '비범한 현장을 만들려면 이성적으로 접근해야 한다' 고 지적했다. 그리고 정신론, 근성론이 아니라 현장의 정체를 이해하고 합리적으로 현장력이라는 조직 능력을 높일 수 있는 방법론을 모색했다. 합리적 필연성과 합리적 시스템은 비범한 현장을 만들기 위해 반드시 필요한 요소다. 한편 현장이 잠재능력을 깨닫게 하고 그 잠재능력에 불을 붙이는 사람은 경영자고, 지식 창조 능력의 형성 과정을 뒷받침하는 사람은 중간관리직이다. 이들 요소가 모두 갖춰져야 비범한 현장이라는 작품이 완성된다. 그리고 비범한 현장을 만들려면 단편적인 노력이 아니라 전체상을 염두에 둔 지속적이고 끈질긴 현장력 강화 활동이 이루어져야 한다. (도표 9.1) 현장력 진화에는 끝이 없다. 진화하는 현장력이라는 조직 능력을 획득했을 때 일본 기업은 세계무대에서 이길 수 있는 지속 가능한 경

도표 9.1 ▸ 비범한 현장을 만드는 전체상

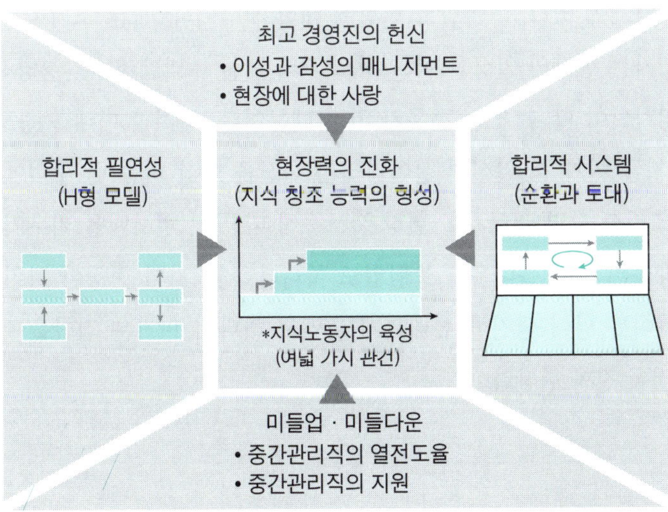

쟁력을 얻게 될 것이다.

현장에 대한 사랑

2014년 3월에 일본 TBS 계열 방송사에서 방영된 TV 드라마 〈리더스(LEADERS)〉(한국에는 아직 소개되지 않음 – 역자)는 도요타 자동차의 창업자인 도요타 기이치로를 모델로 자동차에 인생을 건 사람들을 그린 역작이었다. 배우 사토 고이치(佐藤浩市)가 연기한 아이치자동차공업 사장 아이치 사이치로는 자동차 품질 개량에 빠져 현장에서 숙식을 해결하며 집에도 들어가지 않는다. 그렇게 차량 밑으로 기어들어가 밤새 차량을 만지는 사이치로에게 직원이 다가와 "우리 사장님은 참 터프하셔."라는 말을 한다. 그러자 사이치로가 웃으며 이런 말을 한다. "이렇게 즐거운 곳에 있는데 잠이 오나? 할 수만 있으면 계속 이러고 있고 싶네." 일본의 위대한 경영자들의 공통점은 현장에 경의를 표하고, 현장을 중시하며, 현장과 함께 살아가려는 자세에 있다. 그야말로 현장에 대한 사랑이다. 물론 조직이 성장하면 경영자는 현장의 일상과 어느 정도 거리를 둘 수밖에 없다. 경영자에게는 경영자만이 할 수 있는 책무가 있기 때문이다. 하지만 미래를 창조하기 위해 '지금 여기'를 열심히 살아가려는 현장을 항상 마음 한 구석에 담아둔다. 그리고 그런 경영자를 현장은 조용히 따른다. 현장력을 키우기 위한 접근 방식은 사실 톱다운도 보텀업도 아니다. 경영자와 현장이 지위와 입장의 차이를 넘어 굳건한 유대관계를 맺고 하나의 뜨거운 집단을 이루는 것, 그것이 진짜 현장력이다.

제Ⅱ부 요약

기본 인식과 나아갈 길

- 비범한 현장을 만들려면 기본 인식을 바꿔야 한다. 기본 인식의 내용은 새로운 능력을 구축하는 데는 시간과 노력이 든다는 점, 유지 능력과 개선 능력은 전혀 다른 능력이라는 점, 시간 축을 길게 잡아야 한다는 점, 그리고 본사가 우선 변해야 한다는 점 등이다.
- 모든 현장에는 비범한 현장이 될 수 있는 싹이 존재한다. 개선 능력, 창조 능력을 핵심 능력화하려면 점에서 시작해 면, 입체로 끈질기게 진화시킬 필요가 있다.
- '점-면-입체'는 단순한 조직 규모의 확대가 아니라 깊이에 대한 도전이다. 기본적인 활동도 철저하게 파고들어야 비범한 능력을 획득할 수 있다.

비범한 현장을 만들기 위한 합리적 시스템

- 개선 능력은 '표준→깨달음→지혜→개선'이라는 순환을 통해 핵심 능력이 된다.
- 현장은 작은 이유 때문에 좌절한다. 개선의 순환을 지속시키려면 새로운 능력 형성을 뒷받침할 합리적 시스템이 반드시 필요하다. 현장력은 합리적 필연성과 합리적 시스템 두 가지가 갖추어질 때 진화한다.
- 합리적 시스템은 저해 요인의 제거, 대가, 경쟁, 학습이라는 네 가지 요소로 구성된다.

지식노동자 키우기

- 비범한 현장의 핵심 인재인 지식노동자를 키우려면 환경 정비, 조건 부여라는 두 가지 관점에 근거한 여덟 가지 원칙을 지켜야 한다.
- 지식노동자를 육성하려면 중간관리직의 지원이 반드시 있어야 한다. 최고 경영진과 현장을 잇는 중간관리직의 미들업, 미들다운이 현장력의 고도화를 가속화한다.

경영자의 역할

- 현장은 경영자를 비추는 거울이다. 이성적이되 이성을 뛰어넘는 경영자의 자세와 행동이 조직 밀도와 조직 열량을 높인다. 그리고 그 근저에는 경영자의 현장에 대한 사랑이 깔려 있다.

[나가며] 지금이야말로 '현장 경영'을 단련해야 할 때

나의 원점

나에게는 잊지 못할 현장의 추억이 있다. 대학을 졸업하고 들어간 공장에서 신입사원이었던 나는 매일 납기에 쫓기며 살았다. 나의 담당 업무는 수출이었다. 해외에서 들어온 주문을 공장에 넣어 생산 현장과 납기를 조정한 후, 배편과 항공편을 수배해 시간 내에 납품을 해야 했다. 그런 업무를 처리하다보니 실제로 생산을 담당하는 생산 현장의 반장들과 사이좋게 지내지 않으면 일을 원활하게 추진할 수 없었다. M반장은 나를 예쁘게 봐준 반장 중 한 사람이었다. 일이 끝나면 역 뒷골목의 선술집에서 밥도 사주곤 했다. 밥을 먹고 나면 변두리 스낵바에서 밤늦게까지 이야기를 나누었다. 그는 '해외영업을 하고 싶다. 전 세계에 물건을 팔고 싶다'는 풋내기의 넋두리를 웃으며 들어주었다. 사양 변경, 수량 변경, 납기 변경 등 상사나 해외대리점이 무리한 요구를 해도 M반장은 언제나 다 받아주었다. M반장이 담당한 제품은 공장의 주력제품은 아니었지만 자신들이 만든 제품이 멀리 해외에서 사용된다는 사실을 자랑스러워했다. 그러던 어느 날 해외의 한 대리점에서 말도 안 되는 요청이 들어왔다. 제품 사양을 대폭 변경하는 것도 모자라 납기를 몇 주나 앞당겨야 되겠다는 것이었다. 나는 M반장이 있는 생산현장으로 달려갔다. '항상 그랬듯이 이번에도 들어줄 거야.' 라는 안일한 생각을 하면서 말이다. 그런데 M반장은 평소와는 전혀 다른 얼굴로 나에게 이렇게 말했다. "이 봐, M!(그는 나를 M이라 불렀다) 제품이란 건 그리 쉽게 만들어지는 게 아냐!" 뭐라 할 말이 없었다. '현장에서 어떻게든 만들어 줄 것' 이라고 내 마음대로 넘겨짚고 해외대리점의 요구를 그대로 들고 간 나 자신이 부끄러울 따름이었다. 그런데도 M반장은 그 무리한 요구를 들어주었다. 생산 계획을 변경해 말도 안 되는 새치기 작업을 했고, 필요한 부품은 인맥을 이용해 조달했으며, 부하 직원에게 야근을 시켜 요구대로 제품을 만들어 출하할 수 있게 했다. 나는 그때 생산 현장의 강렬한 자존심이 무엇인지 온 몸으로 느꼈다. 당시의 나는 현장력이라는 개념을 전혀 알지 못했지만, 돌이켜 생각하면 그것이야말로 현장력이었다. 나는 그때 '언젠가 영업 현장에 가면 자부심을 가지고 이 물건들을 팔겠다' 고 결심했다. 그 후 얼마 지나지 않아 나는 본사의 해외사업부로 이동했다. M반장에게 마지막 인사를 하러 갔더니 그는 빙그레 웃으며 이 한마디를 들려주었다. "이 봐, M. 헐값에 팔면 안 돼!"

현장이 일본 기업의 보석이다

일본 기업에도 새로운 물결이 치기 시작했다. 사장은 당연히 자사 출신이 되는 것으로 여겨지던 일본 기업에 외국인, 심지어 타 업종 사람까지 사장으로 영입되는 사례가 늘고 있으니 말이다. 또 자사 자원밖에 쓸 줄 몰랐던 일본 기업이 M&A(인수 합병)를 성장 전략의 핵심으로 활용하게 되었다. 업계를 초월한 제휴를 통해 열린 혁신도 활발하게 이루어지고 있다. 나는 이러한 움직임을 환영한다. 대담하고 역동적인 발상, 속도감 있는 리더십으로 경쟁력 있는 기업으로 이끌어준다면 사장이 자사 출신인지 외부 인사인지, 일본인인지 외국인인지 하는 문제는 아무 상관이 없다. 세계적으로는 풍부한 자금을 활용해 M&A를 하고, 사업구조를 변화시키며 해외전개를 가속화하고 싶은 기업이라면 누구나 그런 길을 택한다. 이렇게 세계무대에 올라 존재감을 드러내려면 바꾸어야 할 것은 대담하게 바꾸어야 한다. 과거의 사고방식에 구애받으면 뒤처질 뿐이다. 그런데 바꿀 수 없는 것, 바꾸어서는 안 되는 것도 있다. 역동적 변화만을 높이 평가하고 겉보기에 화려한 움직임만을 부추기는 풍조는 위험하다. 사장 자리에 외국인을 앉히고, 기업을 사고파는 일이 경영의 본질은 아니니까 말이다. 경영 방식이 아무리 바뀌어도 가치를 낳는 주체는 현장이다. 현장이야말로 가치 창출의 주체다. 이 사실만은 사장이 누구건, 사업 분야가 무엇이건 간에 변하지 않는다. 경영 환경이 아무리 바뀌더라도 좋은 경영을 목표로 한다면 땅에 발을 붙인 꾸준한 노력이 필수적이며, 그 노력이야말로 경영의 본질이다. 현장의 땀과 지혜는 그 무엇과도 바꿀 수 없을 만큼 귀하다. 일본 기업은 가치 창출의 주체인 현장을 존경해 왔고, 현장을 기점으로 한 경영을 중시해 왔다. 이러한 '현장 경영'이 바로 일본의 독자적 문화이며 경쟁 우위를 낳는 일본적인 사상이다. 과거에도, 그리고 미래에도 현장은 일본 기업의 보석이다. 나는 현장, 그리고 현장력에 관해 참으로 많은 이야기를 하고 싶었다. 수많은 현장을 돌아다니면서 현장의 숨결과 열기, 압도적인 능력에 크게 놀라기도 했고, 현장의 타성과 포기, 무책임을 보고 실망하기도 했다. 쓰고 싶은 말은 훨씬 많았으나 그 내용을 다 쏟아냈다고는 못한다. 아무리 많이 돌아다니고, 아무리 많이 썼어도 현장의 정체를 다 알 수는 없었으니 말이다. 하지만 이 책을 쓰면서 한 가지 확신을 가지게 되었다. 시대 환경이 변해도 일본에서 '현장'이라는 단어, 독자적인 개념이 사라지지는 않을 것이라는 점이다. 그리고 그것은 일본 기업, 그리고 일본인이 세계에 자랑할 만한 한 가지라고 생각한다. 이 책은 실로 수많은 기업의 경영자, 관리직, 그리고 무엇보다 현장에서 일하는 사람들의 협력에 의해 탄생했다. 현장에서 만난 분들의 뜨거운 열의를 다 전하지 못한 것은 아닌지 걱정도 되지만, 내 마음을 뒤흔들었던 현장의 일화들이 이 책을 쓰게 된 원동력임은 분명하다. 진심으로 감사드린다. 또 이 책의 편집을 맡아준 도요게이자이신보사 나카자토 유고(中里有吾) 씨에게도 감사의 인사를 전한다. 나카자토 씨에게는 10년 전의 《현장력 갈고닦기》 출간 때부터 신세를 졌다. 그때부터 10년이라는 세월이 지나 나에게는 집대성이라는 의미가 있는 이 책을 함께 만들 수 있어서 기뻤다. 그리고 이 책을 집필할 수 있는 환경을 마련해 주고 도표와 디자인에도 힘을 보태준 비서 야마시타 유코(山下裕子) 씨에게도 고맙다는 말을 전한다. 이 책이 일본 기업의 경쟁력 강화에 작은 도움을 준다면 더 바랄 것이 없겠다.

2014년 9월 엔도 이사오(遠藤功)

Roland Berger
Strategy Consultants
(롤랜드 버거 전략 컨설턴츠)

1967년 독일 뮌헨(Munich)에서 설립된 유럽계 최대 전략 컨설팅 회사. 36개국에 있는 50개 사무실에 약 2400명의 전문인들이 일하고 있다. 국내외 일류기업을 상대로 글로벌한 관점에서 전략 책정 및 실행 지원, 톱 매니지먼트와 관련한 문제를 근본적으로 해결하기 위한 실천을 제안해 높은 평가를 받고 있다. 일본에서는 1991년에 사무소를 개설한 뒤 수많은 고객과의 장기적인 신뢰관계를 중시하며 제조업, 서비스 유통업, 금융업, 에너지 사업, 유통 · 운수업 등의 분야에서 '결과를 내기 위한' 컨설팅 서비스를 제공하고 있다.

현장론 現場論

– '비범한 현장'을 만들기 위한 이론과 실천 –

초판 1쇄 인쇄 | 2015년 12월 10일
초판 1쇄 발행 | 2015년 12월 15일

지은이 | 엔도 이사오(遠藤 功)
옮긴이 | 정문주
발행인 | 강희일 · 박은자
발행처 | 다산출판사
디자인 | 민하디지털아트 (02)3274-1333

주소 | 서울시 마포구 대흥로 6길 8 다산빌딩 402호
전화 | (02)717-3661
팩스 | (02)716-9945
이메일 | dasanpub@hanmail.net
홈페이지 | www.dasanbooks.co.kr
등록일 | 1979년 6월 5일
등록번호 | 제3-86호(윤)

ISBN 978-89-7110-508-5 03320
정가 15,000원

다산출판사 신간안내

건강의학 솔루션 ❶

잘못 알려진 건강 상식

오카모토 유타카(岡本裕) 저 / 노경아 역 / 236면 / 정가 10,000원

『병의 90%는 스스로 고칠 수 있다』의 저자가 식생활, 영양, 의료, 질병에 관한 각종 '상식'을 철저히 파헤친다. 당신의 건강에 확실한 도움이 될 책!

건강의학 솔루션 ❷

치매정복 -치매로부터 벗어날 수 있는 77가지 습관-

와다 히데키(和田 秀樹) 저 / 오시연 역 / 192면 / 정가 9,000원

계산력이나 기억력이 아니다! 치매에 걸리지 않는 뇌를 만들 때 정말 중요한 것은? 노년정신의학 전문가이자 국제의료복지대학 교수인 와다 히데키가 말하는 '뇌 안티에이징'

건강의학 솔루션 ❸

혈관이 수명을 결정짓는다

다카하시 히로시(高橋 弘) 저 / 이진원 역 / 200면 / 정가 9,000원

하버드대학 의학부 전 부교수이자 의학박사인 다카하시 히로시가 매일 간단한 식사법과 생활습관을 실천하여 2개월 만에 혈관나이를 젊게 되돌릴 수 있는 방법을 정리해 놓았다.

1%의 원리

탐 오닐(Tom O'Neil) 저 / 김효원 역 / 216면 / 정가 9,000원

이 책에서 제시된 굉장히 실용적인 활동 과제와 실제 사례, 그리고 특별히 설계된 30일 과정은 당신이 1%의 원리를 일상생활에 적용하면서 삶을 온전하게 누릴 수 있도록 도와줄 것이다. 매일 1%씩 작은 변화를 만들어 가면서 당신은 더욱 위대하고 영속적인 성공을 이루게 될 것이다.

현장론 - '비범한 현장'을 만들기 위한 이론과 실천-

엔도 이사오(遠藤 功) 저(와세다대학 경영대학원 교수) / 정문주 역 / 280면 / 정가 15,000원

'평범한 현장'과 '비범한 현장'의 차이를 밝히다. 현장의 능력 격차는 지극히 크다. 탁월한 현장력으로 갈고 닦아 경쟁력의 주축으로 삼는 '비범한 현장'의 수는 결코 많지 않다. 대부분의 현장은 되는 일도 없고, 안 되는 일도 없는 수준의 '평범한 현장'이다. 개중에는 기업을 파탄으로 몰고 가는 '평범 이하의 현장'도 있다. 필자의 문제의식은 여기에 있다. 어째서 현장의 능력 격차는 이토록 큰가? 어떻게 하면 '평범한 현장'을 '비범한 현장'으로 전환할 수 있을까? 그것이 바로 이 책의 주제다.

부자동네보고서 -부르주아 동네에서 펼쳐진 생드니 학생들의 연구-

니콜라 주냉(Nicolas Jounin) 저(전, 파리 생드니대학 교수) / 김보희 역 / 276면 / 정가 15,000원

이 책은 지배계층의 사회를 연구하며 펼쳐진 크고 작은 전투들을 신선하고 유쾌한 방식으로 풀어내고 있다. '상위'에 있는 자들이 '하위'에 있는 자들을 관찰하고 조사하던 익숙한 연구의 방향을 뒤집어보는 것, 이것이야말로 이 책이 던지고 있는 핵심적인 관점이다.